中国货物贸易结构演进研究

ZHONGGUO HUOWU MAOYI JIEGOU YANJIN YANJIU

张　群等◎著

2016 年度黑龙江省
社会科学学术著作出版资助项目
2016NIANDU HEILONGJIANGSHENG
SHEHUI KEXUE XUESHU ZHUZUO CHUBAN ZIZHU XIANGMU

HEUP 哈尔滨工程大学出版社

内 容 简 介

本书基于结构的视角，综合利用国际贸易、国际投资、国际金融、产业经济学等相关学科的理论和方法，通过对中国货物贸易商品结构、方式结构、主体结构、模式结构和区域结构的演进进行支态和静态的分析，发现各结构演进中存在的问题，找出中国货物贸易结构演进的影响因素，利用各种已有的和新建的指数测度货物贸易诸结构演进过程中的优化情况，对美、日、德等贸易强国的货物贸易结构变化进行梳理和比较借鉴，提出了中国货物贸易结构进一步优化升级的建议。本书包括导论，相关理论与相关文献，中国货物贸易结构的演进历程，中国货物贸易结构演进的影响因素分析，中国货物贸易结构演进的指数测度，美、日、德等贸易强国货物贸易结构的发展和比较及主要结论与政策建议。

本书对中国货物贸易结构演进进行了深入的分析和研究，对于国际经济贸易专业的学生和研究者具有很大的帮助。

图书在版编目(CIP)数据

中国货物贸易结构演进研究/张群等著. —哈尔滨：哈尔滨工程大学出版社，2016. 11
ISBN 978 - 7 - 5661 - 1387 - 0

Ⅰ. ①中… Ⅱ. ①张… Ⅲ. ①国际贸易 - 贸易结构 - 研究 - 中国 Ⅳ. ①F752

中国版本图书馆 CIP 数据核字(2016)第 279670 号

选题策划 龚晨
责任编辑 张忠远 周一瞳
封面设计 恒润设计

出版发行 哈尔滨工程大学出版社
社　　址 哈尔滨市南岗区东大直街 124 号
邮政编码 150001
发行电话 0451 - 82519328
传　　真 0451 - 82519699
经　　销 新华书店
印　　刷 哈尔滨市石桥印务有限公司
开　　本 787mm×1 092mm 1/16
印　　张 12. 75
字　　数 274 千字
版　　次 2016 年 11 月第 1 版
印　　次 2016 年 11 月第 1 次印刷
定　　价 39. 80 元
http://www. hrbeupress. com
E-mail:heupress@ hrbeu. edu. cn

前　言

改革开放以来，中国的对外贸易发展取得了令世界瞩目的成就，贸易的规模迅速扩大，对国民经济的贡献率不断提高，连续七年成为世界货物贸易第一出口大国和第二进口大国。进入 21 世纪以后，工业制成品贸易中资本和技术密集型商品的出口比重超过了劳动密集型商品的出口比重。截止到现在，我国有 178 种商品的出口居世界第一，是 49 个国家的第一大贸易伙伴，101 个国家的前三大贸易伙伴，是世界最大的市场。从贸易总量、贸易规模、贸易区域上看，中国已经成为名副其实的世界贸易大国。但是，我国与贸易强国相比还有很大的距离，在贸易规模迅速扩大的背后面临着贸易利益分配的严重失衡。当前，我国外贸发展的要素禀赋、比较优势已经发生变化，外贸高速增长的时代已经结束，中低速增长、依靠技术、品牌等这些高附加值要素参与竞争、贸易摩擦的持续增加都将成为常态。为了积极主动适应我国外贸发展的新常态，我们必须加快外贸发展方式的转变，把握好当前外贸发展方式转变的“窗口机遇期”。贸易结构的优化是我国转变外贸发展方式、适应外贸新常态的关键，也是我国从贸易大国向贸易强国转变的必然要求。

“演进”即演变进化。“演变”指的是事物的变化过程；“进化”则强调了事物由低级到高级、由简单到复杂的进步过程，它与“退化”相对应。贸易结构的“演进”过程中伴随着贸易结构发展的合理化和高级化，也就是贸易结构的“优化”。本书基于结构的视角，综合利用国际贸易、国际投资、国际金融、产业经济学等相关学科的理论和方法，通过对中国货物贸易商品结构、方式结构、主体结构、模式结构和区域结构的演进进行动态和静态的分析，发现各结构演进中存在的问题，找出中国货物贸易结构演进的影响因素，利用各种已有的和新建的指数测度货物贸易诸结构演进过程中的优化情况，对美、日、德等贸易强国的货物贸易结构变化进行梳理和比较借鉴，提出了中国货物贸易结构进一步优化升级的建议。具体内容包括以下七个部分。

第一章为导论，主要包括本书的研究背景、研究意义、主要目标和基本框架、研究方法及创新点与不足等。

第二章为相关理论及文献综述，本章主要包括对货物贸易结构相关概念的明晰和国际贸易、国际投资、国际金融、产业经济学、新结构经济学和新制度经济学等影响贸易结构的相关理论的探讨，并对国内外相关文献进行了梳理。

第三章为中国货物贸易结构的演进历程，从进出口商品结构、方式结构、主体结构、模式结构、区域结构五个方面展开。首先介绍了各种结构的演进历程，然后指出了演进中存在的主要问题。得出主要结论：在商品结构的演进过程中，机械运输设备、人力资本密集型商品和中高技术含量的商品是主要的进出口商品，商品结构存在消费品进口比重小，进口行业分布不均等问题；在方式结构的演进过程中，近年来一般贸易方式的进出口比重都高于加工贸易方式，其他贸易方式的进出口比重上涨速度较快，但存在人力资本密集型商品以加工贸易为主等问题；在主体结构的演进过程中，进出口中外资企业都占据首要位置，其他企业所占比重稳步提高，但仍存在国有企业相对地位下降等问题；在模式结构的演进过程中，我国的货物贸易以产业内贸易为主，尤其是高技术含量的产品和人力资本密集型产品均以产业内贸易为主，以中间品为贸易对象的产品内贸易发展迅速，但是存在产业内贸易水平有待提高等问题；在区域结构的演进过程中，中国的四大内部区域中，东部占比最高，中西部发展较快，东北部发展滞缓，进出口的外部区域中，贸易向各大洲分散，对东盟的进出口潜力大，日本、韩国、德国、美国和巴西是我国重要的进出口贸易伙伴国，但是存在进出口贸易流向不一致，易招致贸易摩擦等问题。

第四章为中国货物贸易结构演进的影响因素分析。本章首先阐述了经济发展水平、产业结构、要素禀赋、对外直接投资的流入和流出、技术创新、贸易开放、金融发展、汇率水平等对货物贸易结构的作用机制，然后采用面板数据分析了这些因素对中国的进出口商品结构、主体结构、模式结构和区域结构演进的影响，再结合灰色关联分析法，分析了这些因素与货物贸易方式结构演进的关联度。研究发现：货物贸易商品结构的演进受产业结构、对外直接投资的流入的不利影响显著；贸易开放度、产业结构和汇率水平与货物贸易方式结构演进的关联度最高；贸易开放不利于我国货物贸易主体结构的演进；产业结构和汇率水平不利于货物贸易模式结构的演进；货物贸易区域结构的演进中，各种因素对内部和外部不同区域贸易结构的影响力大小和方向不同。

第五章为中国货物贸易结构演进的指数测度。本章采用不同的指数主要测度了货物贸易商品结构、方式结构、主体结构、模式结构和区域结构的优化情况，在商品结构中还测度了不同分类法下的商品竞争力、比较优势和出口相似度。结果显示：机械及运输设备、人力资本密集型商品和高技术含量的商品都有很强的竞争力和比较优势，在不同的商品分类下，我国与美、日、德的出口相似度完全不一样，整体商品结构比较稳定，但商品结构优化的程度不明显；进出口方式结构都在优化，并且高技术产品出口方式结构也有所优化，但加工贸易的转型升级不明显；贸易主体结构有所优化，但需加以时间验证，高技术产品出口的主体结构也在优化；不同类商品具体采用哪种贸易模式在发生着变化，Lafay 和 MIIT 指数测度了这种变化，而加权的 G－L 指数值显示我国货物贸易总体上一直以产业内贸易为主，同时，我国参与产品内贸易的程度略微弱化;我国东、中、西、东北地区的出口区域结构微微恶化,进口区域结构则有所优化,2009 年后出口到欧美和大洋洲的区域结构和 2007 年后自亚洲主要国家进口的区域结构略微恶化。

第六章为美、日、德货物贸易强国货物贸易结构的发展和比较。本章对"贸易强国"的内涵和特征进行界定,介绍了美、日、德贸易强国货物贸易商品结构的演进并进行了指数测度,归纳了美、日、德的贸易发展政策,并通过比较得出以下结论:美、日、德三国的出口结构都经历了由劳动密集型商品出口为主—资本密集型商品出口为主—技术密集型商品出口为主的转变,而且技术密集型商品的技术含量都以中高类型为主。进口贸易在三国总贸易中都占有重要地位,都经历了进口农产品为主—进口农产品和燃料、矿产品为主—进口工业制成品为主这样的发展阶段。运输设备是三个国家都具有竞争优势的产品。三国都制定了培养企业创新能力、优化产业结构的产业政策。政府都适时出台了关于对外贸易的一系列法规,都奉行实用主义贸易政策,极力推动本国参与区域经济合作;但是美、日、德三国出口结构升级、出口产品比重、进口产品比重、具有竞争优势的产品不完全相同。美国在全球贸易政策制定中具有主导性的话语权,而日德不具备这样的实力。在应对贸易摩擦问题上,美国采取的是更主动的攻击措施。在贸易促进方面,德国建立了完整的贸易促进体系,并大力推动展览会平台。

最后,在本书的结论部分,总结和概括了本书的主要研究内容和论点,并提出相应的政策建议和启示。具体建议包括:在商品结构方面,建立内需主导型经济发展模式、优化和绿化产业结构,把握好对先进技术、核心零件和关键设备进口支持的时效和力度,对于急需的初级产品进行战略性规划、保持价格稳定、扩大消费品进口比重、减少社会福利损失等;在方式结构方面,通过技术创新引导一般贸易和加工贸易的升级,提升劳动力的技术水平,优化金融环境,采取积极措施应对人民币汇率升值对一般贸易出口的冲击;在主体结构方面,合理配置各种类型的贸易企业主体,培育具有很强自主创新力和国际竞争力的大型民营企业,加强企业内部管理,与跨国公司进行更高层次的合作;在模式结构方面,通过鼓励企业的技术创新和稳定人民币汇率,推动贸易模式向更高层次发展;在区域结构方面,提高金融服务质量、制定合理的外资政策和产业布局政策、积极开拓新市场等。启示包括:我国的对外贸易结构的优化升级最根本的是要提高企业自主研发能力,走科技创新之路,打造特色产品,增加产品的技术附加值,降低加工贸易的比重;中国必须坚持正当的、适度的保护贸易,实行规范化的政府间接调控,完善和修订我国的《对外贸易法》,创造一个公平的竞争环境;继续推进区域内贸易合作;借鉴日本应对美国贸易摩擦的方法;政府加大提供抬升产业竞争力的高级平台的力度。

著 者

2016 年 5 月

目　录

第一章 导 论

第一节 选题背景和意义

一、选题背景

改革开放之初的1978年,中国货物贸易排在世界货物贸易的第32位,贸易总额只有206亿美元,所占比重不足1%。随后,中国的对外贸易规模迅速扩大,对国民经济的贡献率不断提高,取得了令世界瞩目的成就。特别是2001年12月加入世界贸易组织以后,中国的贸易总量增长更加迅速,令中国在国际市场上的地位快速提高。到了2015年,中国货物贸易总额达到39 586亿美元,比1978年增长了192倍。其中,货物出口总额为22 766亿美元,货物进口总额为16 820亿美元,连续七年成为世界货物贸易出口第一大国和进口第二大国。从贸易结构角度看,中国的出口商品结构不断改善。20世纪80年代,形成了出口商品总额中以工业制成品为主,20世纪90年代又形成了资本密集型产品是工业制成品出口主要类型的局面。迈入21世纪以来,工业制成品中资本和技术密集型商品的比重超过了劳动密集型商品的比重,机电产品和高新技术产品占据我国出口贸易的支配地位并显著增强。目前,我国有178种商品的出口居世界第一,是49个国家的第一大贸易伙伴,101个国家的前三大贸易伙伴,是世界最大的市场。从贸易总量、贸易规模、贸易种类、贸易区域上看,中国已经成为名副其实的全球贸易大国。

虽然自改革开放以来,中国能够利用自身的比较优势融入到全球国际分工中,使得无论在对外贸易量上还是对外贸易结构上都取得了巨大的成绩,但我们必须正视这样的现实即中国已是贸易大国,但大而不强。这表现在如下几点。第一,贸易利益分配失衡非常严重。尽管中国的贸易规模持续增长,贸易顺差不断加大,但并没相应地带来更多的贸易收益,贸易利益分配也不均衡。中国的加工贸易仍占据重要地位,加工贸易企业主体为外商企业,因此中国的外贸顺差就容易被外商企业的进出口放大,实际上如果扣除掉外商企业的进出口和顺差,中国的实际进出口就会大大减少。以2013年为例,中国商品出口总额为22 100亿美元,其中外资企业出口达10 442.6亿美元,占出口总额的47.25%。而且,加工贸易企业通过尽量降低要素价格提高资本的利润率，致使国民的福利没有真正增加，而却用中国的价格补贴了全球的消费者。第二，贸易条件趋向恶化。虽然对世界大宗的原材料如矿产资源等有巨大的需求，中国却始终没能掌握资源类商品的定价权。而且随着资源的稀缺和国际市场各种原材料和资源类商品价格的上扬，中国的贸易条件日益恶化。第三，中国的人口占比与出口所占的世界市场份额不协调。如2012年中国人口占世界总人口的20.4%，而中国出口只占世界总出口的11.2%，但一些发达国家的比重恰恰相反，如：2012年美国人口占世界的4.61%，出口占8.46%；德国人口占世界的1.31%，出口占7.69%；日本人口占世界的2.01%，出口占世界的4.37%；欧元区18国人口只占世界的5.3%，出口占世界的34.8%。第四，中国出口商品的附加价值还较低，缺少大规模中高技术含量商品的生产。

在商务部发布的《对外贸易发展"十二五"规划》中提到，在"十二五"期间，我国对外贸易发展将以科学发展为主题，以加快转变外贸发展方式为主线，以"稳增长、调结构、促平衡"为重点，培育外贸竞争新优势，提高外贸发展的质量和效益，增强外贸发展的协调性和可持续性，巩固贸易大国地位，推动贸易强国进程。

目前外贸依存度偏高、人民币升值压力大、中国人口老龄化趋势明显、国际贸易摩擦急剧增加、低碳经济时代到来等问题都给进出口贸易保持持续、稳定、高速的增长带来了严峻的挑战，加快外贸发展方式转变成为我国政府急迫解决的现实问题，而贸易结构的优化不仅有利于我国外贸发展方式的转变和直接有效应对目前面临的挑战，更是我国从贸易大国转变成贸易强国的必然路径。中国只有加快贸易结构的升级、加速自主创新的步伐、促进出口实现从劳动密集型向资本密集型及技术密集型转变，才能在国际分工中获得更多的利益，改变"国内高价格、出口低价格"的失衡格局，改善贸易条件。

对外贸易既包括服务贸易又包括货物贸易。中国的服务贸易在规模上长期滞后于货物贸易的发展，2015年服务贸易仅占货物贸易总额的18.01%。鉴于货物贸易对我国经济增长的巨大拉动作用和在世界贸易中的重要地位，本书立足于贸易结构的视角，研究了中国货物贸易结构的演进。

二、选题意义

（一）理论意义

1.完善了货物贸易结构研究的体系

到目前为止，国内学者对中国货物贸易结构的影响因素与变动规律，对货物贸易商品结构、方式结构、模式结构、区域结构和主体结构以及它们之间的内在联系和深层次机制等问题的研究局限于部分结构和区域视角，而没有把它们作为一项系统工程来研究。笔者通过对上述五种结构多角度、多方面的研究，力求更完整地展现我国货物贸易结构的演进情况。

2. 丰富了已有的贸易结构优化的研究

“演进”即演变进化,“演变”指的是事物的变化过程,“进化”则强调了事物由低级到高级、由简单到复杂的进步过程,它与“退化”相对应。贸易结构的“演进”过程中必然伴随着贸易结构的“优化”,即贸易结构发展的合理化和高级化。通过不同影响因素对诸结构影响的实证分析和不同指数对诸结构演进优化的测度,全方位呈现了中国货物贸易量的变化和质的提升。

(二)现实意义

货物贸易结构演进的研究有利于中国对外贸易在新常态下寻找新的平衡点。当前中国外贸面临外需市场萎缩、经贸合作格局新调整、贸易保护和贸易摩擦增多、全球价值链重构导致的订单转移、传统竞争优势丧失、宏观经济面临巨大压力等阻碍因素。在这种新常态下,对中国货物贸易结构演进进行研究,着眼于长远,能够打造外贸企业新的竞争优势,激发企业活力,为中国的对外贸易增添后劲。

货物贸易结构演进的研究有利于中国的产业结构升级和对外投资战略的制定。通过对货物贸易主体结构、区域结构的研究,可以发现存在主体比例结构不协调、贸易区域分布不均匀等问题,而问题的原因就包括了地区产业结构的不合理、企业主体发展的异质性、对外投资流入行业和地区分布的不均匀、对外投资流出的作用没有有效发挥等。因此,通过细致的研究,可以提出有利于我国的产业结构升级和对外投资战略制定的政策建议。

第二节 研究目标和研究框架

一、研究目标

笔者结合中国货物贸易商品结构、方式结构、主体结构、模式结构和区域结构演进的大量现实数据,既分析对外贸易量的变化,又探究对外贸易质的变化和影响因素,进而提出优化货物贸易结构的对策建议。具体目标设定如下:

①改革开放以来中国货物贸易进出口商品结构、方式结构、主体结构、模式结构和区域结构的演进历程及存在的问题;

②分析影响中国货物贸易进出口商品结构、方式结构、主体结构、模式结构和地区结构变动的因素;

③结合已有的和新建的贸易指数测度和评价货物贸易各种结构演进的情况;

④提出中国货物贸易结构优化升级的政策建议。

二、研究框架

本书研究的框架结构如图 1. 1 所示。

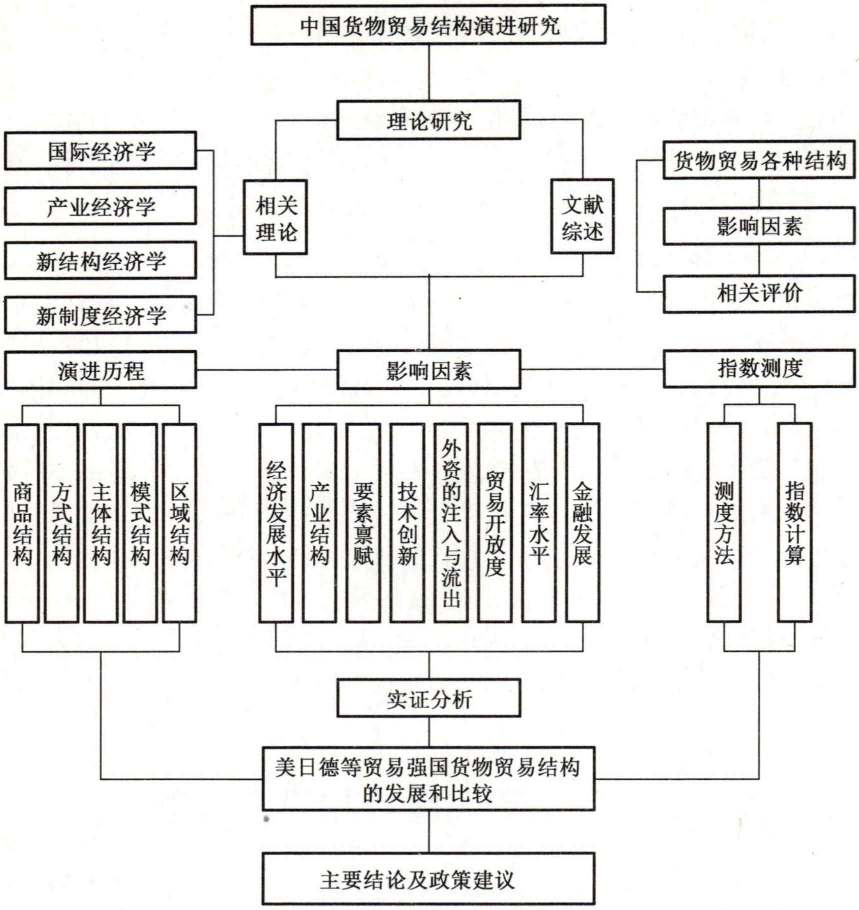

图 1.1　本书框架结构

第三节　研究方法、创新点与不足

一、研究方法

本书在对中国货物贸易结构问题的研究过程中，综合利用了国际贸易理论、国际投资理论、国际金融理论、产业经济学、新结构经济学、新制度经济学等相关学科的理论与方法，通过定量分析与定性分析相结合的方法，对中国货物贸易商品结构、方式结构、主体结构、模式结构和区域结构的演进历程、影响因素和演进优化情况进行分析，借此发现货物贸易结构演进中存在的问题和不利因素，并提出政策建议以推动货物贸易结构的优化升级。本书主要采用的定量分析法有固定效应模型

(Fixed Effects Model)、随机效应模型(Random Effects Model)、混合最小二乘法(Pooled OLS)和灰色关联分析法等。

二、本书的创新点与不足

本书的创新点如下。

第一,系统全面地呈现我国货物贸易结构的演进情况。本书对商品结构的演进历程和指数测度的研究都是按SITC、按技术含量分类和按要素密集度分类的三种商品分类法基础上进行的。对中国货物贸易内部区域结构的研究中,与以往大多数研究中东部地区包括东北三省的做法不同,将东北地区和东部地区分开,以呈现东北地区贸易的实际情况,在张曙霄的包括商品结构、方式结构、模式结构和区域结构等贸易结构分类的基础上又加入了贸易主体结构。

第二,选择统一的影响各种货物贸易结构的变量。影响贸易结构变化的因素很多,笔者基于相关的经济学理论和前人的研究,选取最关键、最常用的因素进行实证分析并做出比较。

第三,设计了对货物贸易方式结构和主体结构优化水平测度的方法,结合测度贸易商品结构、模式结构和区域结构的相关指数方法,计算了我国货物贸易诸结构演进优化的情况。

本书的研究不足如下。

第一,在研究中国进出口商品结构变动时,只采用了Lall的分类法,没能够结合贸易品技术含量的公式将中国进出口商品按高技术、中技术、低技术重新进行分类,进而影响了后文相关的指数测度值;贸易模式结构无法将进口和出口分开研究,而是从产业间向产业内贸易发展的衡量和产品内贸易的发展两个方面展开研究。因此,随着对研究方法的深入探讨和相关理论的发展,在这两处可以进行更深入细致的研究。

第二,对中国货物贸易结构影响因素的实证分析中,由于数据获得的不全面,不能对所有形式的贸易结构采用面板数据进行分析、比较。另外,为了保持前后研究的连贯性及有效性,各个因素所选指标不能很完美地代表自变量,比如金融发展的指标,通常包括金融中介发展和金融市场发展指标,而此处笔者只选择了其中之一,因此在结果上可能说服力不足。这有待在今后的研究中进行细化。

第三,测度贸易结构的指数很多,但在实际应用中根据不同的商品分类或研究时段所得的结果又存在差异。笔者虽然进行了对相关的指标进行了归纳和创建,但限于理论水平和视野,有待在今后的研究中进一步完善。

第四,与服务贸易的关系没有进行研究。货物贸易额和服务贸易额之间、货物贸易和服务贸易结构之间存在着相互联系作用的机制,在此缺少相应的描述,有待今后进一步研究。

第二章　相关理论与相关文献

第一节　相关概念明晰

不同学者就贸易结构的概念提出了各自的观点。如张曙霄指出，对外贸易结构是指一定时期内对外贸易活动主体之间、客体之间以及主体和客体之间的比例关系及其相互联系，是各类商品或某种商品在一国或地区对外贸易中所占的比重及地位，具体包括商品结构、方式结构、模式结构和区域结构。姚枝仲又认为，一个国家的贸易结构反映了这个国家“进口什么和出口什么”的格局。本书基于张曙霄的观点，加入“主体结构”，构建了“商品结构、方式结构、主体结构、模式结构和区域结构”五位一体的对外贸易货物结构系统。

一、货物贸易商品结构

货物贸易商品结构是指基于特定产品分类法下一定时期内一国（或地区）某类商品贸易额占总贸易额的比重，它包括出口商品结构和进口商品结构。一国（或地区）货物贸易商品结构的变化体现了该国（或地区）的经济、科技发展水平以及国际市场竞争力。所有关于货物贸易商品结构的分析必须以某种商品分类为基础。现有的国际贸易体系基本采用世界海关组织的 HS（商品名称及编码协调制度）和联合国的 SITC（国际贸易标准分类）分类法。

HS 于 1988 年 1 月 1 日正式实施，每 4 年进行 1 次修订。HS 包括归类规则，类、章及子目注释，目与子目编码及条文等三部分内容。HS 的这三部分是具有严格的法律效力和严密的逻辑性的法律性条文。HS 将全部国际贸易商品分成 22 类 97 章，各章有目和子目。

SITC 采用了经济分类标准，包括 10 大类、63 章、223 组、786 个分组和 1 924 个项目。10 类商品按照产品的加工程度和产业部门来源分成了初级产品（包括 SITC0 – SITC4 类）和工业制成品（包括 SITC5 – SITC9 类）。SITC 分类标准中有 SITC Rev. 2，SITC Rev. 3，SITC Rev. 4 三个修订标准。最新的修订版本 SITC Rev. 4 的贸易数据是从 2007 年开始提供的。

另外，联合国统计司在 1971 年出版了《国际贸易按经济大类分类（BEC）》，编纂每一个报告国的、全世界的及主要区域的大型经济类别商品以补充 SITC，之后经历了三次修订。BEC 同时被设计成一种转换工具，可以将按标准国际贸易分类的贸易数据转换成国民核算体系框架（SNA）中按最终用途类型分类（包括资本货物、中间货物和消费品）的数据，这样就可以将外部贸易统计同国民核算和工业统计等其他类型的一般经济统计放在一起处理，以便进行国家、区域或世界一级的经济分析。

部分学者按照贸易品的技术含量不同进行分类。Pavitt 将产品划分成了资源密集型、劳动密集型、规模密集型及以差异化和科技为基础的制成品等各种类型。OECD 又将加工制成品分为低技术、中低技术、中高技术和高技术水平产品。Lall 调整了 SITC Rev. 2 的三位数分类代码，将 239 种产品分成低技术制成品（LT）、中等技术制成品（MT）、高技术制成品（HT）、初级产品（PP）、资源性产品（RB）等，并更进一步将这些制成品细分为 9 个小类，按照这种分类法分析了发展中国家的加工贸易出口结构。低技术产品（LT）的劳动力成本是竞争的关键，产品几乎无差异，进入壁垒低，容易形成规模经济；中等技术产品（MT）多为中间产品和资本品，需要较大的 R&D 投入，技术要求较高；高技术产品（HT）多为人力资本密集型产品，需要很大的人力资本和技术设备的投入。继 Lall 的分类法之后，涌现出了大量关于国际贸易进口和出口商品的技术结构变迁分析的研究。

除上述分类法外，郑展鹏按照商品的要素密集特征，结合 HS 分类，在 Lall、鲁晓东等、林琳分类法基础上，将贸易品分为自然资源密集型产品、人力资本密集型产品、资本密集型产品以及非熟练劳动密集型产品四类。

本书将同时按 SITC 分类法、Lall 的分类法和郑展鹏的分类法更全面地展开货物贸易商品结构演进的研究。

二、货物贸易方式结构

货物贸易方式是指货物贸易中具体交易的做法。每笔贸易活动都是以一定的贸易方式进行的。货物贸易方式结构就是在一国（或地区）的货物贸易活动中各种贸易方式所占的比重（地位）及其之间的关系（联系），包括进口方式结构和出口方式结构。我国海关统计将商品贸易方式划分为一般贸易、包括来料加工和进料加工的加工贸易以及其他贸易。货物的一般贸易是指具有进出口经营权的我国国内企业单边进口或出口货物。加工贸易是指企业利用本国的资源禀赋优势，进口原材料和零部件等加工后再出口的贸易，企业在这一过程中获得了加工费。除这两种贸易外的贸易都归类为其他贸易。其他贸易包括边境小额贸易，对外承包工程出口货物，租赁贸易，国家间国际组织无偿援助和赠送的物资，华侨、港澳台同胞、外籍华人捐赠物资，外商投资企业作为投资进口的设备物品，两区一库仓储，补偿贸易，寄售代销贸易，出料加工贸易，易货贸易，免税外汇商品等其他贸易。随着国际贸易量的迅猛扩大，新的贸易方式也不断涌现。

本书按照一般贸易、加工贸易和其他贸易方式在进出口中的比例变动研究货物贸易方式结构的演进。

三、货物贸易主体结构

货物贸易主体结构是指一国（或地区）的货物贸易活动中各种贸易企业（按所有制分国有企业、外商投资企业、集体和私营企业等）的货物贸易额所占的比重（地位）及其之间的关系（联系），它反映了不同微观贸易主体的对外贸易能力和经营的活力。一般来说，我国的国内企业以从事一般贸易为主，而外商企业以从事加工贸易为主。

本书按照国有企业、外商投资企业和其他类型企业在对外进出口贸易中的比重变化考察货物贸易主体结构的演进。

四、货物贸易模式结构

货物贸易模式结构即一国（或地区）产业间货物贸易、产业内货物贸易和产品内货物贸易三种模式之间的比重（地位）及其相互联系（关系）。由于国际分工经历了产业间分工、产业内分工和产品内分工三个阶段，因此就产生了产业间贸易、产业内贸易和产品内贸易三种贸易模式。产业间贸易和产业内贸易分别是以要素禀赋差别的贸易、基于产品差别和规模经济为基础的最终产品的贸易。产业内贸易模式包括同一产业、同一生产阶段的水平型产业内贸易和同一产业但处于不同生产阶段的垂直型产业内贸易。产品内贸易是一种特殊的垂直型产业内贸易，中间品是其交易内容。

由于历史和偶然因素的作用、资源结构的差异，各国的货物贸易模式结构发展不相同，而且贸易模式的演进是一个相对缓慢的过程。因此，产业间贸易、产业内贸易以及产品内贸易这三种模式会并存发展，但是会呈现出高层次贸易模式份额不断增大，低层次的贸易模式不断衰落的趋势。

所有的贸易品都可能发生产业间和产业内贸易，而产品内贸易的对象是贸易中的投入品。产品内贸易让位于不同生产阶段的产品成为下一个阶段的投入品，通过这样的生产链条有序地连接了各国的生产。有四类产品可以作为中间投入品，包括：初级产品，如铁矿石、木材等；与最终产品相对的阶段性半成品；零部件；生产性服务。自然资源密集型的初级品和技术进步关联不大，不在讨论范围；生产性服务不在货物贸易范围中，也不列入讨论范围。有学者把零部件贸易品（SITC7 +8）作为投入品分析了中国产品内贸易的发展，也有学者结合相对于最终产品的中间品来分析中国产品内贸易，贸易内容就由最终产品转向了中间产品。BEC 分类法也包括了中间品。笔者结合 BEC 分类法分析中国包括半成品和零部件的中间品贸易发展来代表中国产品内贸易的发展。本书的中间品包括的商品如表2.1所示。

表2.1 按经济类别分类的中间品

		BEC分类代码	BEC分类描述
中间产品	半成品	121	食品和饮料(加工,主要用于工业)
		22	未另归类的工业用品(加工)
		322	燃料和润滑剂(加工)
	零配件	42	资本货物(运输设备除外)零配件
		53	运输设备零配件

注:此处中间品不包括BEC分类中间品中的每类商品下的初级品。

本书采用按SITC分类法、Lall的分类法和郑展鹏的分类法计算出的结果研究我国商品的产业间和产业内贸易的发展变化,并以中间品贸易的演进说明我国产品内贸易的发展。

五、货物贸易区域结构

货物贸易区域结构(又称货物贸易地理结构)就是一定时期内货物贸易在国内外不同国家(或地区)的分布情况,包括了一国国内各地区的进出口货物贸易在本国进出口货物贸易中所占比重或地位的内部区域结构和各国、各地区以及各国家集团在该国或地区的进出口货物贸易中所占的比重或地位的外部区域结构。本书研究了中国东北地区、东部地区、中部和西部地区等内部四大贸易区域结构和中国由洲际到国别的外部区域结构的演进。

以上所述对外贸易结构的五种结构互相联系又有差别。货物贸易商品结构说明了不同商品分类下各类贸易品进出口的情况,反映了对外贸易发生的内容;货物贸易方式结构说明了对外贸易发生的形式,也就是不同的商品贸易是以一般贸易进行的还是以其他贸易方式发生的,如中间品多以加工贸易方式发生,资本品贸易与一般贸易紧密相关;货物贸易主体结构体现了对外贸易的所有制结构,不同贸易方式对应不同的贸易主体,非外资企业多数从事一般贸易,而外资企业以加工贸易为主;货物贸易模式结构展现了对外贸易主体间的分工是基于要素禀赋差异还是产品和规模经济的差异,随着贸易主体间分工的细化,贸易模式逐渐向高层次发展;货物贸易区域结构则阐明了对外贸易发生的地域分布特点,内部和外部不同区域间贸易发展的差异都会通过各区域的商品结构、方式结构、主体结构和模式结构表现出来。

第二节　相关理论综述

一、国际贸易相关理论

国际贸易理论主要围绕国际贸易发生的原因、国际贸易结构的变动和国际贸易的结果等三个方面进行。国际贸易理论随着时代的发展不断完善丰富并成为国际贸易学的核心内容。

（一）静态比较优势理论

1. 基于劳动生产率差异的绝对成本论和比较成本论

亚当·斯密于1776年在其代表著作《国民财富的性质和原因的研究》（简称《国富论》）一书中主张分工使得劳动生产率提高。每个国家都有有利的自然禀赋和生产条件，因而应该按其绝对优势去生产和交换，使各国的生产要素都被最有效地利用，对所有交换国家都是有利的。而1814年，大卫·李嘉图在其所著的《政治经济学及其赋税原理》中认为，一个国家在两种产品的生产中都有绝对的优势，但优势程度不同，而另外一个国家恰恰相反，在两种产品的生产上都只有绝对的劣势，但劣势的程度不同。这样应该按照“两优择其重，两劣择其轻”的原则进行生产和交换，通过对外贸易双方均可获益。

绝对成本论和比较成本论都认同各国生产同一产品时存在价格差别的基本原因是劳动生产率或技术差别。国际贸易商品结构由绝对成本差异的商品之间的贸易转向具有比较成本差异的商品之间的贸易。

2. 基于要素禀赋差异和规模经济的要素禀赋论及规模报酬递增理论

赫克歇尔和俄林创立了较完整的要素禀赋论。他们认为在经济活动中，必须同时考虑劳动、资本、土地等生产要素，只有生产要素能够有效利用才能提高一个经济体的生产效率。狭义的要素禀赋论就是用生产要素的多寡来解释国际贸易发生的原因，广义的要素禀赋论还包括要素价格均等化说，即各种生产要素在国家间的自由流动，使得各种要素能够被充分利用，进而使国际商品价格和各国的生产要素价格都趋于均等。

1977年，迪克特和斯蒂格利茨共同建立了DS模型。他们认为各国应该进行专业化分工大规模地生产具有差异的同种商品，并进行国际贸易，这样可以获得收益，并且能满足企业达到规模经济和消费者消费多样性的需求。之后，保罗·克鲁格曼将DS模型在《报酬递增、差异产品和国际贸易》中论述到开展国际贸易是解决企业对规模经济追求和消费者对差异性产品需求矛盾的最佳途径，这开创了新贸易理论的新阶段。

3. 基于相互需求的产业内贸易理论

瑞典经济学家林德从需求角度解释了贸易的发生和结构，有力地补充了以往从供给角度解释贸易发生和结构的理论。他认为，不同于初级产品间的贸易可以用要素禀赋论解释，制成品间的贸易则应该从需求角度去解释。当厂商在国内建立起一定的生产规模，国内市场发展有限时，出于对利润的追逐就会开拓国际市场，在各国具有代表性的产品上容易形成规模经济，当两国经济发展水平接近、需求模式相似、收入水平差距不大时，会发生更多的产业内贸易。

（二）动态比较优势理论

1. 技术差距论和产品生命周期理论

1959 年，美国经济学家波斯纳修正了赫克歇尔－俄林模型，运用技术创新理论提出了技术差距论。该理论的前提是不同国家间都存在技术差距和技术模仿时滞，这就带来了不同的贸易结构。波斯纳的理论既可以解释发达国家与发展中国家之间的贸易，同时又可以用来分析发达国家之间的贸易往来。该理论解释了发达国家与发展中国家的贸易，也即下文提到的产品生命周期理论。在解释发达国家之间的贸易时认为，即使两个发达国家有同样的技术开发能力，研究出的产品也不会完全相同，仍然会发生产业内贸易。

1966 年，美国经济学家雷蒙德·弗农基于产品技术创新视角，认为工业制成品具有产品新生期、产品成长期、产品成熟期、产品销售下降期和产品与让期等五个不同阶段的变化期。同时，要素密集度也发生着变化。产品生命周期理论动态地发展了比较优势论与资源禀赋论，有力地解释了战后一些国家在某些产品进出口方向上的变化，即由出口国变为进口国的现象并借此分析了工业先进国家和落后国家之间贸易结构的变化。

2. 国家竞争优势论

美国经济学家迈克尔·波特的三部经典著作《竞争战略》《竞争优势》《国家竞争优势》从微观、中观、宏观三个层次论述了竞争力问题。在《国家竞争优势》一书中，他提出了一国兴衰的根本在于能否在国际竞争中赢得优势，一国的竞争优势就是企业、行业的竞争优势，因而其产业发展和是否有充分的创新能力和机制是取得国家竞争优势的关键。面对国内实力雄厚的对手、对产品挑剔的客户和不断进取的供应商的压力，一个企业才能更具有竞争力并战胜世界强手。

国家竞争优势理论动态发展了比较优势，从量和质的角度分析了一国国际贸易结构的优化。一国初始的国际分工地位取决于先天条件，而后天优势的发挥则会实现贸易结构质的优化。国家竞争优势论及前文所述的新贸易理论，很好地解释了第二次世界大战后国际贸易结构出现的新变化。

（三）产业内贸易理论

20 世纪 60 年代以来，以格鲁贝尔、劳埃德为代表的西方学者提出了解释国际贸易分工格局的新理论——产业内贸易理论。他们提出，国际贸易从产品内容上看，分为产业间贸易和产业内贸易两种。古典和新古典贸易理论认为产业间贸易发生的基础是贸易伙伴间的劳动生产率或要素禀赋差异，但这些理论的假设条件过于理想。产业内贸易理论认为能满足消费欲望的同类产品的异质性是产业内贸易的基础，市场的不完全竞争和企业的规模经济是产业内贸易的主要原因，而各国的经济发展水平又制约着产业内贸易的发展。当两国经济发展水平接近，人均收入相差不大时，产业内贸易量也就越大。

（四）内生性贸易理论

内生性贸易理论是新兴古典贸易理论的代表性理论。该理论是杨小凯等人批评和继承古典、新古典和新贸易理论基础上得出的，并且动态地运用新的经济学方法论述了贸易由国内走向国际的过程，极大地推动了国际贸易理论的发展。

内生性贸易理论用交易费用和专业化分工的矛盾描述了经济结构和贸易结构的演进：人先天条件相同，社会最初也是自给自足的。由于交易效率的改善的要求，社会出现了分工和交换，分工提高了专业化水平和生产率，人与人之间在各自产品生产成本上出现差距，也就是不同的内生比较优势，进而分工深化，贸易和市场也伴随着出现了。在分工不断推进的过程中，人与人之间、国与国之间贸易依存度和生产集中度增加，相应的市场一体化增强，贸易品种类增多，贸易结构和经济结构都呈现出多样性。因此，贸易结构的演进是专业化分工带来的技术进步与交易效率改进过程中的一个表现。在这个过程中，企业和市场应该结合内生比较优势和外生效率优势自发地决定贸易进出口结构。政府不能刻意获得内生和外生比较优势，但政府可以制定有利于降低交易费用的贸易和产业政策，培育宏观环境。因此，“新兴古典超边际分析甚至比边际分析更支持自由贸易政策”。

（五）异质性企业贸易理论和企业内生边界模型

20 世纪 90 年代以后，国际贸易发展出现了一些新特点和动向。发达国家的服务贸易、跨国公司和对外直接投资发展迅猛，特别是跨国公司开始全球分散化生产，其海外子公司的产品销售大于直接出口，由此带来了公司内贸易、服务外包和垂直专业化等新的现象，跨国公司在贸易活动中的地位也日益提高。基于微观企业视角的贸易理论就是在这样的国际环境下产生的。

梅里兹（Melitz）提出的异质性企业贸易模型（也被称为“梅里兹模型”）论述了企业以不同的路径从事国际业务的原因和由此带来的效应，奠定了新贸易理论的基础。他认为虽然某一行业的所有企业并不会都有很高的生产率而进行出口活动，但总有一些高生产率的企业会从事出口活动。因为，企业只有当出口生产率的阈值大于国内市场的出口率，出口的净收益可以支付出口的固定成本时，才会采取出口的行为，而只有高生产率的企业才能满足这一条件进行出口活动。模型揭示了在开放市场上经济力量的无形而又强劲的作用，认为贸易自由化起到了重新分配市场份额和资源配置的效应。2004 年，在异质性企业理论基础上，安卓斯（Antràs）和赫尔普曼（Helpman）形成了既强调生产率差异又重视组织结构差异的企业内生边界模型的主要内容。企业最终在四种组织形式中进行选择，包括对外直接投资或者国内一体化生产，进行公司内贸易，国内外包或者国外外包。前两者属于中间投入品生产组合，后两者是中间投入品的外包生产。

二、国际投资相关理论

（一）蒙代尔的投资替代理论

外商直接投资理论最早由海默（Hymer）提出，即垄断优势理论，研究认为少数企业由于市场的不完全而占有垄断优势，因此可以进行跨国界经营并克服所产生的额外成本。但这一理论较少涉及贸易方面，美国哥伦比亚大学教授蒙代尔（Mundell）基于赫克歇尔－俄林－萨缪尔森（H－O－S）模型建立了投资与贸易的理论框架。他在《国际贸易与要素流动》构建了这样的国际贸易模型：2×2×2，也就是假定有两个国家、两种产品、两种生产要素，两国有相同的生产函数，而其中一国出台关税产生了贸易障碍，则投资会取代贸易。蒙代尔认为：由于进口国设置了关税壁垒，一国只有通过对外投资来保持在国外市场已占据的份额。而且由于对外投资的增加，使得基于比较优势的国际分工和贸易减少了，各国具有比较劣势的部门生产则增加了。这一理论对于第二次世界大战前世界发达国家间发生的对外直接投资如美国对日本和欧洲的直接投资等起到了较好的解释作用。

（二）小岛清的边际产业扩张论

从第二次世界大战后到 20 世纪 70 年代中期，海默的垄断优势理论以及弗农的产品生命周期理论一直被日本理论界作为对外直接投资的理论而接受。但随着日本经济的快速发展，日本理论界迫切需要能够解释和指导日本对外直接投资行为的理论。在此背景下，日本一桥大学小岛清（Kiyoshi Kojima）教授在 1979 年的《对外直接投资论》和 1981 年的《跨国公司的对外直接投资》及《对外贸易论》等著作中提出了新的观点。他最先立足于宏观领域，将国际贸易与国际直接投资建立在同一理论框架内。他认为："凡是在国内处于或即将成为比较劣势的行业或部门都应该通过对外直接投资进行转移，因为尽管在投资国可能处于不利的地位，但在东道国结合其要素禀赋却会变得具有比较优势，其生产的产品再出口到日本，从而创造和扩大了日本的对外贸易规模。"他又指出若资本输出国的资本要素丰裕，对东道国投资的行业越是劳动密集型，投资和贸易的互补作用越强；当投资国和东道国没有明显的技术差距时，则技术越容易被模仿和普及。

然而，小岛清没有进一步阐述贸易和投资之间的关系，投资诱发组合理论则进一步认为外部因素对跨国公司对外直接投资的行为也起着重要的作用。Brainard 论证了跨国公司在进行对外直接投资或国际贸易前，要比较本地集中生产和接近市场两种效应的大小。本地集中生产效应是指跨国公司在国内大规模集中进行生产并出口,以此实现规模经济,降低生产成本;接近市场效应,就是指结合当地要素禀赋进行生产,以有效绕开关税等贸易壁垒,直接面向客户,对市场需求有所反应。

三、国际金融相关理论

(一)汇率的弹性分析理论

弹性分析理论可以用于分析汇率变动对贸易差额的调节作用。最早是在1923年马歇尔将其开创的弹性分析法与国际贸易相结合,提出了“进出口需求弹性”的概念,探讨了不同进出口需求弹性条件下汇率变动对贸易收支的影响。当出口和进口商品的需求弹性之和大于1时,本币贬值有利于出口的增加,进口的减少,从而优化贸易收支;当出口和进口商品的需求弹性之和等于1时,本币贬值只会改变进出口商品的数量,而贸易收支差额不发生变化;当出口和进口商品的需求弹性之和小于1时,本币贬值导致出口收入下降的速度快于进口支出减少的速度,会恶化贸易收支。马歇尔–勒纳条件假设出口供给与进口供给的价格弹性为都是无限的。这是不成立的,很多国家在最大限度利用资源后,即使本国货币继续贬值,也无法向出口部门转移资源。琼·罗宾逊的弹性分析理论认为贬值对贸易收支的影响是不确定的,贸易条件与进出口商品的供给和需求弹性紧密相关。当一国本币贬值时,起初会恶化贸易收支,只有经过一段时间以后,贸易收支状况的恶化才会得到控制并逐渐好转,最终有利于改善一国的贸易收支状况。

(二)巴拉萨–萨缪尔森效应

巴拉萨–萨缪尔森效应(简称巴萨效应)假说是研究一国经济处于高速增长状态下,实际汇率长期如何变动的理论,它是当代国际经济学中一个重要的基础性命题。它的主要内容是当一个国家的经济增长越快,那么它的实际工资和实际汇率也增长得越高越快。这是因为工资水平在社会大生产的各部门、各行业有平均化的趋势,当可贸易产品生产部门(如制造业)迅速提高了生产率时,此部门也会提高工资增加的速度,尽管非贸易产品生产部门的生产率提高的较慢,但是其工资仍然会以相似的速度上调,使得非贸易产品相对贸易产品的价格上升。在固定汇率的条件下,这种相对价格的变化会使总体物价水平上涨。若采取浮动汇率稳定国内物价,则汇率也必然上升。这两种情况都使得实际汇率上升,因此,一国贸易结构的变化在一定程度上能够反映可贸易品生产部门的生产率的变化,进而影响了一国的物价水平,带来了一国实际汇率的变动。

(三)金融发展

金融自由化程度越高,金融发展越完善,这样的金融体系越有利于加快专业化分工和交换。因为金融自由化和金融发展程度较高的国家,由于金融体系非常发达，会降低经济活动中的交易和信息成本。而根据斯密思想中的核心观念之一，较低的交易成本可以允许更大的专业化分工，一个国家专业化分工越细致，相对于一个自给自足的国家所发生的交易要多很多，推动了专业化分工程度，带来了更活跃的交易和市场、产品、技术创新，改变了一国的货物贸易结构，有利于国际贸易的发展。

四、产业经济学相关理论

产业经济学中的产业结构理论可以用来解释贸易结构的演进。产业结构是指一个国家或地区在社会再生产过程中的产业组成、产业发展水平和产业间的技术经济联系。产业组成就是资源在产业间配置的状态，产业发展水平则是不同产业所占比重大小，产业间的技术经济联系包括了不同产业相互作用相互联系的机制。产业结构揭示了不通过产业间的经济技术关系，是产业经济学研究最重要的内容。产业结构的状况既能反映出一个社会的经济发展水平，又会决定社会经济发展的方向，因此对产业结构的研究至关重要。另外，产业结构由于它的各种效应，会对经济发展产生决定性的影响。产业结构效应就是指产业结构及其变化对经济发展产生影响的方式和效果，主要包括产业结构的成长效应、结构弹性效应、结构开放效应、结构关联效应、结构供给效应、结构需求效应等。其中，产业结构的结构关联效应和结构开放效应都表明：通过参与国际分工和国际贸易，一国的产业结构会对贸易结构产生作用，利用国际贸易结构变动的机遇，反过来会调整本国产业结构，进而促进经济增长。

五、新结构经济学相关理论

新结构经济学提出了一个新的视角，认为一个国家在每一个特定的发展水平的要素禀赋及其结构（即自然资源、劳动力、人力资本和物质资本的相对丰裕程度）是给定的，并随发展水平不同而变化着，因而一个国家的最优产业结构也会随发展水平不同而改变。也就是说，要素禀赋由低水平的资本和劳动力比率向较高水平的提升是决定结构变迁的根本动力。落后的发展中国家若要实现向资本更密集产业的升级，那么就先要提升其要素禀赋结构，而资本积累速度高于劳动力增长速度是必然的要求。当企业选择的行业和技术都与经济体要素禀赋所决定的比较优势相符时，经济将会最有竞争力。与新古典经济学相似，新结构经济学认为对外贸易内生取决于一个国家或地区要素禀赋所决定的比较优势情况，而且对外贸易的变化是产业升级过程的重要特征，因为对外贸易的变化反映了比较优势的变化。

六、新制度经济学相关理论

新制度经济学是用经济学的方法研究制度的经济学，是相对近代制度经济学而言的。新制度经济学把制度作为经济学的研究对象。从制度的层次看，有正式制度、非正式制度及实施机制。正式制度从宏观角度多与国家相关，而非正式制度从微观和中观角度与个人、企业及利益集团（微观层次及中观层次）紧密相关。产权及交易费用是制度经济学分析中的基本问题。从制度选择看，国家、个人、企业及利益集团的相互作用决定着制度的选择及其效率。

新制度经济学为国际贸易结构的演进提供了有力的解释。首先，从宏观角度看，国家为了实现自身利益，会运用强制力量，这样，国家就会成为掠夺之手。这种理论把国家作为一个内生变量来处理。“掠夺之手”模型是新制度经济学国家理论的分析框架。国家作为最大制度供给者、第三方实施者、产权界定和保护者及利益集团利益协调者，通过政策的制定，影响着一国产业结构和贸易结构的变动。然后，从中观和微观的角度看，交易费用的测量、产权理论、契约和企业理论也都与新新贸易理论内容相互交叉，共同解释了贸易模式的变化。同时，制度变迁的路径依赖理论说明：一种新的制度产生后在一定时期内，不管是否发生了作用，都会持续存在并影响之后的制度选择，也就是仿佛只能按照这一种特定的“路径”走下去。诺思强调，路径依赖并不意味着没有选择的余地，而是选择范围的缩小。正如我国始终坚持改革开放的基本国策，保持了较高的对外贸易开放水平，取得了不错的成绩，因此会继续推进改革开放，而全球化和国际分工的深入细化必然推动了贸易结构向更高层次发展。

第三节　相关文献综述

一、货物贸易商品结构的文献综述

（一）国内的出口商品结构的研究

1. 出口贸易结构的理论验证

林毅夫等认为技术差异与要素禀赋突出地影响了一国参与国际分工的方式和货物贸易结构。因此，如果依照比较优势理论和中国的现实经济情况，中国应大量出口劳动密集型产品（林毅夫，蔡昉，李周；鞠建东、林毅夫，王勇）。杨逢珉、周琳姐对中日商品结构进行了比较研究，并提出了短期内双边贸易仍以要素禀赋为基础，从垂直型转向水平型的前景预测。

2. 不同商品分类标准下的贸易结构变迁

苗长青基于 SNA、SITC 等不同的分类标准分析了中国进出口商品结构变化、问题并提出对策。杜修立，王维国基于 SITC 三位码分类数据，对改革开放以来中国出口贸易的技术结构进行分析并做出国别比较，认为中国出口贸易的技术结构没有显著提高，发生了与众不同的重大变化。苏振东、周玮庆基于产品技术附加值的视角分析了中国对东盟各国出口贸易结构的变迁，并采用引力模型和变系数面板模型分析了东盟各国对我国贸易结构的影响。

3. 贸易结构的国别比较

文东伟借鉴了 Lall 和 OECD 的方法，分析了中国制造业的出口技术结构，认为制造业出口已经由低技术制造业转向了高技术制造业，但与发达国家出口集中在中技术制成品相比，中国出口集中在低技术和高技术制成品两端。张群和张曙霄从基于商品技术含量的视角比较了中德出口商品结构，提出了深化发展制造业、增加高科技投入、实施核心技术自主研发战略、营造承接国际技术转移和高新技术产业发展的配套环境等一系列建议。

（二）国内的进口商品结构研究

1. 进口技术结构的变迁

祝树金、奉晓丽通过对我国 1985 年至 2008 年的进口技术结构的变迁的考察，得出进口技术结构不断攀升，高技术产品进口份额远高于同类型的国家，而资源性产品和初级产品进口份额有待提高的结论。魏浩、郭也、李翀考察了 1995 年至 2011 年间中国进口技术结构的变迁及自 19 个国家和地区的进口结构和贸易伙伴的相互关系。总体来看中国对外贸易进口的发展带动了发展中国家及地区的出口，也促进了发达国家的出口。

2. 不同商品的进口策略

裴长洪研究了在一国经济增长是增速或减速的情况下，进口贸易结构变化的规律和两者之间对应的关系。针对资本品、中间品、消费品和服务品分别提出不同的进口建议。陈长缨、楚明钦、陈启斐和陈丽芬分别研究了技术进口、零部件和成套机器设备进口、消费品进口问题。

（三）国外的商品结构研究

国外研究表现在对某一区域贸易商品结构的变迁分析、与经济增长的关系和进口品的技术外溢等方面。Wood，Adrian，Mayer 等通过赫－俄贸易理论结合跨国数据得出非洲未经加工的初级产品出口的集中主要是由于地区低的教育水平和丰富的自然资源所致的结论。对于大部分非洲国家，主要考虑追随土地广阔的美洲式的发展路径，提高所有部门的出口水平尤其是基于自然资源的部门。Guerson A，Parks J，Torrado M P 研究了阿根廷出口品在结构方面的变化和未来增长的一些启示。Adams N A 基于 1954—1967 年的数据研究了牙买加进口结构、经济结构和经济增长之间的关系。Park 结合 10 个 OECD 国家的数据，分析了进口商品中的研发存量对这些国家自主创新和生产率的作用。

二、货物贸易方式结构的文献综述

货物贸易方式结构的国内研究侧重于一般贸易和加工贸易方式的变化、影响因素、加工贸易存在的问题、加工贸易的升级、加工贸易增值率等方面。张鸿认为在对外贸易中加工贸易占有重要地位,而且贸易商品结构的变化大致可以用比较优势理论解释。魏锋、沈坤荣研究了改革开放以来我国出口商品结构和贸易方式的变化,得出加工贸易占绝对比重,但近年来呈下降趋势,一般贸易、加工贸易和其他贸易竞相发展的结论。范爱军、李菲菲从理论和实证角度论证了加工贸易和一般贸易对产业结构影响的差异性,提出加快发展一般贸易作为转变外贸发展方式的重要路径,加工贸易进行转型升级以克服对对产业结构的不利影响等建议。杜晓英、张明和胡兵都对加工贸易增值率的影响因素进行了研究。孙玉琴、孙倩和王辉考察了60余年来加工贸易演进的特点和动因,并得出加工贸易的发展一直与我国的工业化进程和对外开放发展紧密相关的结论。陶攀、刘青和洪俊杰考察了企业生产率、沉没成本和所有制差异对不同贸易方式的企业出口的影响差异。企业生产率的提高对纯加工贸易企业的出口有明显的抑制作用,而沉没成本在各种贸易方式下都显著存在,所有制结构对不同贸易方式企业的出口行为也有不同的影响。

国外没有对贸易方式结构进行界定区分,对加工贸易的研究,主要集中在价值链和对环境的影响等方面。Bin Su,Ang B W,Low M 结合中国的实际认为传统的 I－O 模型导致对加工贸易出口的隐含碳排放的高估和一般贸易出口的低估。使用扩展的 I－O 模型计算中国的出口碳排放则下降了32%。出口假设的选择对于加工贸易出口的结果分解更有影响。结果强调了与中国出口结构相似的国家,探究隐含碳出口假设的影响是很有意义的。Gereffi G 从全球商品链的视角,通过对亚洲服装业的分析,指出了在贸易网络中的组织学习发挥的机制,企业从组装到 OEM 再到 OBM 发展的轨迹和有利于产业升级和企业角色升级的组织条件。

三、货物贸易主体结构的文献综述

国内相关研究集中于微观主体的理论研究、出口企业的特征和外资对内资企业出口行为的影响等方面。马慧敏认为以组织生态理论、资源基础理论、网络组织理论等为代表的当代企业组织结构理论能够有效地指导中国外贸微观主体结构的完善。戴小勇、成力为基于中国2005年至2009年约30万家工业企业数据检验了中国出口企业特征,发现中国出口企业比例高、集中度低、出口行为不稳定、外商主导的出口特征明显、出口企业比非出口企业的全要素生产率、利润率等低,即“出口溢价”不完全成立,文章也揭示了出口企业特征形成的内在机理。刘志成、刘斌运用 Heckman 选择模型检验了外资进入对中国内资企业的出口溢出效应,得出外资份额高的外资企业对内资企业的出口决定和出口强度的正向作用均大于外资份额低的外资企业,且外资企业对劳动密集型内资企业和资本密集型内资企业的出口溢出效应作用效果不同,前者更大一些。

国外的研究多体现在外资或跨国企业的"溢出"效应检验。Aitken，Hanson，Harrison 等认为外资企业拥有丰富的国际市场业务经验和全球性的的市场网络，因而对本土企业出口有外溢效应。Keller&Pisu 得出应该跨国公司的出口溢出效应、前向和后向链接效应与英国本土企业的出口决定是紧密相关的结论。

四、货物贸易模式结构的文献综述

（一）产业间贸易和产业内贸易

国内相关研究从产业间和产业内贸易的演进、影响因素、某一产品的产业内贸易、贸易伙伴之间的产业内贸易等方面进行研究。马征、李芬介绍了产业间、垂直产业内贸易和水平产业内三种贸易模式的变迁，并分析了每种贸易模式与经济发展水平之间的关系。刘磊计算并比较了中日两国间和中美两国间的产业内贸易指数，并得出 FDI 和市场开放是促进中美和中日产业内贸易的重要因素的结论。曹芳、李季和刘雪娇分别研究了纺织业、中韩机电产品、中国与金砖国家农产品产业内贸易问题。

国外对产业内贸易的水平和影响因素都有大量的研究。如 Hellvin 研究得出中国与 OECD 国家间的产业内贸易在 20 世纪 90 年代提高了 20%，并且贸易产品主要集中在工业制成品的结论。Balassa 对影响产业内贸易的国家和产业特征方面的因素进行了实证研究。

（二）产品内贸易

国内的产品内贸易研究侧重于产品内贸易的作用、测算和影响因素等研究。唐海燕、张会清结合 40 个发展中国家的实证研究得出产品内国际分工对于价值链提升具有显著的推动作用，但要以人力资本、服务质量等支持性条件的满足为前提，并主要来自高层次分工合作的贡献。刘利民、崔日明以垂直专业化指数法测算了我国各行业国际产品内贸易发展水平，得出了我国初级产品部门和资源密集型行业国际产品内贸易水平下降、高技术部门和劳动密集型行业产品内贸易水平提升较快等结论。汤碧结合贸易余额贡献度这一指数，分析了电器设备等三个部门的产品内贸易发展，并提出了价值链、企业能力、产业和区域升级等建议。

国外的研究集中于产品内贸易形成的解释和参与产品内的企业效率的研究。Jones，Kierzkowski 通过对李嘉图模型以及 H－O 模型进行改造和扩展，解释了产品内贸易模式的形成基础。Antràs，Garicano，Esteban Rossi-Hansberg 研究了包括技能互补性、工人技能的不可替代性、不同工人技能灵敏度为特征的生产函数引致的产品内贸易模式。Grossman G M，Esteban Rossi-Hansberg 提出了关于可贸易任务的全球生产过程理论并研究降低的离岸成本如何影响发包国的要素价格，从这一角度研究了产品内贸易的发生。Kaahara，Rodrigue 利用智利制造业的面板数据得出进口国外中间品的企业比非进口国外中间品的企业显著提高了生产率。

五、货物贸易区域结构的文献综述

(一)国内对货物出口区域结构的考察

国内对货物出口区域结构的考察包括影响因素、出口地区差异性研究、出口地区潜力预测的研究。朱慧明、欧阳文静和游万海运用贝叶斯动态面板回归模型描述了各出口地区竞争力的路径依赖特性,并考察了 FDI 和汇率波动对各地区出口竞争力的影响。陈丰龙、徐康宁通过 2002 年至 2008 年中国的省级面板数据计算得出了中国出口贸易的垂直专业化在东部与中西部地区间存在突出的差异,而且工业基础、人力资本、对外开放度和服务业水平对垂直专业化水平有显著的正影响。张会清、唐海燕运用扩展引力模型和与其他 120 个贸易伙伴国(地区)的出口数据,得出自 2007 年中国出现"出口不足"局面、2010 年至 2015 年的出口增速为 31% 的结论,并提出了中国出口区域结构调整的建议。

(二)国内对货物进口区域结构的研究

国内对货物进口区域结构的研究集中在进口品的技术溢出效应、进口品的技术含量和进口地区潜力预测上。何莉、罗双临利用中国省际面板数据实证分析了进口贸易渠道的 R&D 溢出的地区差异,有利于东部省份的全要素生产率增长和技术进步,不利于中西部的省份。马颖、李静基于中国从 OECD 主要国家进口贸易数据的考察了我国进口品技术含量水平的地区差异,并借助 GMM 分析了贸易开放、对外开放政策及加入 WTO 对我国进口贸易中研发存量变动的影响。马涛、刘仕国不仅分析了进口产品结构,而且采用改进的引力模型,证明中国从多数贸易伙伴进口还有很大发展空间,不仅要扩大进口数量,还要丰富进口商品种类。

(三)国外关于区域结构的研究

国外关于区域结构的研究集中在一国国内贸易区域结构、两国间的贸易结构、区域组织贸易间的贸易模式比较、区域贸易结构优化法等。Horiba Y 认为,尽管日本国内区域间文化同质性和供给相似度大,但仍存在工资和要素禀赋差异,验证了 H－O 理论在日本国内的区域间的适用性。Michael Sonis, Hewings G J, Gazel R 结合美国 1982 年四个地区三个部门的投入产出表,利用反馈回路法,对贸易在地区间、地区内和部门间的流动模式进行深入的研究。Brown W M, Anderson W P 研究了美加区域内贸易的空间和产业结构的影响因素。Poon, Jessie P H 比较了欧洲和亚太地区在本区域内和区域外贸易模式,得出在在 1965 年至 1994 年间,欧洲无论在内部国建间还是与区域外的国家的贸易联系相比亚太地区都更为紧密和有利的结论。Gollmer K 构建了优化对外贸易区域结构的长期线性模型,包括逐步优化法和总体优化法。

六、货物贸易结构演进影响因素的文献综述

国内外货物贸易结构演进的影响因素研究主要围绕以下一些方面。

(一)贸易结构与经济增长的关系研究

袁其刚、戴金平和刘斌分析了2002年前后贸易结构促进经济增长的不同渠道,而且得出贸易结构有极大升级空间的结论。Baldwin认为,只要能产生贸易静态利益,无论是进口或是出口,都会带来经济增长,而经济增长又反向作用于贸易结构。

(二)贸易结构与产业结构的关系研究

李荣林和姜茜的研究表明我国对外贸易结构和产业结构高度相关,而且长期的作用较短期更明显。Jota Ishikawa设计了一个在经济增长过程中产业结构和贸易模式变化影响的模型。

(三)贸易结构与要素禀赋的关系研究

薛蕊、苏庆义通过对已有要素禀赋与贸易结构经验文献的梳理,认为要素禀赋仅仅是贸易结构决定的重要因素之一,未来更应该关注要素禀赋的贡献度。Chor和Shikher通过李嘉图模型设定了要素禀赋和相对技术差异分解的理论框架,研究表明贸易结构最重要的决定因素是要素禀赋。

(四)贸易结构与技术创新的关系研究

逯宇铎、孙博宇考察了技术进步和效率增进对不同技术含量制造业出口结构的影响。陈丽静、顾国达考察了技术创新和知识产权保护对我国进口商品结构的影响,认为技术创新对商品结构有显著的正向影响。Trefler D认为技术进步作为改变不同时期生产函数的持续性增长的因素,可以推动贸易结构向集约化方向发展,并且和要素禀赋共同影响了一国的对外贸易结构。这一点,Krugman,Grossman and Helpman,Taylor在相关的文献中都有提到。

(五)贸易结构与FDI的流入与流出的关系研究

苏振东、周玮庆认为FDI对中国出口贸易结构变迁具有非对称影响效应。陈俊聪、黄繁华认为对外直接投资已成为我国贸易结构转型升级的推动器,它带动了我国中间品的大量出口。安虎森、颜银根检验了贸易自由化、外商直接投资流入与出口贸易地区差异的关系,得出FDI与地区出口贸易之间关系不确定,FDI与贸易自由化共同造成出口贸易地区间差异的结论。Neary认为FDI对出口商品结构的作用与跨国公司对外投资的意图、资金流向出口还是进口部门有关。Head&Ries根据日本1966年至1990年制造业的数据得出对外直接投资与母国出口之间是互补的结论,而且企业性质不同,这种互补性也存在差异。Hoekman B,Djankov S研究了1990年至1995年中东欧国家出口到欧盟的决定因素,认为FDI和分包安排

作用较小，除了波兰，FDI 的流入与 RCA 是负相关的，意味着在中央计划下外国投资者选择了中东欧国家不是相对专业化的部门。

（六）贸易结构与贸易制度的关系研究

梁碧波认为制度变迁和技术进步不断推动着国际贸易模式向更高的层次演进，并导致在不同区域和时点上的非均衡性。因此，贸易政策调整对象应为中间产品和最终产品两大类型。Antras 从不完全契约的角度引入制度质量，使用企业的产权理论框架研究了敲竹杠风险对企业边界、贸易模式和 FDI 的影响。

（七）贸易结构与人民币汇率的关系研究

曹伟、左杨编制了省际实际有效汇率指数，研究了它的变动对各省进口贸易的影响。其中，对东部地区的进口影响最大，西部最弱。王珊珊、邱嘉锋考虑了不同贸易方式下的成本因素，分析了人民币汇率升值对不同贸易方式出口的影响。Bahmani-Oskooee & Satawatananon，Baek 研究汇率变动对一国双边贸易具体某类产业或商品贸易额的影响。

（八）贸易结构与金融发展的关系研究

袁其刚、戴金平基于资本积累和配置角度得出在发展中国家提高金融发展效率可以改善一国的贸易结构的结论。孙少勤、邱斌从金融效率、金融结构以及金融规模三个方面考察了我国东、中、西部地区的金融发展对出口结构的不同的优化作用，提出了利率市场化、促进上市、鼓励各类金融创新等一系列建议。Beck 和 Rajan&Zingales 认为不同行业对金融部门产生不同的依赖，技术密集型行业的依赖性更大，劳动密集型行业相对依赖性较小。因此，金融发展对贸易结构产生重要影响。Yuriy，Monika 认为金融约束限制了国内企业创新和出口及达到技术边界，因此一国必须通过发展金融市场获得外部资金，降低融资成本等来鼓励技术创新和增加高技术含量商品出口，进而优化一国的出口商品结构。

除此之外，部分学者还研究了货物贸易结构与就业结构的关系（阚大学）、货物贸易结构与收入分配的关系（Fajgelbaum&Grossman&Helpman）等。

七、货物贸易结构演进评价的文献综述

国内学者大多从以下两个角度展开对货物贸易结构演进的评价。

（一）通过各种贸易指数

涂远芬设计了我国进口商品结构的合理度指数，经测算，我国进口商品结构朝着合理化方向发展，但仍有提升空间。黄锦明，陈卉娟、黄锦明通过三个层次的评价认为，1980—2008 年期间我国出口商品结构在优化。李建萍、张乃丽构建了一个较全面反映出口商品结构变动的综合指数，出口商品包含了初级产品、工业制成品和服务产品，同时运用时间序列比较了内资和外资对中国出口商品结构的不同

影响。魏浩、马野青、叶子丹和赵春明分别采用不同的指数测度了中国出口商品的国际地区结构和进口地区结构。

(二)结合贸易理论(比较优势理论、竞争优势理论、产品生命周期理论等)进行评价

施炳展、李坤望结合产品生命周期理论,运用转移矩阵技术及改进的标准化贸易均衡指数(NB),分析了中国贸易结构的动态的发展变化,并得出中国贸易结构改善不明显,必须提升“中国制造”商品的国内含量的结论。杨继军和范从来表明中国的贸易品技术含量不断提升,出口商品结构较好地“响应”了包括劳动力要素在内的资源禀赋的蝶化,实现了由初级产品、劳动密集型产品向机电产品、高新技术产品的转换。

国外的研究既通过指数测度,也通过某种计量方法评价贸易结构优化情况。Richardson 结合显性比较优势指数对美国、中国等国的贸易结构进行了分析。Dani,Rodrik 定量评价了中国的出口结构。从商品技术含量的视角比较了中国商品结构的变化,认为中国致力于生产高生产率的产品,没有遵循比较优势。

八、文献述评

从以上文献回顾看,国内外有关学者已经对我国货物贸易结构演进进行了大量相关的研究。但是,也存在如下缺陷。

目前为止在关于贸易结构演进的研究中,多数研究仅限于出口贸易结构的演进问题,而对进口贸易结构的演进研究不足;贸易方式结构中,对加工贸易研究较多,而一般贸易研究较少;贸易主体结构从所有制角度研究的较少,而且进口主体结构研究几乎没有;贸易模式结构研究的成果颇丰;贸易区域结构研究中的进口区域结构研究相对不足。

虽然对于每种结构的影响因素研究并不少见,而且所运用的理论和方法各有千秋,但缺少对中国货物贸易结构影响因素的更系统地分析。其中,大多数学者关注货物出口贸易结构变动的影响因素,对货物进口贸易结构演进影响因素的研究比较少见。因此,加强货物进口贸易结构的研究,有利于缓解贸易摩擦、促进进出口平衡和实现内外需求均衡发展。

对贸易模式结构、出口商品结构、进出口地区结构结合贸易指数进行评价的较多,对进口商品结构、贸易方式结构和主体结构的指数评价较少。

基于此,本书将对上述问题进行深入的研究。

第三章　中国货物贸易结构的演进历程

第一节　中国货物贸易商品结构的演进历程

一、中国货物贸易出口商品结构的演进历程

改革开放以来我国货物贸易的出口实现了跨越式增长，尤其是加入世贸组织以来，出口增长率连年以两位数增长，出口额占 GDP（国内生产总值）的比重也不断上升，出口竞争力显著增强。在世界出口额排名中，我国从 1978 年的第 32 位上升到目前的第 1 位；在世界出口总额的比重中，我国从 1978 年的不足 1% 上升到 2014 年的 12.2%；相应地，我国出口额占 GDP 的比重也从 1978 年的 6% 上升到 2014 年的 22.3%。

（一）SITC 一位码分类下两大类商品出口结构的演进历程

如前所述，SITC 分类法下两大类商品指的是初级产品和工业制成品。从图 3.1 可以看出，自改革开放以来我国初级产品和工业制成品的出口额和比重的演变大致可分为以下三个时期。

第一阶段（1978—1985 年），在此期间，初级产品仍占据货物出口的半壁江山，所占份额缓慢下降然后上升，而工业制成品所占比重变化相反。我国出口商品总额上涨了 268%，初级产品和工业制成品上涨幅度一致。1978 年，初级产品和工业制成品出口额分别是 52.16 亿美元和 45.29 亿美元。1985 年，初级产品和工业制成品出口额分别是 138.28 亿美元和 135.22 亿美元。所占出口总额比重变化不明显，初级产品仍为重要的出口商品。

第二阶段（1986—2005 年），在此期间，初级产品出口额及所占比重迅速下降，而工业制成品出口额及所占比重迅速上升。1986 年，初级产品出口额及比重为 112.72 亿美元和 36%，到了 2005 年，达到了 490.37 亿美元和 6%，总额上涨了 4.35 倍，而比重减少了 30%。1986 年，工业制成品出口额及比重为 196.70 亿美元和 64%，到了 2005 年，达到了 7 129.16 亿美元和 94%，总额上涨了 36 倍，比重增加了 32%。工业制成品成为主要的出口产品。

第三阶段(2006 年至今),在此期间,初级产品和工业制成品出口额稳步增长,所占比例保持不变,工业制成品出口额占出口总额比重维持在 95% 左右。2006 年,初级产品和工业制成品出口额分别为 529. 19 亿美元和 9 160. 17 亿美元。到了 2013 年,出口额分别为 1 006 亿美元和 21 000 亿美元,分别增长了 0. 9 倍和 1. 3 倍。

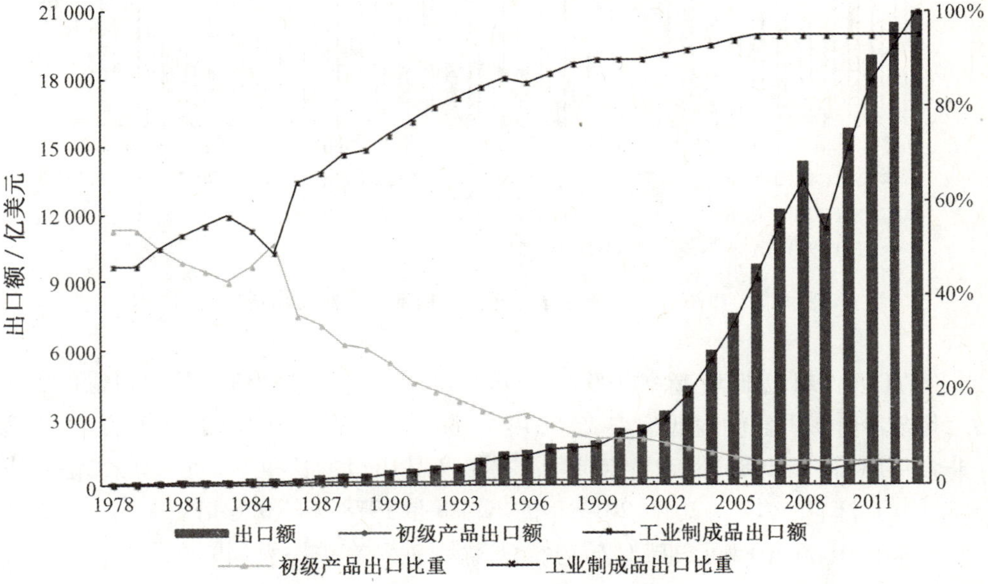

图 3. 1 1978—2013 年中国初级产品和工业制成品出口额及比重的变化

(二) 初级产品内部出口结构的演进历程

在图 3. 2 中,SITC0 表示食品及主要供食用的活物,SITC1 表示饮料及烟类,SITC2 表示非食用原料,SITC3 表示矿物燃料、润滑油及有关原料,SITC4 表示动植物油脂及蜡。

总体来看,1986 年以前, SITC3(矿物燃料、润滑油及有关原料)的出口额最多,1986 年以后,SITC0(食品及主要供食用的活物)的出口额最多,SITC3(矿物燃料、润滑油及有关原料)在绝大多数年份的出口额高于 SITC2(饮料及烟类)的出口额,而 SITC1(饮料及烟类)的出口额较少,SITC4(动植物油脂及蜡)的出口额最少,SITC0,SITC2,SITC3 所占出口比重之和一直超过 90% 。

由各类商品来看,SITC0(食品及主要供食用的活物)自 1992 年以来成为我国初级产品出口的主力军,之后它变化的比重不大。1978 年出口金额及比重分别为 23. 16 亿美元和 44% 。到了 2013 年,其出口金额和比重分别为 556. 77 亿美元和 52. 3% ,出口额增长了 23 倍。

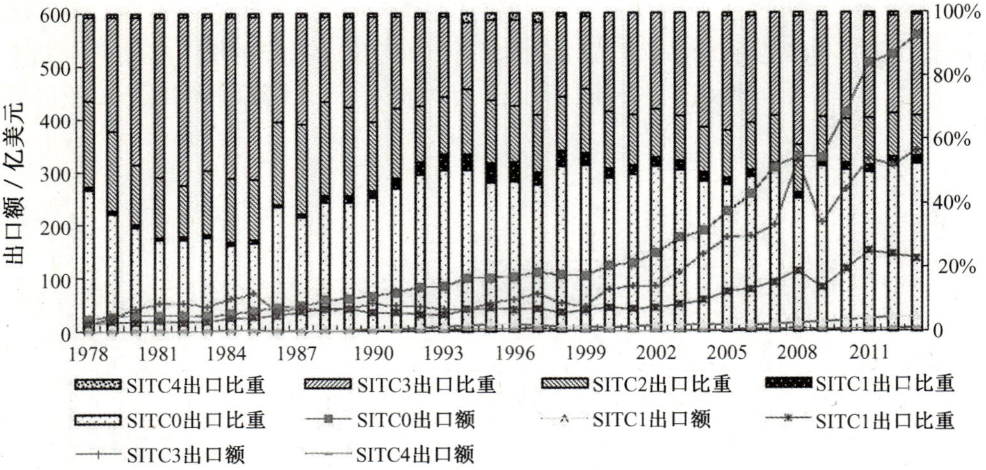

图 3.2　1978—2013 年中国初级产品内部出口额及比重的变化

SITC1(饮料及烟类)除了 1993—1998 年期间平均占到初级产品出口额的 5% 外,其余年份所占比例均低于 4%。2013 年的出口额是 1978 年的 36.7 倍。SITC2(非食用原料)在 1983—1991 年期间占初级产品出口额比重平均在 20% 以上,其余年份均徘徊在 10% ~20%,2013 年的出口额是 1978 年的 9.6 倍。

1980—1985 年期间 SITC3(矿物燃料、润滑油及有关原料)占据了初级产品出口的一半。1986 年以来,其出口比重在 20% ~35%,2013 年的出口额是 1978 年的 25.22 倍。SITC4(动植物油脂及蜡)占初级产品出口很小的份额,尤其是 2000 年以来,部分年份出现负增长。

(三)工业制成品内部出口结构的演进历程

SITC5 表示化学品及有关产品,SITC6 表示轻纺产品、橡胶制品、矿冶产品及其制品,SITC7 表示机械及运输设备,SITC8 表示杂项制品,SITC9 表示未分类的其他商品。

如图 3.3 所示,从总体看,在 1980—2013 年期间,除了 SITC9(未分类的其他商品)出口增加额几乎没有变动以外,其余工业制成品的出口额都快速上涨,尤其是 1998 年以后,加快了上涨。其中,SITC7(机械及运输设备)出口额增加最多,所占比重也一直在显著增长,其次是 SITC8(杂项制品)。

由各类商品看,SITC5(化学品及有关产品)在 1989 年以前占据工业制成品出口额 9% 以上,但近年来则保持了 5% ~6% 的水平。SITC6(轻纺产品、橡胶制品、矿冶产品及其制品)也表现出类似的变化趋势。1988 年以前占据工业制成品出口额 30% 以上,近年来,比重在 17% ~19%。自 1992 年以来,SITC7(机械及运输设备)涨幅加快。1996 年,所占工业制成品出口比例超过 SITC6(轻纺产品、橡胶制品、矿冶产品及其制品)。2001 年,所占工业制成品出口比例超过 SITC8(杂项制品),成为工业制成品出口的最重要的商品。SITC8(杂项制品)在 1980—1984 年、1991—2003 年期间,出口比重均在 30% 以上,近年来出口比重快速下降,比重在 25% ~28% 。SITC9(未分类的其他商品)在 1982—1991 年期间占据一定的出口份额,但近几年来出口量大规模减少,所占比例可以忽略。

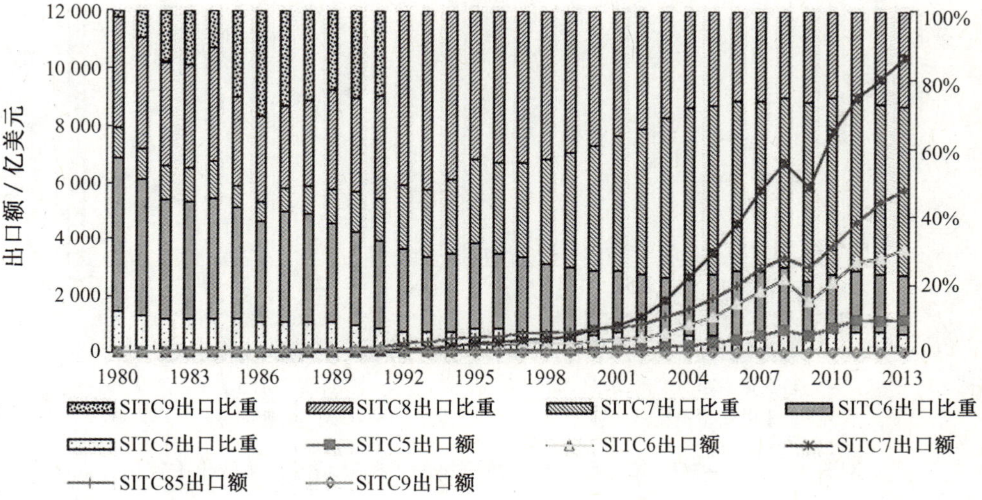

图 3.3 1980—2013 年中国工业制成品内部出口额及比重的变化

(四)按要素密集度分类的出口商品结构的演进历程

一国的贸易结构的演进不仅能够说明其生产要素禀赋的特点,也证明了其有竞争优势的行业的分布特征和资源配置的效率。因此,需要从要素密集度角度对我国货物贸易结构进行研究。有关要素密集度的分类法目前缺乏权威性的标准,本书采用前述郑展鹏的分类进行阐述,主要出口商品按要素密集度分为:自然资源密集型产品,包括活动物,动物产品,植物产品,精制的食用油脂,动、植物油、脂及其分解产品,食品、饮料、酒及醋,动、植物蜡,烟草及烟草代用品的制品,矿产品,木及木制品,木炭软木及制品,稻草、秸秆、针茅及制品,木浆及其他纤维状纤维素浆,纸及纸制品,贱金属及其制品;非熟练劳动密集型产品,包括塑料及其制品,橡胶及其制品,生皮、皮革、毛皮及其制品,纺织原料及纺织制品,鞋帽伞杖鞭及零件,羽毛制品,石料、石膏、水泥、石棉;资本密集型产品,包括化学工业及相关工业的产品,车辆、航空;人力资本密集型产品包括电气设备及其零件、机器、机械,光学、照相、电影、计量、检验、医疗或外科用仪器及设备,录音机及电视图像及附件。数据时间范围为 1992—2013 年。

从图 3.4 可以看出，1992—2013 年期间，人力资本密集型产品出口额大幅增加，排在首位，其次是非熟练劳动密集型产品出口额，而资本密集型产品出口额仍低于自然资源密集型产品出口额，但在此期间，资本密集型产品的总额上涨了 32 倍，自然资源密集型产品出口额上涨了 12 倍。

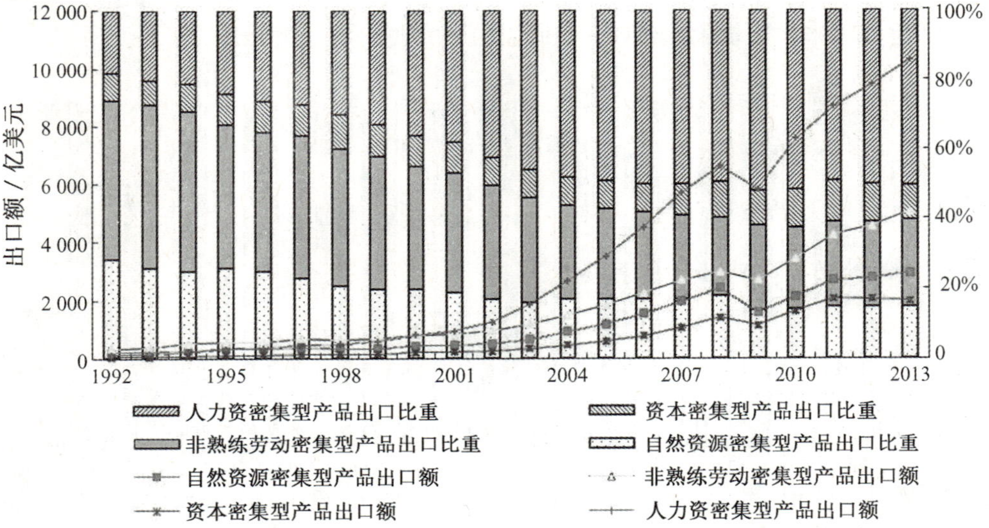

图 3.4　1992—2013 年按要素密集度分类的不同商品出口额及比重变化

人力资本密集型产品出口比重自 1992 年以来呈现快速增长，到 2004 年进入了缓慢上升阶段，占据了出口总额的一半。非熟练劳动密集型产品，1992 年占出口总额的 46%，之后不断的下降，到 2013 年占出口总额的 25%，仍然是我国第二大出口产品。自然资源密集型产品出口所占总出口的比重一直高于资本密集型产品，而且变化幅度大，但变化方向相反，是不断减少的，由 1992 年占比 29% 下降到 2013 年的 15%，而资本密集型产品的出口比重缓慢上升。

（五）按技术含量分类的出口商品结构的演进历程

国际贸易中大多数关于贸易品技术含量的研究都借用 Lall 的划分方法，笔者也借用此方法分析按技术含量分类的中国出口商品结构变化情况。数据时间范围为 1993—2013 年，分类详见附录。

首先，由图 3.5 可以看出，PP（初级产品）比重下滑最快，由 1993 年的 13.22% 下降到 2013 年的 2.8%；LT（低技术含量产品）出口比重下降也较快，由 1993 年的 51.66% 下降到 2013 年的 31.73%；RB（资源密集型产品）出口比重下降缓慢，由 1993 年的 9.95% 下降到 2013 年的 8.36%；而 MT（中等技术含量产品）的出口一直在缓慢上升，由 1993 年的 15.2% 上升到 2013 年的 23.42%；HT（高技术含量产品）

出口上升最快,由 1993 年的 9.97% 上升到 2013 年的 33.79% 。

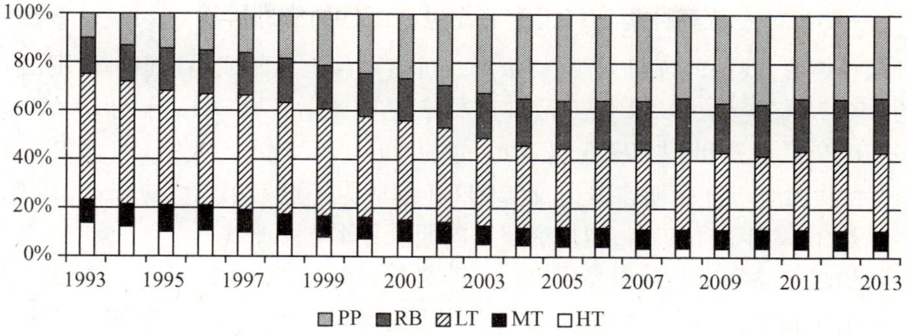

图 3.5　1993—2013 年按技术含量分大类的中国出口商品比重变化

其次,由图 3.6 可以看出,在中等技术含量产品和高技术含量产品出口比重上升中,贡献大的是 MT1(汽车)、HT1(电子电气)等产品。尤其是 HT1,比重从 1993 年的 7.75% 上升到 2013 年的 30.63%,上涨了近 2 倍;MT1 出口比重虽然不高,但 2013 年比 1993 年也上涨了 0.4 倍;MT3(机械)、HT2(其他产品)上涨相对缓慢(分别上涨了 60% 和 43%);MT2(加工产品)的出口比重则呈缓慢下降态势。在资源密集型产品和低技术密集型产品中, LT1(纺织品、服装、鞋类)出口下降较快,由 1993 年的 36.6% 下降到 2013 年的 15.8%;RB1(加工农产品)则由 1993 年的 5.4% 下降到 2013 年的 3.3%。

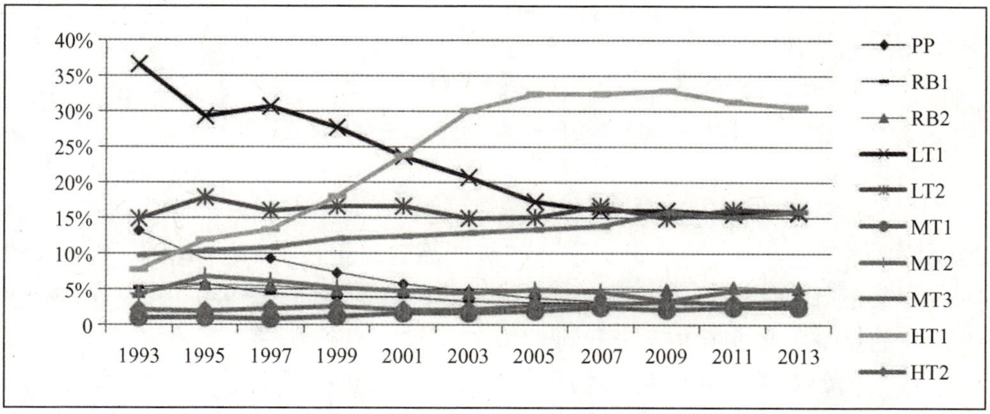

图 3.6　1993—2013 年按技术含量分细类的中国出口商品比重变化

二、中国货物贸易进口商品结构的演进历程

(一) SITC 一位码分类下两大类商品进口结构的演进历程

从总体看,我国的进口总额、初级产品进口额和工业制成品进口额分别由 1979 年的 156.75 亿美元、44.22 亿美元和 112.53 亿美元增长到 2013 年的 19 500 亿美元、6 601.7 亿美元和 12 898.3 亿美元,分别增长了 123 倍、148 倍和 113 倍。加入 WTO 后,我国进口开始加速增长,自 2009 年起成为了世界第二大进口国。2013 年进口额是 2002 年的 6.7 倍,增长率超过同期世界平均水平。

与初级产品和工业制成品出口比重明显不同的是,到 2013 年年末初级产品进口额和工业制成品的进口额占总进口额的比重接近 1980 年的水平,进口中初级产品比重为 34%,而同期初级产品出口比重只有 5%。

具体来看,中国进口两大类商品的比重经历了两个阶段,如图 3.7 所示。

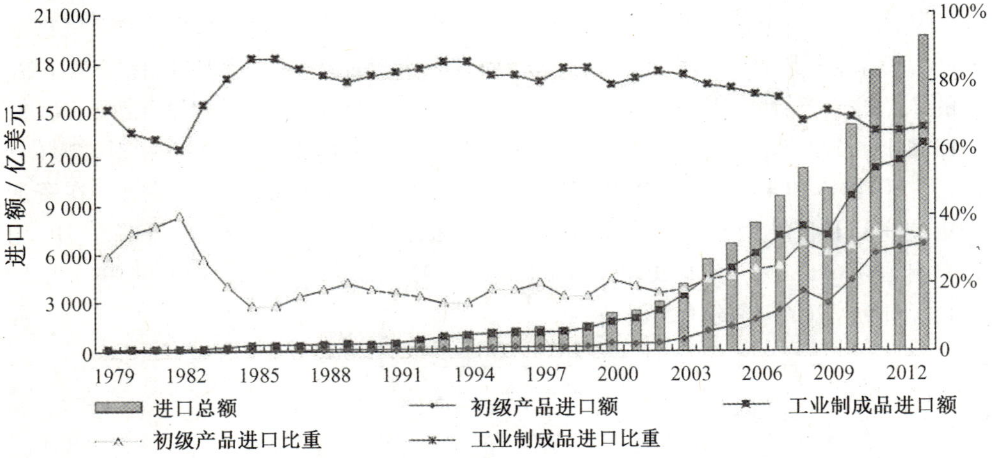

图 3.7　1979—2013 年中国初级产品和工业制成品进口额及比重

第一阶段(1979—1986 年),初级产品的进口比重呈现先升后降的状态,工业制成品的进口比重则先降后升。进口初级产品的比重在 1982 年达到了 40%,到 1986 年又下降到 13%。相应地,工业制成品进口的比重由 1980 年的 65% 降到 1982 年的 60%,到 1986 年又上升到 87%。

第二阶段(1987—2013 年),初级产品的进口比重缓慢上升,经历几次反复后自 2002 年持续上升,但 2013 年这一比重仍低于 1984 年的 40% 的比重。工业制成品的进口比重则缓慢下降,由 1987 年的 84% 下降到 2013 年的 66%。

(二) 初级产品内部进口结构的演进历程

从总体看,1980 年,SITC0(食品及主要供食用的活物)和 SITC2(非食用原料)

两者进口的比重和超过了 90%，而到了 2013 年，SITC0（食品及主要供食用的活物）的进口比重下降到 6.3%，SITC2（非食用原料）和 SITC3（矿物燃料、润滑油及有关原料）的进口比重之和超过了 90%。SITC2（非食用原料）和 SITC3（矿物燃料、润滑油及有关原料）的进口额在 1999 年后出现了加快了上涨。至 2013 年，SITC0，SITC1，SITC2，SITC3，SITC4 的进口额比 1980 年分别增长了 13 倍，124 倍，79 倍，1560 倍，31 倍。

结合图 3.8，由各类商品来看，SITC0（食品及主要供食用的活物）的进口比重在 1980—2013 年间的发展经历了几个阶段。1980—1986 年，先升后降；1987—1994 年，先反复升降，之后一直下降，到 1994 年的比重不足 1980 年的一半。经历 1995 年、1996 年短暂回升之后就一直下降。2005 年以后维持在 7% 以下。SITC1（饮料及烟类）在 1996 年之前，占进口额的比重反复升降，最高是 1985 年的 3.9%，最低是 1980 年的 0.5%，1996 年以后基本在 0.5% ~0.7% 之间徘徊，所占份额不足 1%。SITC2（非食用原料）的比重在 1980—2012 年间反复升降，最高值是 1985 年达到 61.2%，最低值是在 1993 年 38.3%，大多年份在 40% ~50%。

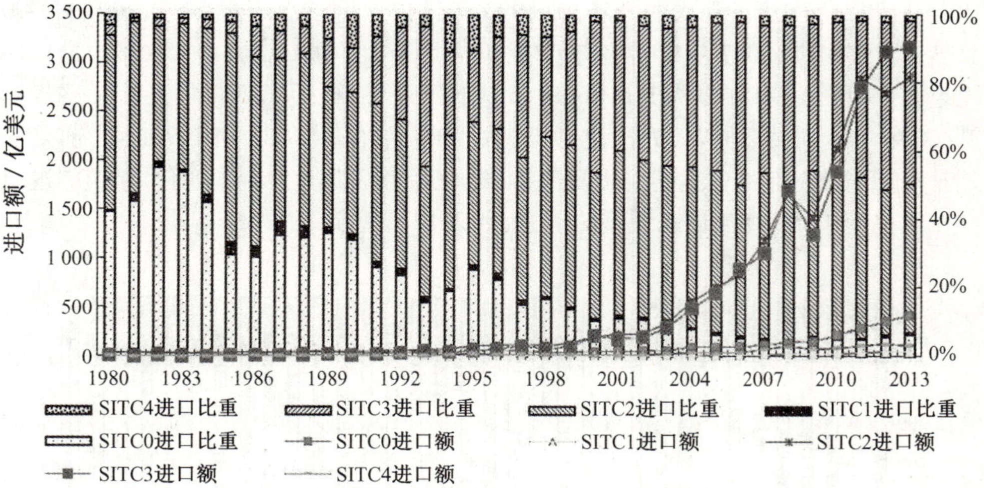

图 3.8　1980—2013 年中国初级产品内部进口额及比重的变化

SITC3（矿物燃料、润滑油及有关原料）的比重在 1980—2012 年间发生了鲜明的变化。1989 年之前所占进口额比重不足 10%，1989—1999 年呈现先升后降状态，1993 年达到 41%，2000 年后除了 2001—2002 年以外就一直在增长，保持在 40% 以上，2013 年达到 49%。SITC2 和 SITC3 的大量进口满足了我国工业生产所需。SITC4（动植物油脂及蜡）在 1994 年的占比达到了最高值是 11%，1994 年之前反复升降，1994 年以后基本在下降，到 2013 年只占到进口总额的 1.7%。

(三)工业制成品内部进口结构的演进历程

从总体看,1980 年,SITC6(轻纺产品等)和 SITC7(机械及运输设备等)两者进口的比重相差不超过 10%,SITC5(化学品及有关产品)的比重是 22.3%,SITC8(杂项制品)和 SITC9(未分类的其他商品)两者比重和不到 10%。而到了 2013 年,SITC6 的进口比重下降到 11.5%,SITC7 的进口比重超过了 50%,说明我国资本技术密集型产品进口很快。SITC5(化学品及有关产品)和 SITC8(杂项制品)各自的进口比重也超过了 10%。2013 年,SITC5,SITC6,SITC7,SITC8,SITC9 的进口额分别是 1980 年的 63 倍,36 倍,139 倍,260 倍,313 倍。2010 年开始,SITC8(杂项制品)进口额迅速增长。

结合图 3.9,具体来看,SITC5(化学品及有关产品)的进口在 1982 年达到最高,之后经历反复的升降,近 10 年维持在 14% ~16%。SITC6(轻纺产品、橡胶制品、矿冶产品及其制品)的进口以 1993 年为分界线,之前反复地上升下降,最高比例在 1983 年是 40.4%,到 1991 年达到最低值 19.8%。然后上升到 1997 年,之后基本呈下降状态。SITC7(机械及运输设备)的进口在 1980—1983 年先升后降,1984—1992 年经历了几次的升降,到 1993 年进口比重首次超过 50%,2001—2006 是高速发展时期,2007 年以后略有下降,但仍是最大的进口商品。SITC8 的进口额比重在 1980—1999 年是先升后降,1992 达到了小高峰。从 2000 年开始又逐步上升,2008 年达到最高值 12.7%,之后维持在 11% 左右。SITC9 在 1992 年之前是反复升降,到 1991 年的占比达到最高值 21%,之后商品归类发生了变化,相应的进口额比重也变小,2010 年以来缓慢的上升,到 2012 年达到了 5.8%。

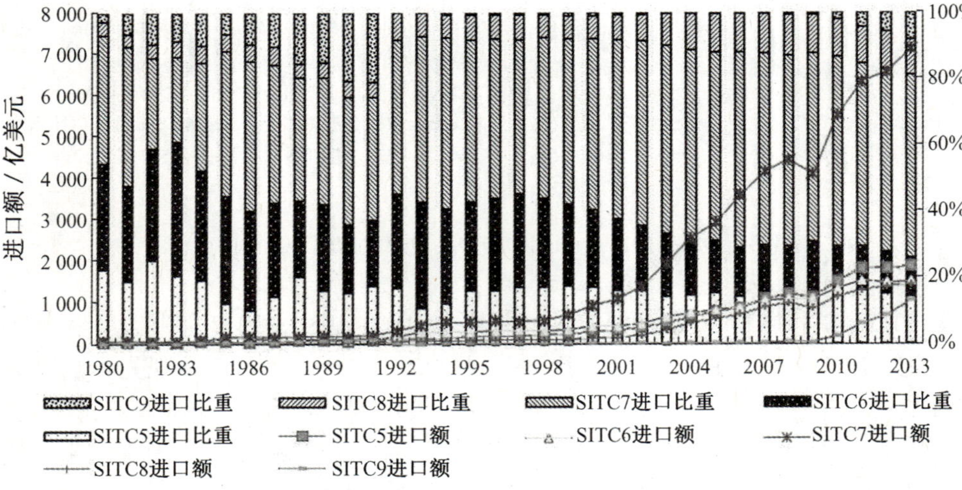

图 3.9 1980—2013 年中国工业制成品内部进口额及比重变化

(四)按要素密集度分类的进口商品结构的演进历程

如图 3. 10 所示,从总体看,各种要素密集型商品的进口额在 1992—2013 年间均上涨。其中人力资本密集型商品进口额最多,自然资源密集型商品的进口额位列第二,非熟练劳动密集型的进口额变化趋向低于资本密集型产品进口额。2013 年四种进口商品的进口额分别是 1992 年的 35 倍,9 倍,17 倍和 206 倍。

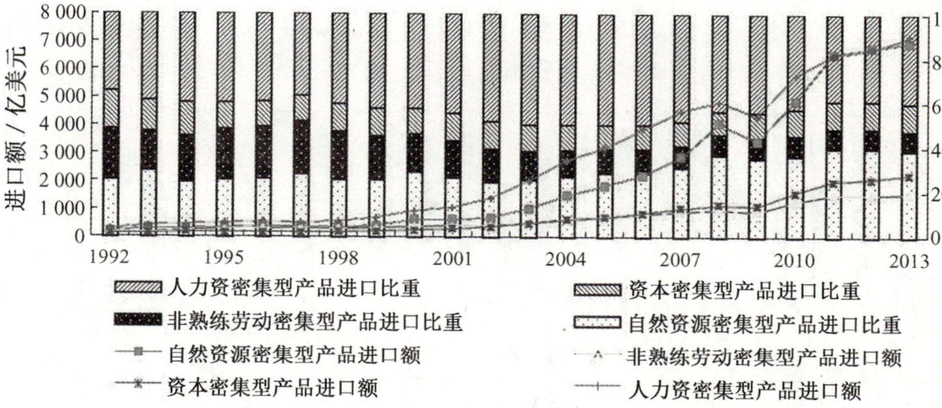

图 3. 10 1992—2013 年按要素密集度分类的不同商品进口额及比重变化

1992 年,人力资本密集型产品的进口比重是最高的,为 35. 01%,自然资源密集型和非熟练劳动密集型两类产品的进口所占比重都在 20% 以上,而且资本密集型产品进口比重也占到了 17%。到了 2013 年,人力资本密集型产品的进口比重仍然是最高的,达到 40. 06%,其次自然资源密集型产品的比重是 38. 76%,两者差距不大,其余产品的进口比重相对低一些。这一方面体现了我国的比较优势产品仍然是非熟练劳动密集型产品,另一方面也说明我国生产走向现代化、高端化,需要更多的原材料和人力资本来实现。

从具体商品进口的变化看,自然资源密集型商品的进口在 2004 年以前所占的比重是反复升降的,而 2004 年以后逐渐增长,2012 年的比重最高,是 39. 68%。非熟练劳动密集型商品的进口比重在 1996 年以前有所波动,1997 年达到最高比重 23. 60% 之后开始逐年降低,到 2013 年的进口比重是 8. 64%。资本密集型商品的进口比重一直呈现升降的局面,2013 年的比重比 1992 年低 4. 48%。人力资本密集型商品的进口比重在 1998 年之前是倒 V 型的,1998—2006 年进入一个高速发展阶段,最高值是 2006 年的 49. 91%,之后缓慢下降,但比重和自然资源密集型商品进口的比重差距不大。

(五)按技术含量分类的进口商品结构的演进历程

首先,如图 3. 11 所示,PP(初级产品)总体趋势是在上涨,在 1998—1999 年、

2001—2004 年出现小幅下滑。RB(资源密集型商品)在 1993—1999 年的进口比重也在增加,2000—2006 年略有下降后,一直保持低增长趋势。HT(高技术含量产品)的进口比重在 2006 年达到了最高值 40%,之后略有下降。PP,RB 和 HT 的进口比重由 1993 年的 7.38%,11.47% 和 15.9% 上升到 2013 年的 23.4%,19.8% 和 30.8%。HT 的进口增长说明了我国高技术产品生产仍与发达国家有差距,可能需要很长时间才能追赶上。LT(低技术含量产品)和 MT(中技术含量的产品)的进口额比重一直在下降,两者的进口比重由 1993 年的 18.8% 和 46.6% 下降到 2013 年的 4.5% 和 21.8%,说明这两类产品我国自给自足能力强。

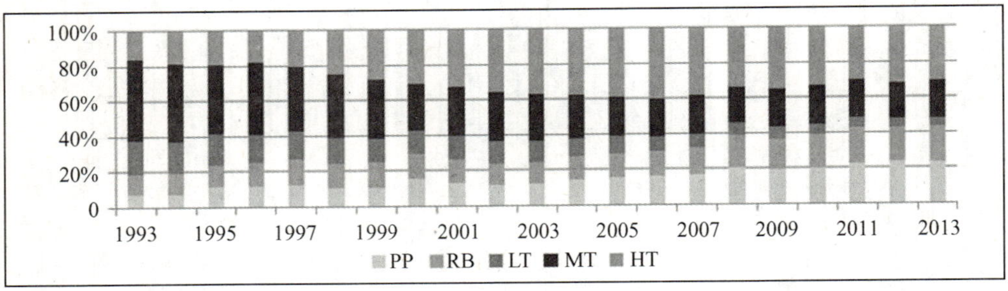

图 3.11　1993—2013 年按技术含量分大类的中国进口商品比重变化

其次,从具体商品角度看,如图 3.12 所示,RB2(其他资源)的进口比重增长带动了 RB 的进口比重增长,RB1(农产品)的进口增长对 RB 的贡献较小。HT 进口增加比重主要是由 HT1(电子电气产品)创造的,它在 2006 年也达到了最大值 31.4%,而 HT2(其他产品)的进口比重则由 1993 年的 4.3% 增加到 2013 年的 6.9%。在 LT 中,LT2(纺织、服装、鞋)的下降速度快于 LT1(其他产品)的下降速度。在 MT 中,MT2(加工产品)和 MT3(机械产品)的进口比重下降快于 MT1(汽车)。

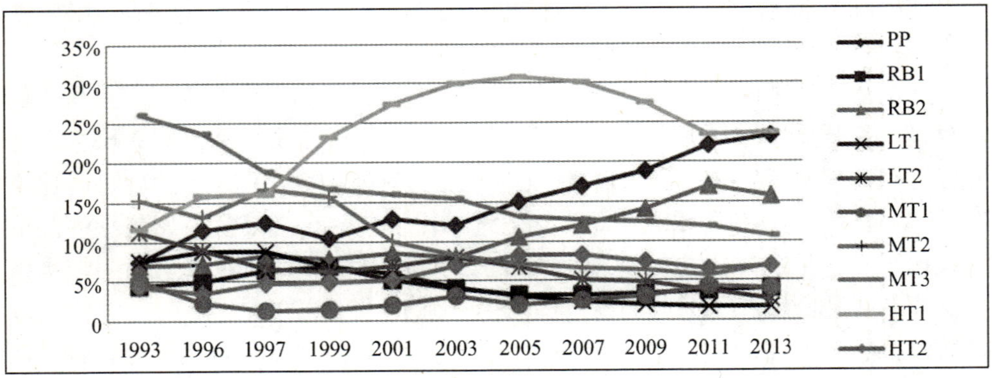

图 3.12　1993—2013 年按技术含量分细类的中国进口商品比重变化

三、中国货物贸易商品结构演进中存在的问题

(一)中高技术含量的人力资本密集型产品出口仍以外资企业为主体

2013 年,我国高新技术产品出口加工贸易占到了 65.33%,外资企业的比重为 72.96%,虽然较以前有所下滑,但外资企业仍占有绝对重要地位。这是因为外资企业掌握了大部分核心技术及关键零部件的生产,我国对国外技术依赖性仍然很高;国内企业的技术研发能力、科技储备水平、高新技术转换吸收能力、新技术的供给能力有待提高;技术中介的服务功能较弱,效果不明显。同时,行业发展失衡,2013 年,出口的产品中计算机与通信技术占到了高新技术产品的 66.5%,电子技术占到了 20.72%。可见,外资企业占据主要地位、本土高技术含量、高附加值产品的发展缓慢等问题不利于我国对外贸易竞争力的提升和出口商品结构的优化。

(二)消费品进口比重小

目前,从进口商品的类别来看,我国用于提高消费者生活层次和质量的消费性商品进口不足,而主要进口的是加工贸易急需的零部件和生产的基本能源、原材料。这是因为消费品尤其是高档消费品关税较高,需求较小,进口量就偏少,使得高档消费品不能满足国内消费需求,而抵挡消费品又大量积压。2010 年,俄罗斯、南非、巴西和印度消费品进口比重分别是 29.9%,14.4%,9.8% 和 4%,全球消费品进口比重是 18.1%,而我国消费品进口占总进口比重只有 3.6%,明显低于很多主要的发展中国家。

(三)高新技术产品进口以外商为主,进口行业分布不均匀

我国的高新技术产品的进口目前仍以外商企业为主体,2013 年占 65.9%(2012 年为 72.15%),而加工贸易也是高新技术产品的主要进口方式,2013 年占比 43.5%,比 2012 年略有下滑(46.56%),以进料加工贸易为主,但是其他贸易占比也在上升。进口的产品中,电子技术、计算机与通信技术和光电技术分列前三位。一方面,进口行业分布不均衡,虽然进口的多数高新技术产品用于投资再生产,有利于激发投资需求,可是长远看会形成更大的供给,造成产能过剩,需求不足;另一方面,也体现了我国拥有自主知识产品的高新技术产品少,没有形成高新技术产品配套服务的辅助技术平台,导致高新技术产业对进口的产品设计、关键零部件、工艺装备具有严重的依赖性。

(四)资源类产品进口比重增加,带来了安全隐患

按技术含量分类,资源类产品进口的比重由 1993 年的 11.47% 上涨到 2013 年的 19.8%;按要素密集度分类,自然资源密集型商品进口的比重由 1993 年的 29.35% 上涨到 2013 年的 38.76%;按 SITC 分类时,初级产品进口比重则由 1993 年的 14% 上涨到 2013 年的 34%。不同分类包含的产品有差别,故比例不一样,但

趋势都是资源类产品进口比重在增加。我国是资源能源类产品大宗进口国,当部分原料进口剧增,供应商借机提高价格时,如果没有建立有效的内外部协调机制,且不具备商品的定价权,则国内的企业只能被迫接受高额价格,那么初级产品贸易条件会恶化,从而带来资源的安全隐患。

第二节　中国货物贸易方式结构的演进历程

一、中国货物贸易出口方式结构的演进历程

(一)一般贸易、加工贸易和其他贸易方式的变化

改革开放以来,加工贸易旺盛地发展,尤其是 1992 年后其所占出口份额高于一般贸易,占据了我国贸易的半壁江山。自 2008 年金融危机后,这种情况略微出现逆转,加工贸易比重下滑,同时一般贸易和其他贸易方式出口份额增加明显。因此,出口贸易方式结构的演进,与前文所述出口商品结构的演进特征一致,均有明显的阶段性。

结合图 3.13 和图 3.14,出口方式结构的变化分为以下三个阶段。

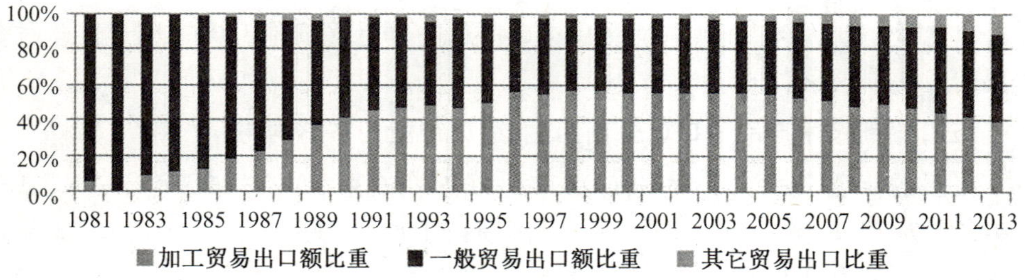

图 3.13　1981—2013 年中国不同贸易方式下出口额比重变化

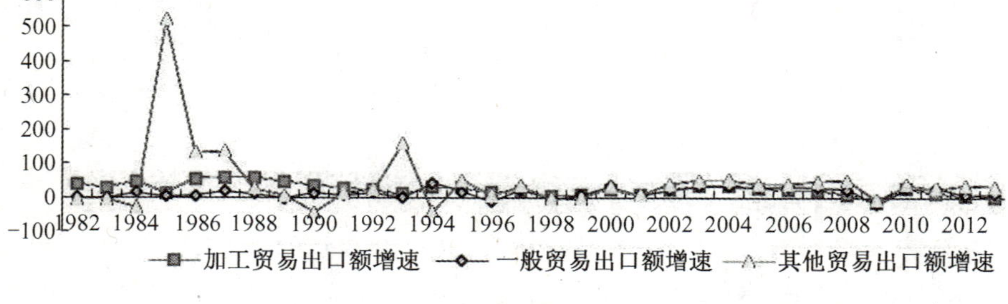

图 3.14　1981—2013 年中国不同贸易方式下出口额增速变化

第一阶段(1981—1992 年),特点是一般贸易占出口额的比重始终大于加工贸易的比重,而其他贸易所占比重不足 5%。但是一般贸易出口增速起伏不定,有三个年份出现负增长,而加工贸易保持了两位数的增长,其他贸易出口增速变化更大。1981 年,一般贸易占据了 94.5% 的高份额,加工贸易只有 5.14% 的份额。1992 年,两者的比例分别为 51.41% 和 46.64%,这期间,加工贸易以 39% 的平均增速增长,一般贸易额以平均 7.2% 的速度增长,两者的出口额差距逐渐缩小。

第二阶段(1993—2005 年),加工贸易出口份额超过了一般贸易份额,1994 年例外。加工贸易出口额稳定增长,由 1993 年的 48.23% 增长到 2005 年的 54.66%,出口额年均增速 105%;一般贸易出口比例由 1993 年的 47.08% 下降到 2005 年的 41.35%,出口额年均增速 17.6%;其他贸易出口额稳步增长,年均增速 32%。

第三阶段(2006—2013 年),加工贸易出口额比重下降,一般贸易和其他贸易方式出口额比重上升,并且一般贸易超过了加工贸易出口份额。一般贸易的出口份额由 2006 年的 42.95% 增长到 2013 年的 49.20%,超过了加工贸易 10 个百分点,其他贸易份额由 2006 年的 4.37% 增长到 11.9%,翻了一番。三种贸易方式出口额此区间年均增速 11.7%,17.9%,32.4%。

(二)出口贸易中一般贸易的发展变化

一般贸易在改革开放后同样经历了三个阶段:第一阶段(1981—1992 年),外贸体制的改革使得以往权力集中的外贸总公司必须放权简政,激励了省级以下的外贸公司,不仅外贸企业日益增多,一般贸易也加速发展;第二阶段(1993—2005 年),随着外资的涌入和下放外贸经营权,民营企业、外资经营企业、合资经营企业等多种形式的企业共同发展,加工贸易的比重开始增加,一般贸易的比重减少,2001 年中国加入 WTO,形成了真正的贸易主体多元化局面;第三阶段(2006 年至今),一般贸易比重又开始增加,尤其是 2008 年金融危机的爆发更带动了一般贸易和其他贸易的发展。

2012 年,从要素密集度看,一般贸易方式下出口品主要为非熟练劳动密集型产品,人力资本密集型产品紧随其后。各类产品出口额分别是:自然资源密集型产品出口额为 1 946.11 亿美元,非熟练劳动密集型产品出口额为 3 172.75 亿美元,资本密集型产品出口额为 1 242.24 亿美元,人力资本密集型产品出口额为 2 622.13 亿美元。其中,位居前三类的出口产品为:第十六类,机械器具、电气设备、录音机及放声机等(2 439.71 亿美元);第十一类,纺织原料及纺织制品(1 848.72 亿美元);第十五类,贱金属及其制品(1 157.52 亿美元)。2013 年,从企业性质看,一般贸易出口方式出口总额为 12 410 亿美元,其中国有企业出口 1 449.3 亿美元,外商投资企业出口 2 709.7 亿美元,集体企业出口 6 304.9 亿美元,其他出口 411.3 亿美元,外商投资企业中外商独资出口 1 534.8 亿美元。集体企业是一般贸易的主体,国有企业和外商独资企业也表现出了一定的活力。

(三)出口贸易中加工贸易的发展变化

中国的加工贸易最早产生在1957年,规模很小,由国家外贸部门管理经营。在“十年动乱”里被迫中断了加工贸易的发展,直到1979年国务院出台鼓励的政策后,加工贸易开始正式迅速的发展。加工贸易的出口历经了以下三个阶段。

第一阶段,20世纪70年代末到20世纪80年代中期的起步阶段。在国家政策鼓励下,开展了以来料加工为主的加工贸易。进料加工贸易处于新兴状态,主要分布在广东、福建等省份,贸易伙伴为中国港台地区。

第二阶段,20世纪80年代后期到20世纪90年代初期的积极鼓励阶段。一系列更有利的政策促进了加工贸易的发展,使我国外贸跨上新台阶。如1986年颁布的《关于鼓励外商投资的规定》、1987年的《关于抓住有利时机进一步发展来料加工装配等业务请示的通知》和1992年的《对外商投资企业进出口货物监管和征免税办法》等。此阶段进料加工业务加速发展,如1991年,进料加工的贸易额占到全国外贸的25%。贸易伙伴除了中国港台地区,与亚洲“四小龙”国家开展了新的贸易往来。

第三阶段,20世纪90年代中期至今的加强监管和转型升级阶段。国家出台的各种制度为加工贸易的发展培育了更规范的环境,如保证金台账制度、总量控制以及许可证制度。中国加入WTO又为加工贸易营造了符合国际贸易惯例的环境。2003年,国家首次明确把推动加工贸易转型升级作为战略任务。在这些有利形势的带动下,无论在区域、产品还是形式上加工贸易都在实现着转型升级的任务。中西部地区在各种政策的鼓舞下有效地承接了东部地区加工贸易的转移;跨国公司在我国高新技术领域的投资,使高新技术产品加工贸易的比重从2002年的26%提高到2011年的44.9%;进料加工比重逐年增加,2013年进料加工贸易占据加工贸易的89.3%,而来料加工贸易仅占10.7%。

2012年,加工贸易方式下自然资源密集型产品出口额为451.23亿美元,非熟练劳动密集型产品出口额为958.4亿美元,资本密集型产品出口额为689.84亿美元,人力资本密集型产品出口额为5 777.23亿美元。其中,位居前三类的出口产品为:第十六类,机器、机械器具、电气设备及其零件、录音机及放声机、电视图像等(5 292.51亿美元);第十七类,车辆、航空器、船舶及有关运输设备(573.70亿美元);第十八类,光学、照相、电影、计量检验、医疗设备、乐器等(484.72亿美元)。2013年,从企业类型来看,加工贸易出口品的主要企业类型为外商投资企业,占加工贸易出口额的82.9%,其中外商独资企业的出口就占到62%。

二、中国货物贸易进口方式结构的演进历程

结合图3.15和图3.16,从总体看,1982年,一般贸易的商品进口占了97.82%,其他贸易和加工贸易进口的商品比重不足5%。到了2013年末,一般贸

易的进口比重减少了40.9%，但仍是最主要的进口贸易方式，加工贸易和其他贸易方式的进口比重都上涨较快，尤其是其他贸易方式的进口比重由1981年的0.75%上涨到17.62%。

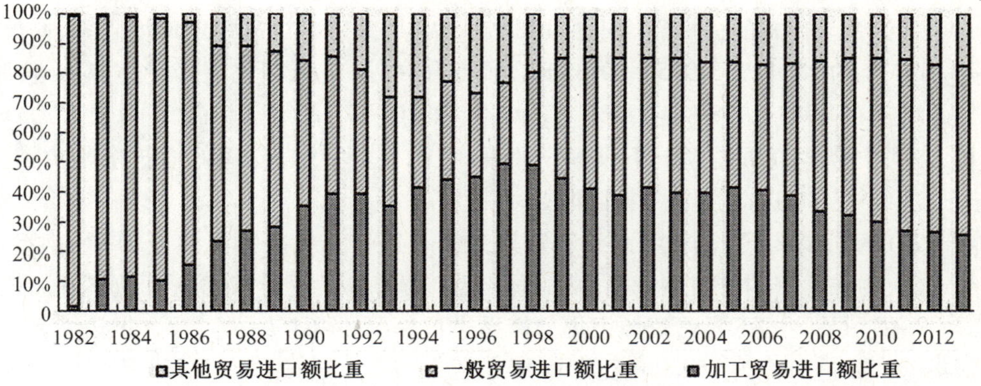

图3.15　1982—2013年中国不同贸易方式下进口额所占比重的变化

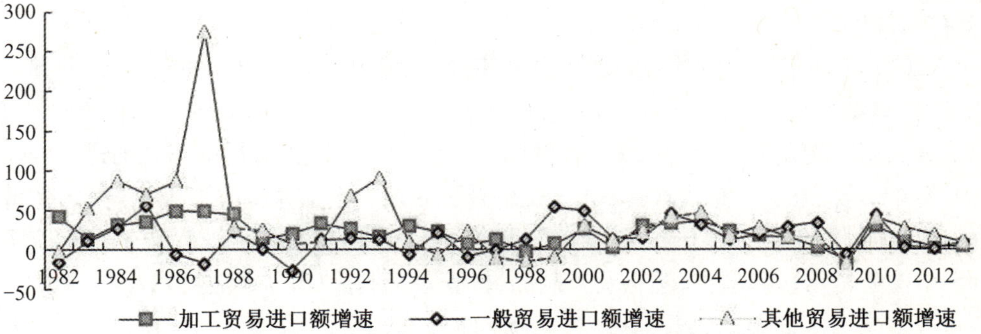

图3.16　1982—2013年中国不同贸易方式下进口额增速的变化

从具体贸易方式看，加工贸易进口商品比重在1982—1997年(1993年略有下降)都在增长，并于1997年达到最高值。1998—2006年是缓慢下降的，2007—2013年下降的速度较快，由2007年的38.54%下降到2013年的25.48%。在1996年之前，加工贸易进口额的增速保持了两位数的高速增长，1996—2001年除个别年份，都增长缓慢，甚至出现负数，2002—2007年又以两位数增长，2008—2012年加工贸易进口额增速不均匀，最低时是负数，最高时达到29.5%。

一般贸易的进口比重在1997年以前快速下降，由1981年的92.48%下降到1997年的27.42%，1998年亚洲金融危机后整体又加快了增长。进口额增速在1998—2008年的11年间保持了两位数的高速增长，也就是在亚洲金融危机后和国际金融危机前的一般贸易进口发展良好。2009—2013 年增长缓慢,2010 年的进口额增速较高是对金融危机后的暂时性反弹。具体原因可能是在我国进入工业化中期阶段以后,个人为满足最终需求的消费额增加、质量升级,大大促进了一般贸易方式下进口的增长。

其他贸易方式的进口额比重在 1982—1994 年保持了快速稳定的增长,最高值是 1993 年的 28.42%,1995—2013 年除偶有升高外,进口额比重趋于下降。进口额的增速在 1983—1989 年、2000—2008 年、2010—2012 年都保持了两位数的增长,在两次金融危机的影响下,1997—1999 年和 2009 年进口额的增长率是负数。第二次危机影响进口额增长的时间要短一些。

2012 年,从要素密集度看,一般贸易方式下进口品主要为自然资源密集型产品,其次为人力资本密集型产品,从具体产品来看,一般贸易方式进口的矿产品最多。一般贸易方式下自然资源密集型产品进口额为 5 464.25 亿美元,非熟练劳动密集型产品进口额为 757.06 亿美元,资本密集型产品进口额为 1 533.81 亿美元,人力资本密集型产品进口额为 2 074.7 亿美元。其中,位居前三类的进口产品为:第五类,矿产品(3 789.99 亿美元);第十六类,机器、机械器具、电气设备及其零件、录音机及放声机、电视图像等(1 717.45 亿美元);第六类,化学工业及相关工业产品(771.39 亿美元)。

2012 年加工贸易方式下自然资源密集型产品进口额为 580.98 亿美元,非熟练劳动密集型产品进口额为 577.87 亿美元,资本密集型产品进口额为 208.56 亿美元,人力资本密集型产品进口额为 2 995.24 亿美元。其中,位居前三类的进口产品为:第十六类,机器、机械器具、电气设备及其零件、录音机及放声机、电视图像等(2 478.64 亿美元);第十八类,光学、照相、电影、计量检验、医疗设备、乐器等(516.6 亿美元);第七类,塑料及其制品,橡胶及其制品(323.3 亿美元)。

三、中国货物贸易方式结构演进中存在的问题

(一)一般贸易的出口品主要为非熟练劳动密集型产品,加工贸易的出口品主要为人力资本密集型产品,从而不利于贸易结构优化

一般贸易出口品主要为劳动密集型产品的局面不仅很难带动国内相关产业的发展,反而会进一步固化国内原有的粗放型经济增长模式。说明我国在全球生产价值链中仍然处于中下端,还没有创造出具有更高附加值的比较优势。跨国公司通过全球配置资源,我国的加工贸易从其进口高端零部件或者半成品,再进行贴牌生产出制成品,提升了最终商品的要素密集度。这一过程中,中方只是从事了加工组装等劳动密集型生产环节,挣取了有限的加工费,从而导致我国的出口商品结构的名义优化程度远远大于实际的优化程度。如果出口结构是以一般贸易方式出口大量的人力资本密集型商品为主,加工贸易出口少量的其他产品为辅,则结构得以

明显改善。

(二)人力资本密集型商品进口以加工贸易为主,不利于贸易平衡发展

加工贸易是为出口而进口,进口增长会推动出口同步增长,进而给我国贸易带来大量的顺差,尤其是进口了人力资本密集型商品后,进行了高附加值的生产并出口。但是若人力资本密集型商品进口以一般贸易为主,则不会导致贸易失衡。因为一般贸易的进口量变化不会直接作用于出口规模,一般贸易的进口和出口分别是以商品的比较优势和比较劣势为基础的,进口目的是为了满足国内消费需求和生产需求。因此,从贸易战略角度而言,加工贸易不利于我国贸易平衡的发展。

第三节　中国货物贸易主体结构的演进历程

一、中国货物贸易出口主体结构的演进历程

如图 3.17 所示,国有企业的出口额增长较慢,而且比重在下降;外资企业一直是出口产品的最大贸易主体,其他企业的出口所占比重和出口额增长更加迅猛。国有企业的出口额由 2000 年的 1 164.48 亿美元增长到 2013 年的 2 489.86 亿美元,增长了 1.1 倍,所占出口总额比重直线下降,到 2013 年为 11.27%,是 2000 年的 1/4;外资企业的出口额由 2000 年的 1 194.37 亿美元增长到 2013 年的 1 0442.62 亿美元,增长了 7.7 倍,所占出口额比重在 2005 年达到顶点 58.30%,之后缓慢下降,2013 年比重接近 2000 年的比重;其他类型企业的出口额在 14 年间里增长了 67.8 倍,到 2013 年达到 9 167.72 亿美元,所占出口比重也由 2000 年的 5.34% 上涨到 2013 年的 41.48%。

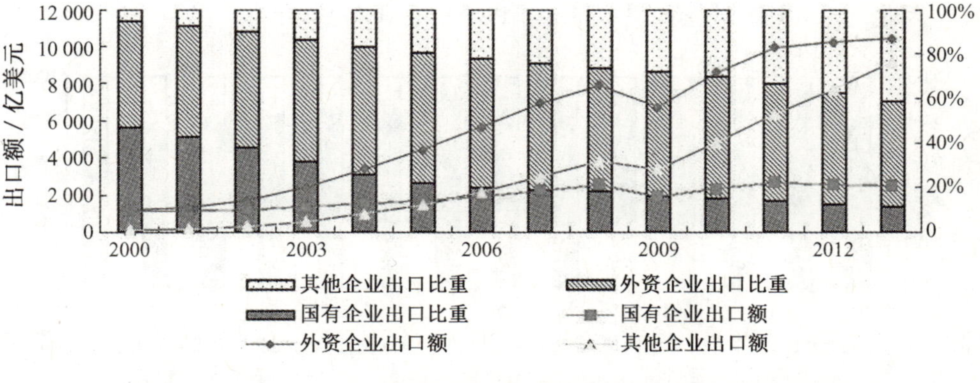

图 3.17　2000—2013 年中国不同性质企业出口额及比重的变化

如图 3. 18 所示,在 2001 年以前,各种类型的外商投资企业出口额增长缓慢,2001 年以后,外商独资企业出口额大幅增长,由 2001 年的 689. 65 亿美元增加到 2012 年的 7 192 亿美元,中外合资企业出口额增加也较快,由 2001 年的 540. 8 亿美元增加到 2012 年的 2 872. 6 亿美元,而中外合作经营企业的出口额在 2012 年仅为 161. 6 亿美元。

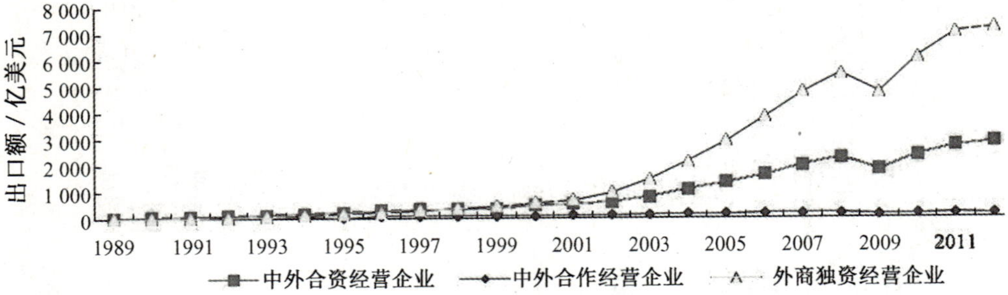

图 3. 18　1989—2012 年各种外商投资企业出口额变化

因此,我国货物贸易出口企业仍以外商投资企业为主,其中外商独资企业占据主要地位。

二、中国货物贸易进口主体结构的演进历程

首先,如图 3. 19 所示,整体来看,国有和外资企业进口所占比重呈下降趋势,国有企业下降得更快,但外资企业仍然是进口的主体。长久以来,我国凭借着丰富的低廉劳动力资源、优惠的外资政策和巨大的发展潜力吸引了大量的外商直接投资。加工贸易在我国发展迅速,跨国公司从国外进口零配件到我国进行组装再出口。因此,长期以来,我国的进口贸易是以外资企业为主导的。

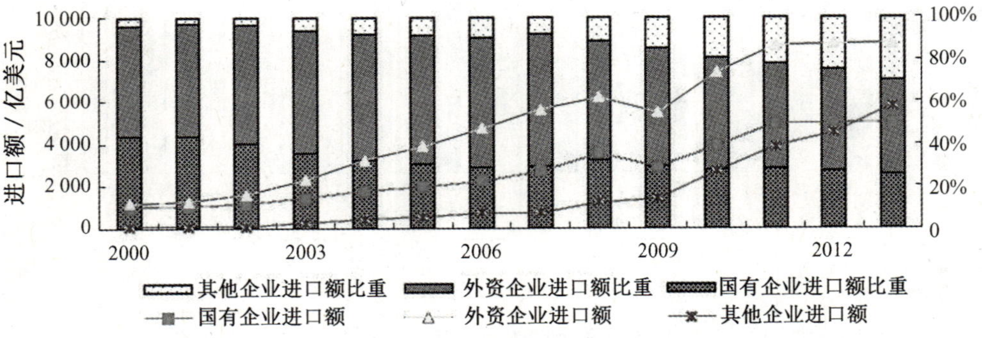

图 3. 19　2000—2013 年中国不同性质企业进口额及比重的变化

具体而言，国有企业进口额由2000年的988.2亿美元增长到2013年的4 989.86亿美元，增长了4倍，所占比重下降分两个阶段：2000—2007年的快速下降，由2000年的43.9%下降到2007年的28.21%，2008—2013年的缓慢下降，由2008年的31.24%下降至2013年的25.59%。这主要是由于国有企业的现代企业制度不健全，无法作为理性的主体制定出进口决策，不能有效地发挥进口贸易的经济增长效应。外资企业的进口额由2000年的1 172.8亿美元增加到2013年的8 748.2亿美元，增长了6.5倍，所占比重在2006年达到了最高值59.71%之后又出现了下降。

由图3.20所示，外商独资企业进口额的变化和出口额的变化趋势一致，2001年以前，中外合资经营企业的进口额大于外商独资经营企业的进口额，2001年开始，外商独资经营企业的进口额开始大幅增加。其他企业的进口额由2000年的90亿美元增加到2013年的5 764.82亿美元，增长了63倍，所占比重由4%增长到29.56%，高于国有企业在2013年的进口比重。因此，其他企业表现出了前所未有的活力。

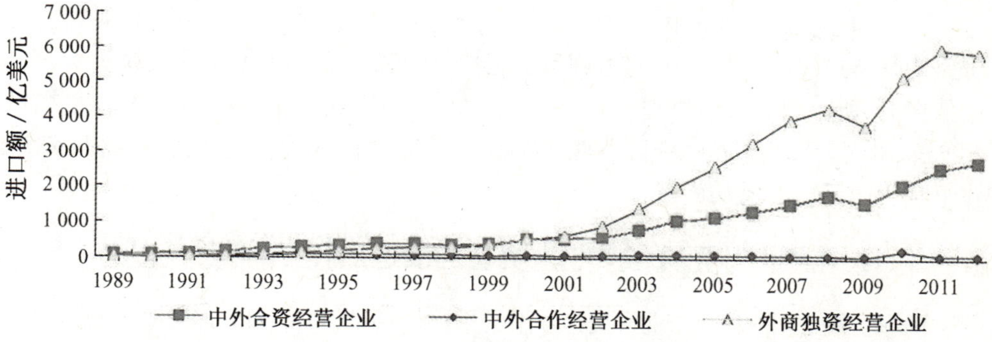

图3.20　1989—2012年外商投资企业进口额的变化

三、中国货物贸易主体结构演进中存在的问题

(一)国有企业在进出口贸易中国所占的比重都在下滑，进出口额增长缓慢

虽然国有企业的进出口额有一定的增长，但远远落后于其他类型的企业，尤其是民营企业。这和国有企业的发展模式和体制问题有关，其组织架构和考核机制不利于政企分开、权责明确。国有企业客户网络和市场庞大、信息渠道广泛准确，但对市场反应速度不快，不善于国际市场营销和开发。另外，大量外贸人才流失到外资企业中，必然影响国有企业外贸业务水平和竞争力。

(二)私有企业吸收外资技术溢出效应的能力不足

现阶段，我国的劳动力优势逐渐丧失，外资企业在我国主要目的是开拓市场，中国是个庞大的市场。通过引入外资，我们要学习掌握他们的核心技术。国有和集体企业具有人才和资金优势，吸收技术速度快，接受能力强。而私有企业受到冲击大，外资企业对其技术溢出作用有限，其从新技术的出现到模仿创新的反映时间长于国有和集体企业，直接面临和外资企业的竞争，这样会导致部分生存能力弱的私有企业退出市场。

（三）外资企业在进出口贸易中仍然占据主体

虽然外资企业在进出口贸易中的比重连续下滑，但是到 2013 年分别占据进口和出口的44.86%和47.25%。外资企业在我国20世纪90年代的对外贸易中起到的作用是不言而喻的，但当我国已经成为贸易大国时，在通往贸易强国的路上，就更需要发展本国企业了。因此，我们要充分扶持培育国内的企业，开拓国际市场，学习国际市场营销和经营策略，壮大自身实力。

第四节　中国货物贸易模式结构的演进历程

产业间、产业内、产品内贸易模式在我国进出口贸易中是并存的。有关它们的研究均是从进出口商品结合的角度研究，涉及的测度指标也是应用了贸易品进出口数据的，所以很难分清进口或者出口商品的贸易模式。本节内容首先从产品角度的 G－L 指数变化展示中国货物贸易由产业间向产业内贸易模式的变迁，然后介绍我国产品内贸易的发展。

一、中国产业间贸易和产业内贸易的演进历程

国际上最常用的计算产业内贸易水平的指标是 Grubel H& Lloyd P J 指数(G－L)，其计算公式为

$$IIT_i = 1 - \frac{|X_i - M_i|}{|X_i - M_i|} \tag{3.1}$$

式中，X_i 为产品 i 在某一特定年份的出口，M_i 为产品 i 在同一年同一国家的进口。根据这个公式计算出的指标结果在0～1之间浮动。当 $IIT_i=0$ 时，i 产业所发生的只有产业间贸易，而当 $IIT_i=1$ 时，i 产业的贸易又全部是产业内贸易，当 $IIT_i>0.5$ 时，该产业主要以产业内贸易为主，反之，以产业间贸易为主。

（一）按 SITC 分类的各类商品产业间贸易和产业内贸易的演进历程

由表 3.1 可知，1980 年时，SITC3，SITC4，SITC7，SITC8 的 G－L 值都小于 0.5，故以产业间贸易为主，到了 2013 年，SITC2，SITC3，SITC4，SITC8，SITC9 的 G－L 值都小于 0.5，SITC0 和 SITC7 的 G－L 值更接近 1，其次是 SITC1 和 SITC5 的 G－L 值也较高，而 SITC2 从 1995 年以后转变为以产业间贸易为主，SITC6 的 G－L 值越来越小，倾向于产业间贸易，SITC9 从 2010 年变为以产业间贸易为主。

表 3.1 1980—2013 年部分年份 SITC 分类下各类商品的 G－L 指数

年份	SITC0	SITC1	SITC2	SITC3	SITC4	SITC5	SITC6	SITC7	SITC8	SITC9
1980	0.99	0.63	0.65	0.09	0.40	0.56	0.98	0.28	0.32	0.77
1985	0.58	0.68	0.90	0.05	0.95	0.47	0.55	0.09	0.71	0.84
1990	0.67	0.63	0.93	0.39	0.28	0.72	0.83	0.50	0.28	0.87
1995	0.76	0.45	0.60	0.98	0.30	0.69	0.94	0.75	0.26	0.02
2000	0.56	0.66	0.36	0.55	0.21	0.57	0.99	0.95	0.26	0.24
2005	0.59	0.80	0.19	0.43	0.15	0.63	0.77	0.90	0.48	0.89
2010	0.69	0.88	0.10	0.25	0.08	0.74	0.69	0.83	0.46	0.15
2011	0.73	0.76	0.10	0.21	0.09	0.78	0.64	0.82	0.44	0.09
2012	0.81	0.74	0.10	0.18	0.08	0.78	0.61	0.81	0.41	0.04
2013	0.86	0.73	0.09	0.19	0.11	0.77	0.58	0.81	0.39	0.03

数据来源：根据《中国贸易外经统计年鉴—2013》数据计算而得。

（二）按要素密集度分的各类商品产业间贸易和产业内贸易演进历程

由表 3.2 数据显示，按要素密集度分的四类商品的 G－L 指数表现出了不同的变化趋势。自然资源密集型商品和非熟练劳动密集型商品的 G－L 指数在 1992—2013 年间不断下滑，分别由 1992 年的 0.94 和 0.66 降到 0.59 和 0.47，资本密集型商品的 G－L 指数由 1992 年的 0.64 上升到 2013 年的 0.94，而且在 2007—2012 年几乎都达到了接近 1 的水平。人力资本密集型商品的 G－L 指数由 1992 年的 0.67 上升到 2013 年的 0.83，在 1997—2006 年期间维持在 0.9 以上。这些说明我国的自然资源密集型商品和非熟练劳动密集型商品的贸易越来越向以产业间贸易为主发展，而资本密集型商品和人力资本密集型商品的贸易以产业内贸易为主。

表 3.2 1992—2013 年按要素密集度分类的商品贸易 G－L 指数

年份	自然资源密集型	非熟练劳动密集型	资本密集型	人力资本密集型
1992	0.94	0.66	0.64	0.67
1993	0.85	0.63	0.61	0.59
1994	1.00	0.62	0.68	0.68
1995	0.96	0.67	0.89	0.77
1996	0.99	0.71	0.89	0.81
1997	1.00	0.65	0.96	0.93
1998	0.99	0.62	0.98	0.95

表 3.2(续)

年份	自然资源密集型	非熟练劳动密集型	资本密集型	人力资本密集型
1999	0.92	0.63	0.90	0.92
2000	0.84	0.64	0.92	0.93
2001	0.85	0.64	0.88	0.94
2002	0.85	0.62	0.83	0.95
2003	0.78	0.60	0.82	0.96
2004	0.77	0.61	0.85	0.98
2005	0.78	0.57	0.92	0.96
2006	0.82	0.54	0.94	0.93
2007	0.81	0.51	0.99	0.89
2008	0.74	0.50	0.91	0.85
2009	0.63	0.51	0.99	0.86
2010	0.61	0.54	0.98	0.87
2011	0.58	0.52	0.99	0.86
2012	0.58	0.50	0.98	0.83
2013	0.59	0.47	0.94	0.83

数据来源:根据图 3.4 和图 3.10 数据计算而得。

(三)按技术含量分类的各类商品产业间贸易和产业内贸易的演进历程

表 3.3 数据显示,PP 的 G－L 值由 2000 年的 0.66 迅速下降到 2012 年的 0.26,变成以产业间贸易为主;RB 和 HT 的 G－L 值也呈下降趋势,但仍然以产业内贸易为主;LT 的 G－L 值由 2000 年的 0.44 下降到 2012 年的 0.23,以产业间贸易为主;而 MT 的 G－L 值在此期间内则呈反复上升趋势,以产业内贸易为主。

表 3.3　2000—2012 年按技术含量分五大类贸易品的 G－L 指数

年份	PP	RB	LT	MT	HT
2000	0.66	0.83	0.44	0.88	0.94
2001	0.67	0.84	0.45	0.85	0.94
2002	0.68	0.87	0.45	0.86	0.96
2003	0.60	0.83	0.48	0.87	0.97
2004	0.48	0.76	0.44	0.94	1.00
2005	0.46	0.82	0.40	0.96	0.96
2006	0.46	0.85	0.33	0.92	0.94
2007	0.41	0.80	0.30	0.88	0.90

表 3.3(续)

年份	PP	RB	LT	MT	HT
2008	0. 32	0. 74	0. 28	0. 83	0. 86
2009	0. 34	0. 73	0. 30	0. 89	0. 87
2010	0. 31	0. 68	0. 28	0. 91	0. 86
2011	0. 29	0. 66	0. 26	0. 90	0. 85
2012	0. 26	0. 70	0. 23	0. 86	0. 85

数据来源:根据 http://unctadstat. unctad. org 数据整理计算而得。

具体由表 3. 4 来看,RB 中的 RB1 保持了产业内为主的模式,而 RB2 的 G – L 值由 2000 年的 0. 79 下降到 2012 年的 0. 59,虽仍以产业内贸易为主,但产业间贸易比重加大。LT1 和 LT2 都呈现出越来越向产业间贸易模式。MT 中的 MT2 更表现出以产业内贸易模式为主,其 G – L 值由 2000 年的 0. 73 上升到 2012 年的 0. 99。HT1 和 HT2 的 G – L 值均略有下降,但仍以产业内贸易模式为主。

表 3. 4 按技术含量分十小类贸易品的 G – L 指数

年份	PP	RB1	RB2	LT1	LT2	MT1	MT2	MT3	HT1	HT2
2000	0. 66	0. 88	0. 79	0. 37	0. 53	0. 97	0. 73	0. 95	0. 95	0. 83
2001	0. 67	0. 92	0. 79	0. 37	0. 54	0. 96	0. 69	0. 92	0. 98	0. 62
2002	0. 68	0. 94	0. 82	0. 34	0. 57	0. 88	0. 67	0. 94	0. 9	0. 56
2003	0. 6	0. 94	0. 77	0. 31	0. 66	0. 75	0. 75	0. 95	0. 96	0. 52
2004	0. 48	1	0. 65	0. 29	0. 58	0. 89	0. 87	0. 98	0. 92	0. 51
2005	0. 46	0. 91	0. 71	0. 26	0. 54	0. 91	0. 9	0. 9	0. 89	0. 57
2006	0. 46	0. 86	0. 72	0. 23	0. 43	0. 92	0. 93	0. 86	0. 86	0. 56
2007	0. 41	0. 88	0. 67	0. 2	0. 38	0. 86	0. 96	0. 82	0. 82	0. 65
2008	0. 32	0. 92	0. 64	0. 19	0. 35	0. 85	0. 98	0. 77	0. 78	0. 69
2009	0. 34	0. 93	0. 61	0. 18	0. 41	0. 95	0. 81	0. 76	0. 79	0. 71
2010	0. 31	0. 98	0. 57	0. 18	0. 37	0. 83	0. 92	0. 79	0. 78	0. 71
2011	0. 29	1	0. 55	0. 17	0. 33	0. 82	1	0. 8	0. 77	0. 73
2012	0. 26	0. 97	0. 59	0. 18	0. 27	084	0. 99	0. 73	0. 78	0. 75

数据来源:根据 http://unctadstat. unctad. org 数据整理计算而得。

二、中国产品内贸易的演进历程

(一)中间品、半成品和零配件出口额和进口额的变动

图 3. 21 是我国自 1995 年以来半成品和零配件的出口额和出口比重。其中,

1996—1997 年的数据没有记录。中间品的出口额在 1995—2012 年间由 514 亿美元增加到 8 110 亿美元,增长了 15 倍。占总出口的比重在 1995—2000 年间变化起伏,2001—2008 年不断上升,2008 年国际金融危机后有小幅下滑,很快又恢复了增长的态势,成为我国出口产品的重要组成部分。其中,半成品的出口略高于零配件的出口。1995—2012 年间,半成品出口额由 408 亿美元增加到4 490 亿美元,增长了 10 倍;零配件出口额由 106 亿美元增加到 3 620 亿美元,增长了 33 倍。半成品出口额占总出口额的比重在 1995—2003 期间变化不定,2003—2008 年处于稳定增长期,遭遇了 2008 年的国际金融危机后,有所下滑,后危机时代恢复较慢。而零配件出口额占总出口额的比重在 1995—2010 年期间一直在增加,国际金融危机对它的冲击不大。近两年小幅下滑。由数据可见,零配件虽然没有半成品出口额大,但表现出很强的活力,更加促进了中间品的出口增长。

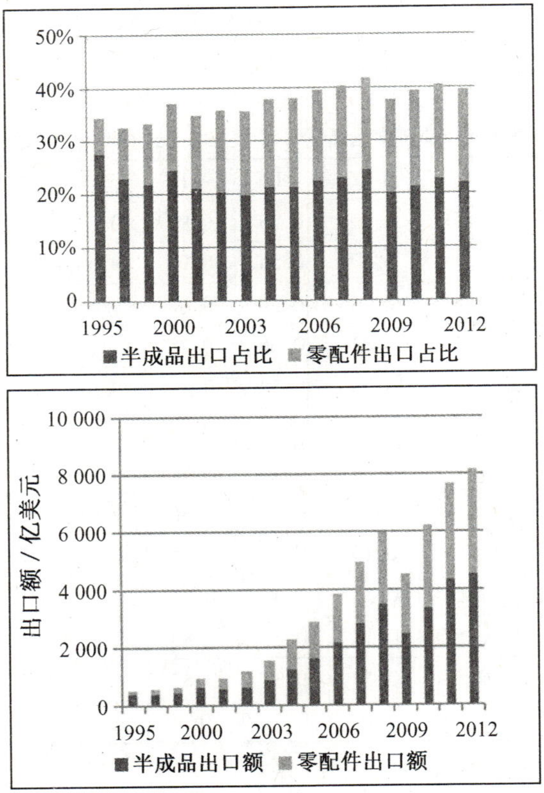

图 3.21　1995—2012 年中国半成品、零配件出口额及占总出口的比重

中间品的进口额在 1995—2012 年间由 765 亿美元增加到 8 190 亿美元,略高于2012年中间品出口额(8 110亿美元)。占总进口的比重在1998年达到最高值66.45%后,呈下降趋势,到2012年年末占比为45%,高于同年中间品出口额占比。

结合图3.22,1995—2012年间,半成品和零配件的进口额都快速增长,2006年以前,半成品进口额大于零配件进口额,2006年以后呈相反的趋势。半成品进口的比重由1995年的43.63%下降到2012年的21.76%,零配件的进口比重在1995—2006年呈上升趋势,之后缓慢下降。到2012年,零配件进口额(4 230亿美元)大于零配件出口额(3 620亿美元)。零配件进口大于半成品进口一定程度上反映了我国工业制成品自主科研能力的提高,零配件进口额大于零配件出口额又反映了我国企业目前技术水平及能力仍然处于中等水平。

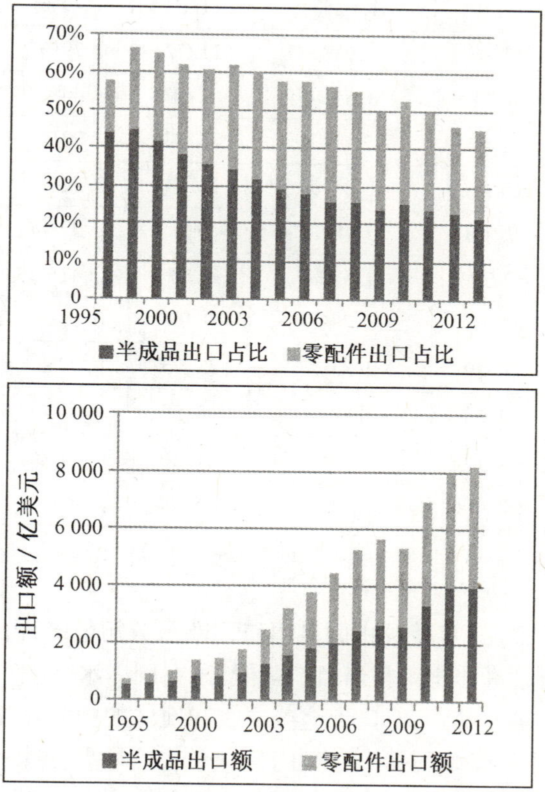

图3.22 1995—2012年中国半成品、零配件进口额及占总进口的比重

(二)中间品出口和进口地区结构的变动

如表3.5所示,1995年,我国中间品出口主要国家和地区包括中国香港、欧盟、东盟、德国、新加坡、日韩和美国,而且所占比重累计占到26.96%,说明中间品出口地区较分散。其中,零配件的出口额远低于半成品的出口额,零配件主要出口到日本、美国、欧盟及中国香港地区,半成品主要出口到欧盟、东盟和美日韩,出口到欧盟的中间品贸易额高于出口到东盟的中间品。

表 3.5　1995 年中间品出口到的主要国家和地区

国家或地区	中间品		半成品		零配件	
	出口额/亿美元	比重	出口额/亿美元	比重	出口额/亿美元	比重
欧盟	47.13	3.17%	37.9	2.55%	9.23	0.62%
德国	15.1	1.02%	11.63	0.79%	3.47	0.23%
荷兰	14.08	0.95%	11.72	0.79%	2.36	0.16%
英国	8.24	0.55%	6.61	0.44%	1.63	0.11%
东盟	32.83	2.2%	25.73	1.73%	7.1	0.475%
新加坡	15.43	1.04%	10.74	0.72%	4.69	0.32%
马来西亚	7.19	0.48%	5.6	0.37%	1.59	0.11%
印尼	7.79	0.52%	6.17	0.41%	1.62	0.11%
泰国	11.04	0.74%	9.94	0.67%	1.1	0.07%
美国	49.49	3.33%	33.75	2.27%	15.74	1.06%
日本	72.65	4.88%	55.59	3.73%	17.06	1.15%
韩国	41.15	2.77%	37.26	2.51%	3.89	0.26%
中国香港	150.38	10.1%	119.08	8%	31.3	2.1%

数据来源:根据 UN Comtrade Statistics Database 整理计算而得。

如表 3.6 所示,2012 年我国中间品出口到欧盟数额最多,占中间品出口总额的 14%。东盟和美国数量和比重相当,日本和韩国在同一水平上,印度和俄罗斯等周边国家也占据了一定的份额,出口到这些国家和地区的中间品比重较 1995 年都有明显上升,共占到了我国中间品出口额的 56.6%。在欧盟国家中,德国和荷兰是我国重要的伙伴国,在东盟内部,越南是我国最大的半成品出口国,新加坡和马来西亚是我国主要的零配件出口国。出口的零配件比重开始增加,如 1995 年和 2005 年出口到德国的零配件比重分别为 0.23% 和 1.3%,而相应的半成品比重分别为 0.79% 和 1.4%,向其他国家出口也出现类似的趋势:一方面,说明了我国企业的技术创新能力大幅提升,可以自主生产零配件出口;另一方面,中间品的出口风险增大,越来越集中于表中所述的国家和地区。

表 3.6 2012 年中间品出口到的主要国家和地区

国家或地区	中间品		半成品		零配件	
	出口额/亿美元	比重	出口额/亿美元	比重	出口额/亿美元	比重
欧盟	1 113	14%	612	8%	501	6%
德国	219	2.7%	113	1.4%	106	1.3%
荷兰	169.4	2%	76.5	0.9%	92.9	1.1%
东盟	1 009	12%	670	8%	339	4%
越南	198	2.4%	144	1.8%	54	0.6%
新加坡	166	2%	80.1	0.9%	85.5	1.1%
马来西亚	167.6	2.1%	99.4	1.2%	68.2	0.9%
日本	550	7%	299	4%	251	3%
韩国	491	6%	275	3.4%	216	2.6%
印度	298	3.7%	202	2.5%	96	1.2%
美国	1 011	12%	520	6%	491	6%
俄罗斯	152	1.9%	98	1.2%	54	0.7%

数据来源：根据 UN Comtrade Statistics Database 整理计算而得。

如表 3.7 所示，1995 年我国进口中间品的主要来源国和地区包括美国、日本、韩国、中国香港、欧盟和东盟，累计占中间品进口总额的 43.31%。在欧盟中的德国、东盟中的新加坡和马来西亚是主要的进口来源国，日本是最大的进口来源地。除此之外，俄罗斯也是重要的贸易伙伴。进口的零配件和半成品中，基本是（德国除外）半成品贸易额高于零配件。

如表 3.8 所示，2012 年，中间品进口占我国进口总额的 45%，其中，自欧盟、东盟、韩国、日本和美国的中间品进口占我国进口总额的 27%，占我国中间品进口总额的 60.79%。从区域性组织来看，自东盟进口的中间品金额及比重高于欧盟。其中，自东盟进口的零配件的金额占比更高些。从进口的国家看，自韩国进口额最高，达到了 1 200 亿美元，占我国中间品进口额的 14.63%，其次为日本的 1 140 亿美元，而且自这两个国家的进口都高于自东盟的中间品进口额。自美国中间品进口额列在第三位，为 519 亿美元，之后是马来西亚，德国。新加坡、泰国、印尼、智利也占据了一定的比重。

表 3.7　1995 年中间品进口来源的主要国家和地区

国家或地区	中间品		半成品		零配件	
	出口额/亿平均	比重	出口额/亿美元	比重	出口额/亿美元	比重
欧盟	61.79	4.67%	35.59	2.75%	26.2	1.92%
德国	26.29	1.99%	12.99	0.98%	13.3	1.01%
东盟	40.67	3.08%	32.919	1.95%	7.751	1.13%
泰国	8.71	0.66%	7.92	0.6%	0.79	0.06%
新加坡	25.04	1.90%	18.17	1.38%	6.87	0.52%
马来西亚	15.88	1.20%	13.92	1.05%	1.96	0.15%
印尼	11.03	0.84%	10.061	0.835%	0.069	0.005%
日本	188.25	14.25%	114.49	8.67%	73.76	5.58%
韩国	84.33	6.38%	74.14	5.61%	10.19	0.77%
俄罗斯	28.35	2.15%	26.61	2.02%	1.74	0.13%
美国	71.14	5.39%	51.77	3.92%	19.37	1.47%
中国香港	59.06	4.47%	41.94	3.17%	17.12	1.3%
加拿大	9.66	0.73%	8.27	0.62%	1.39	0.11%
巴西	9.04	0.68%	8.2	0.62%	0.84	0.06%
澳大利亚	8.99	0.68%	8.64	0.65%	0.35	0.03%

数据来源：根据 UN Comtrade Statistics Database 整理计算而得。

表 3.8　1995 年中间品进口来源的主要国家和地区

国家或地区	中间品		半成品		零配件	
	出口额/亿美元	比重	出口额/亿美元	比重	出口额/亿美元	比重
欧盟	936	11.43%	462	5.64%	474	5.79%
德国	398	4.86%	150	1.83%	106	3.02%
东盟	1 120	13.69%	480	5.86%	640	7.83%
泰国	199	2.43%	125	1.53%	73.4	0.90%
新加坡	176	2.15%	87.8	1.07%	88.4	1.08%
马来西亚	452	5.52%	123	1.5%	329	4.02%
印尼	116	1.41%	104	1.26%	12.1	0.15%
日本	1140	13.94%	552	6.73%	590	7.21%
韩国	1 200	14.63%	486	5.93%	714	8.7%
美国	519	6.34%	316	3.86%	203	2.48%
智利	138	0.76%	137	0.76%	1	0.01%

数据来源：根据 UN Comtrade Statistics Database 整理计算而得。

从进口的半成品和零配件分类金额看,2012 年自这些国家和地区的零配件进口总额大于半成品进口总额。其中,自泰国、印尼、美国、智利进口的半成品金额大于零配件进口金额,自欧盟、东盟、日本、韩国、德国、新加坡、马来西亚进口的零配件金额大于半成品金额。这说明了我国半成品进口相对重要性降低,更多进口零配件去完成商品的其余生产过程,体现了我国向工业化强国进一步迈进,能够不断提高自主生产能力,改善产业结构。

三、中国货物贸易模式结构演进中存在的问题

(一)我国货物贸易以产业内贸易为主,但水平有待提高

产业内贸易的稳定发展,能够起到提供满足消费者偏好的异质性产品、减少贸易摩擦、获得更高收益、提高参与企业的技术水平等一系列积极的作用。经测算我国按 SITC 分类的货物贸易加权 G－L 指数值自 1990—2003 年都在上涨,2003 年以来基本呈递减趋势,虽然货物贸易仍然以产业内贸易为主。而同期美国货物贸易加权 G－L 指数值在 0.7 左右浮动,德国的货物贸易加权 G－L 指数值在 0.78～0.81 间浮动,同期日本的货物贸易加权 G－L 指数值在 0.5～0.53 浮动,波动幅度很小,都以产业内贸易为主。经过对比说明我国货物贸易产业内贸易发展水平有待提高。

(二)中间品贸易绝大多数年份存在逆差,进出口地区有进一步集中的风险

作为产品内国际分工与贸易主要载体的中间品贸易数据显示,以中间品为代表的产品内贸易进出口额在增加,出口比重也稳定上升,进口比重却稳定下降,但到 2012 年,中间品的进口仍然大于出口,存在 80 亿美元的逆差。其中半成品的逆差从 1995 年的 168 亿美元变为 2012 年 530 亿美元的顺差,而零配件的逆差由 1995 年的 83 亿美元变为 2012 年的 610 亿美元,也就是中间品的贸易逆差主要由零配件带来的。零配件贸易逆差主要来源于从日本、韩国、德国和东南亚国家进口了大量资本技术密集型的机电交通运输设备零部件,虽然逆差能够抵消我国部分商品贸易的顺差,但这恰恰体现了我国外贸两头在外、高顺差、低附加值的特征。1995 年和 2012 年,我国中间品出口到欧盟和东盟的比重和分别为 5.37% 和 26%,我国中间品自欧盟和东盟进口的比重和分别为 7.75% 和 25.12%,有集中的趋势,加大了中间品贸易的风险。

第五节　中国货物贸易区域结构的演进历程

一、中国货物贸易出口区域结构的演进历程

(一)出口的内部区域结构演进历程

为客观真实体现我国不同地区的经济发展情况,依据国家统计局2011年6月13号的划分办法、《中共中央、国务院关于促进中部地区崛起的若干意见》《国务院发布关于西部大开发若干政策措施的实施意见》以及党的十六大报告的精神等,我国的经济区域被划分为东部、东北、中部和西部四大区域。东部地区包括北京、天津、上海、河北、江苏、福建、浙江、广东、山东和海南、台湾、香港和澳门特别行政区等13个省、市,东北地区包括吉林、辽宁、黑龙江等3个省份,中部地区有6个省份,分别为江西、山西、安徽、湖北、湖南和河南,西部地区有12个省、自治区、直辖市,包括贵州、重庆、四川、西藏、云南、广西、陕西、青海、甘肃、宁夏、内蒙古和新疆。其中,台湾省、香港特别行政区和澳门特别行政区不在笔者的研究范围内。

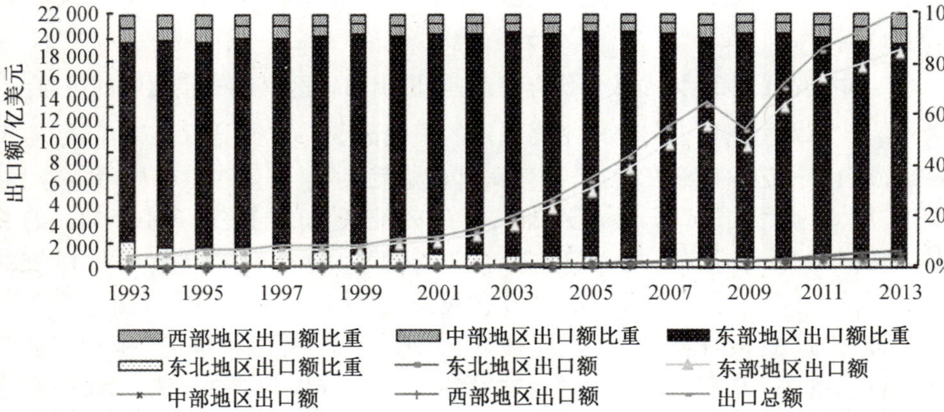

数据来源:根据1994—2014年《中国统计年鉴》数据计算而得。

图3.23　1993—2013年中国四大区域货物出口额及比重的变化

东部地区是我国出口的主要地区,除了1993年以外,其余年份出口占比均在80%以上,而且东部地区出口额的变化和我国总出口额的变化趋势一致。这期间变化分成三个阶段:1993—2000年,稳步增长阶段,而且1997年的金融危机似乎没有对它造成影响;2001年以后加速增长,2008年的金融危机影响了东部地区2009年的出口额,部分劳动型密集型产业开始向其他地区转移;2010年恢复了快速上涨状态。

东北地区、中部和西部地区出口比重小，到 2013 年底，西部地区出口比重略有上调，中部地区出口比重略微下降，东北地区出口比重严重减少。1993 年，东北地区出口占全国的 10.06%，经历 20 年的变化，到 2013 年只占全国出口的 3.23%，期间一直在下滑。中部和西部地区出口占比在 2007 年以前没有东北地区高，从 2008 年国际金融危机以后，承接了东部地区的产业转移，出口占比开始超过了东北地区。到 2013 年，占全部出口比重分别为 5.86% 和 5.85%。

东部地区排在前三位的出口省份是广东省、江苏省、浙江省，最后一名是海南省，如图 3.24 所示。广东省的出口占到了江浙两省的总和，而且 2008 年的国际金融危机对它影响不大。相比而言，江浙在危机过后，出口商品比重都略有下降。海南省出口占比不足 1%。

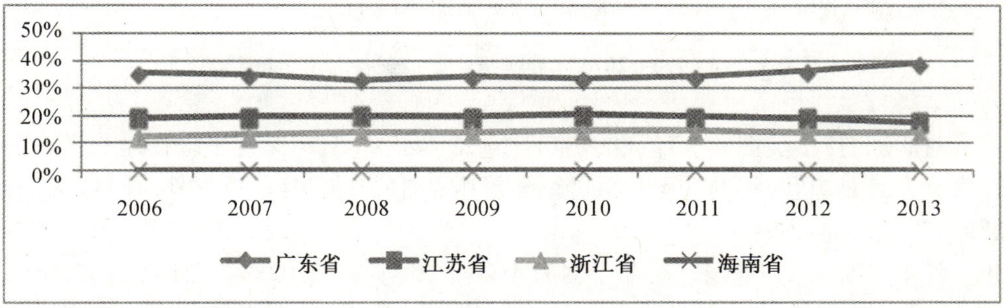

数据来源：根据2007－2014年《中国统计年鉴》数据计算而得。

图 3.24　2006—2013 年广东省、江苏省、浙江省和海南省占东部地区出口比重变化

2013 年，出口排在全国最后三位的省区都在西部，分别是青海、甘肃和宁夏。地理位置偏远、人力资本匮乏和自然资源稀缺，使得这里的出口贸易发展缓慢。

（二）出口的外部区域结构演进历程

1. 洲际结构

如图 3.25 所示，我国主要贸易伙伴是亚洲、欧洲和北美洲。亚洲在 1994—2011 年间，出口比重由 60.7% 下降到 47.36%，呈匀速下降状态，在 2012 年开始有所反弹，欧洲和北美洲的市场都经历了起伏。对北美洲的出口以 2007 年为分界线，2007 年以前，出口比重由 1994 年的 18.89% 增长到 2006 年的 22.61%，但 2007 年开始萎缩，那时的北美市场已经陷入金融危机前兆。对欧洲的出口在 2008 年国际金融危机爆发开始萎缩，之前保持了增长的态势，到 2013 年末，对欧洲和北美洲的出口分别占我国货物总出口的 18.36% 和 18%。亚洲份额的减少与欧美企业增加在华直接投资有关。欧美投资的增加，使得外资企业直接将产品出口到发达国家，尤其是中欧贸易发展较快。

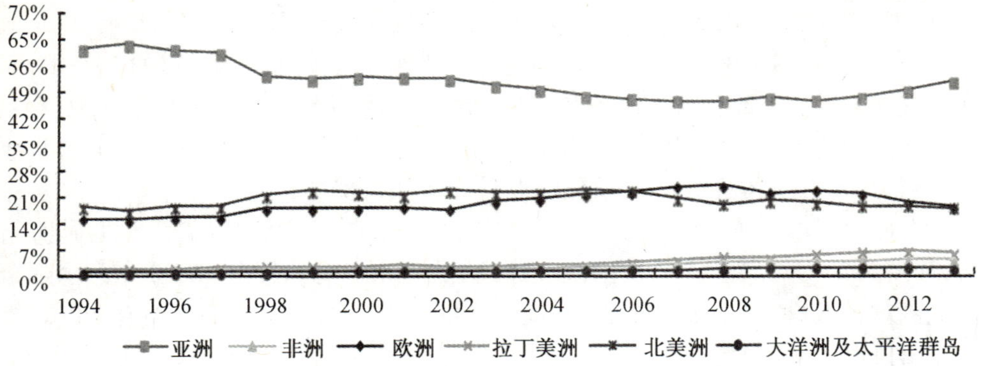

数据来源：根据1995－2014年《中国统计年鉴》数据计算而得。

图 3. 25　1994—2013 年我国货物出口到各大州比重变化

对非洲、拉丁美洲和大洋洲的出口比重总体不高，但却保持了缓慢增长的良好势头。尤其是 2008 年的金融危机，除了拉丁美洲的出口稍有减少外，非洲和大洋洲均有所增长。1994 年，对三大洲出口比重分别为 1. 54% ，2. 03% ，1. 42% ，累计才占到 4. 99% ；2013 年末，三者比例为 4. 20% ，6. 08% ，2. 02% ，累计占到 12. 3% 。这种变化一方面是中国长期实施市场多元化的结果，另一方面传统出口地区与中国出口摩擦加剧，贸易分散化是解决这一矛盾的有效途径。

2. 对东盟、欧盟和亚太经合组织的出口

东盟、欧盟和亚太经合组织是重要的区域性合作组织，也是我国重要的贸易伙伴。如图 3. 26 所示，亚太经合组织中的其他国家一直是我国最重要的出口贸易伙伴，其次是欧盟。东盟也在迅速地崛起，与我国的合作、经贸往来不断加深。

1995—2007 年间，我国出口到亚太经合组织国家的商品比重缓慢下降，由 77% 下降到 63. 7% 。2008—2013 年又稳定回升，尽管速度很慢。到 2013 年，亚太经合组织仍占我国出口总额的 64. 99% 。然后，我国对欧盟国家的出口经历了一个先升后降的过程。1995—2008 年，对欧盟出口的比例稳定上升，并于 2008 年达到最大值 20. 5% ，之后由于国际金融危机的爆发，缓慢下降，到 2013 年占比 15. 34% 。对东盟国家的出口，在 1995—2003 年反复地升降，比例在 6% ～7. 2% ，2003 年开始稳定地上升，由占比 8% 达到了 2013 年的 11. 04% 。我国与东盟的合作潜力巨大，双方在资源禀赋、生产力发展和产业结构上存在一定的差别，加强了双方贸易的互补性。

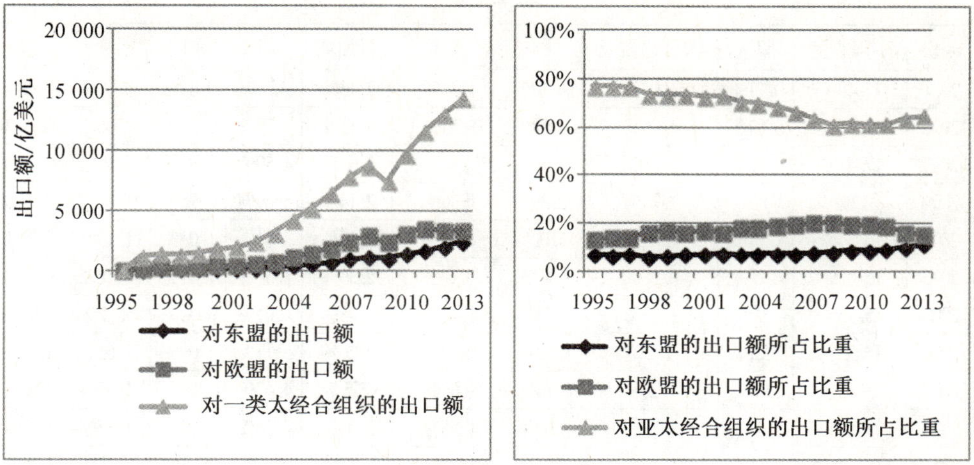

数据来源：根据http://unctadstat.unctad.org数据整理计算而得。

图 3.26 1995—2013 年对三大区域组织的出口额及比重变化

3. 国别(地区)结构

(1)对亚洲主要国家(地区)的出口

表 3.9 数据显示,亚洲主要出口国(或地区)是中国香港、日本和韩国,但对中国香港和日本的出口比重从 1994 年的 26.74% 和 17.83% 下降到 2013 年的 17.41% 和 6.8%,而对韩国的出口比重以 2008 年为分界线,2008 年之前出口比重在上升,之后则缓慢下降,但较 1994 年的出口比重仍然上升了 0.49%。近年来,日本经济持续不景气,它调整了对外投资战略,大量的制造业中心转回国内,加大了对中国市场的开发,因而从中国进口的商品份额占中国的出口不断减少;而中国香港地区,即使对其出口比例不断下降,由于特殊的“前店后厂”的经济联系,使得中国香港仍是中国最重要的出口市场。

表 3.9 1994—2013 年对亚洲主要国家出口比重的变化

年份	中国香港	印度	印度尼西亚	日本	马来西亚	新加坡	韩国	泰国	阿联酋	越南
1994	26.74%	0.47%	0.87%	17.83%	0.92%	2.11%	3.64%	0.96%	0.71%	0.28%
1995	24.19%	0.51%	0.97%	19.13%	0.86%	2.35%	4.5%	1.18%	0.74%	0.48%
1996	21.79%	0.45%	0.95%	20.45%	0.91%	2.48%	4.97%	0.83%	0.71%	0.56%
1997	23.96%	0.51%	1.01%	17.42%	1.05%	2.36%	4.99%	0.82%	0.71%	0.59%
1998	21.08%	0.55%	0.64%	16.14%	0.87%	2.15%	3.4%	0.68%	0.7%	0.56%
1999	18.91%	0.6%	0.91%	16.63%	0.86%	2.31%	4.01%	0.74%	0.74%	0.44%
2000	17.86%	0.63%	1.23%	16.72%	1.03%	2.31%	4.53%	0.9%	0.83%	0.62%

表 3.9(续)

年份	中国香港	印度	印度尼西亚	日本	马来西亚	新加坡	韩国	泰国	阿联酋	越南
2001	17.49%	0.71%	1.07%	16.89%	1.21%	2.18%	4.7%	0.88%	0.89%	0.68%
2002	17.96%	0.82%	1.05%	14.88%	1.53%	2.15%	4.77%	0.91%	1.06%	0.66%
2003	17.41%	0.76%	1.02%	13.56%	1.4%	2.02%	4.59%	0.87%	1.15%	0.73%
2004	17%	1%	1.05%	12.39%	1.36%	2.14%	4.69%	0.98%	1.15%	0.72%
2005	16.34%	1.17%	1.1%	11.02%	1.39%	2.18%	4.61%	1.03%	1.15%	0.74%
2006	16.03%	1.5%	0.98%	9.46%	1.4%	2.39%	4.59%	1.01%	1.18%	0.77%
2007	15.15%	1.97%	1.03%	8.38%	1.45%	2.43%	4.61%	0.98%	1.4%	0.98%
2008	13.33%	2.21%	1.2%	8.12%	1.5%	2.26%	5.17%	1.09%	1.65%	1.06%
2009	13.83%	2.47%	1.23%	8.14%	1.63%	2.5%	4.47%	1.11%	1.55%	1.36%
2010	13.84%	2.59%	1.39%	7.67%	1.51%	2.05%	4.36%	1.25%	1.35%	1.46%
2011	14.12%	2.66%	0.15%	7.81%	1.47%	1.87%	4.37%	1.35%	1.41%	1.53%
2012	15.79%	2.33%	1.67%	7.4%	1.78%	1.99%	4.28%	1.52%	1.44%	1.67%
2013	17.41%	2.19%	1.67%	6.8%	2.08%	2.08%	4.13%	1.48%	1.51%	2.2%

数据来源:根据 http://unctadstat.unctad.org 数据整理计算而得。

中国越来越注重同周边国家的经贸往来。对印度、印尼、马来西亚、泰国、阿联酋和越南的出口比重都在增长,对越南的出口增长最为醒目,由 1994 年的 0.28% 上升至 2013 年的 2.2%。其次是印度,由 1994 年的 0.47% 上升至 2013 年的 2.19%。对新加坡的出口变化幅度不大,维持在 2% ~2.5%。

(2)对欧洲主要国家(地区)的出口

如图 3.27 所示,2013 年对欧洲的主要出口国家中德国比重最大,其次是荷兰,对英国和俄罗斯的出口占比也较高。对德国的出口比重由 1994 年的 3.93% 降到 2013 年的 3.05%,对英国的比重变化不大,在 2% ~2.6%,对俄罗斯的出口比重由 1994 年的 1.31% 上升到 2013 年的 2.24%,对法国、荷兰、意大利和西班牙的出口比重有一定的起伏。

(3)对美洲及大洋洲主要国家(地区)的出口

美国一直是我国主要的贸易伙伴,如图 3.28 所示,1998—2006 年间对美出口比重超过了 20%,即使 2008 年国际金融危机爆发,2009—2012 年,美国仍然是我国最大的出口目的国。我国对巴西和墨西哥的出口增长也比较快,分别从 1994 年的 0.3% 和 0.17% 增长到 2013 年的 1.64% 和 1.31%。对加拿大和澳大利亚的出口占比维持在 1% ~2%。

截止到 2013 年末,我国前十大出口目的地及比重分别为中国香港 17.41%、美国 16.67%、日本 6.8%、韩国 4.13%、德国 3.05%、荷兰 2.73%、英国 2.31%、俄罗斯 2.24%、越南 2.2%、印度 2.19%。

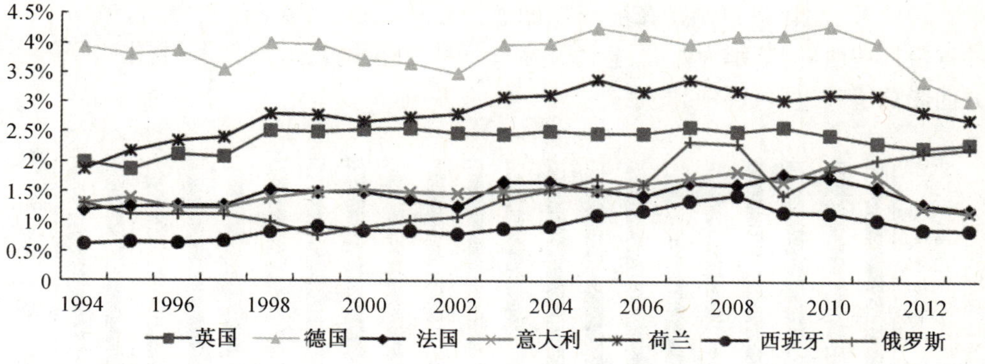

数据来源：根据http://unctadstat.unctad.org数据整理计算而得。

图 3.27　1994—2013 年对欧洲主要国家(地区)出口比重的变化

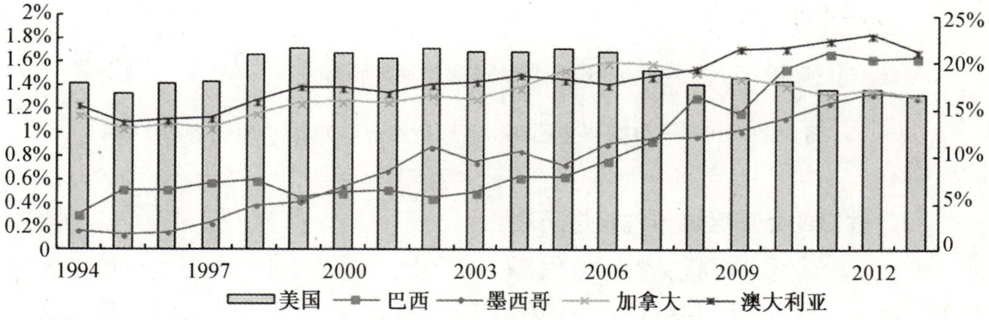

数据来源：根据http://unctadstat.unctad.org数据整理计算而得。

图 3.28　1994—2013 年对美洲及大洋洲主要国家(地区)出口比重的变化

二、中国货物贸易进口区域结构的演进历程

(一)进口的内部区域结构演进历程

总体来看,我国东部地区进口额比重大,占比均在 80% 以上,上涨幅度最大。东部地区进口额的变化和我国总进口额的变化趋势一致。这期间只有 1998 年和 2009 年的进口额较上一年有所减少,其余年份进口额一直增加。

东北地区、中部进口额比重减少了,由 1993 年的 7.55% 和 5.15% 减少到 5.25% 和 4.26%。西部地区经历了起伏,保持到 2013 年进口额比重略有增加,由 1993 年的 5.86% 增加到 2013 年的 6.58%。进口额上,1993 年中部地区、西部和东北地区进口额分别为 53.45 亿美元、60.86 亿美元和 78.36 亿美元,到了 2013 年,

分别为 830.9 亿美元、1283.96 亿美元和 1 023.6 亿美元。

2013 年,全国进口额排在前三位的省份是广东省、江苏省、上海市,最后三位的省份都在西部,分别为西藏、青海和宁夏。其地理位置、人均收入、文化水平等各方面影响了其进口贸易的发展。

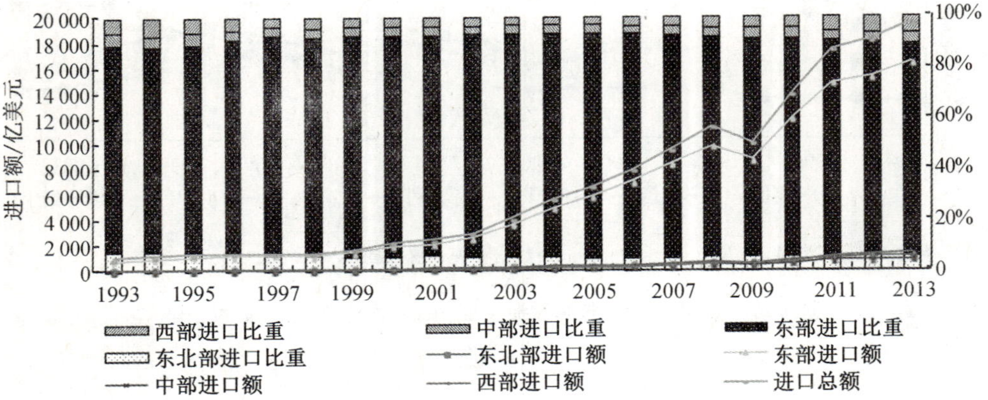

数据来源:根据1994—2014年《中国统计年鉴》数据整理而得。

图 3.29　1993—2013 年中国四大区域货物进口额及比重的变化

(二)进口的外部区域结构演进历程

由于对高新技术产品及资源类产品的需求大、进口多,进口来源地也就主要集中在自然资源和技术要素相对丰裕的国家和地区,如欧美日发达国家和东盟这些成熟和新兴的市场,拉美、澳大利亚、俄罗斯和中东等资源丰富的地区及国家。

1. 洲际结构

如图 3.30 所示,我国主要进口贸易伙伴是亚洲、欧洲和北美洲。自亚洲地区的进口占到了一半以上的份额。而且在 2009 年以前的大多数年份里在 60% 以上的比例,2009 年开始下降,到 2013 年自亚洲的进口降至 55.9%。自欧洲的进口由 1994 年的 21.73% 降至 2006 年的最低点 14.5%,随后基本平稳保持在 14% ~ 17%。自北美洲的进口比重在 2003 年以前是在 10% 以上的,2013 年降至 9.12%。

自非洲、拉美和大洋洲的进口的比重不高,但却保持了稳中有升。1994 年,自三大州进口比重分别为 0.78%,1.95%,2.53%,累计才占到 5.26%;2013 年末,三者比例为 6.02%,6.53%,5.57%,累计占到了 18.12%。

2. 自东盟、欧盟和亚太经合组织的进口

如图 3.31 所示,从进口额来看,自三大区域组织的进口额都在增长,自亚太经合组织的进口额增长更迅速,由 1995 年的 989.03 亿美元增加到 2013 年的 10 638 亿美元。自东盟和欧盟的进口额分别由 1995 年的 99 亿美元和 217.3 亿美元增加到2013年的1 995. 4亿美元和2 200. 6亿美元。从所占比重来看，自亚太经合组织和欧盟进口的比重略有下降，分别从74. 88%和14. 65%减少到2013年的55. 5%和11. 28%。而自东盟的进口比重则从1995年的7. 5%上升到2013年的10. 2%。

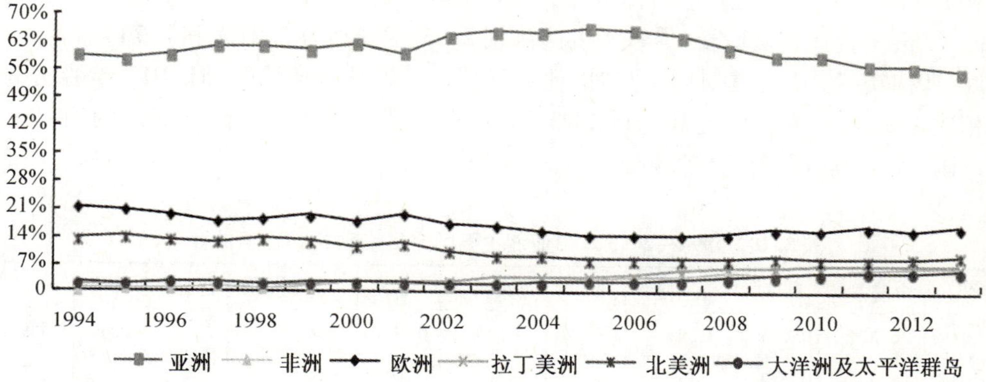

数据来源：根据1995—2014年《中国统计年鉴》数据计算而得。

图3. 30　1994—2013年我国自各大州进口货物比重的变化

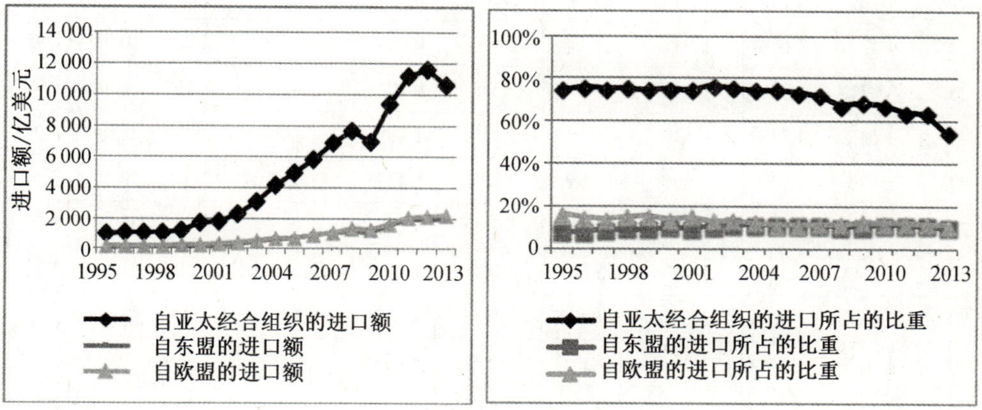

数据来源：根据http://unctadstat.unctad.org数据整理计算而得。

图3. 31　1995—2013年自三大区域组织的进口额及比重变化

3. 国别(地区)结构

(1)自亚洲主要国家(地区)进口

由表3.10中数据可知,在亚洲主要的进口国家(地区)里,自中国香港、日本的进口比重出现了大幅减少,由1994年的8.2%和22.87%下降到2013年的0.83%和8.32%。自新加坡的进口比重也有小幅下降。自马来西亚和沙特的进口除了近两年外,一直在缓慢增长,尽管所占比例到2013年分别为3.08%和2.74%。自印度、菲律宾、韩国、泰国、印尼进口的比重呈现出了先升后降趋势,但2013年的比重相比1995年仍有大幅提升。到2013年,日本和韩国仍然是我国在亚洲的主要进口国,其次为马来西亚和沙特。

表3.10 1994—2013年自亚洲主要国家(地区)进口比重的变化

年份	中国香港	印度	印度尼西亚	日本	马来西亚	菲律宾	沙特阿拉伯	新加坡	韩国	泰国
1994	8.20%	0.28%	1.38%	22.87%	1.41%	0.24%	0.22%	2.16%	6.36%	0.75%
1995	6.50%	0.30%	1.55%	21.96%	1.56%	0.21%	0.42%	2.57%	7.79%	1.22%
1996	5.64%	0.52%	1.64%	21.02%	1.62%	0.27%	0.60%	2.59%	8.99%	1.36%
1997	4.91%	0.63%	1.88%	20.37%	1.75%	0.23%	0.58%	3.14%	1.05%	1.42%
1998	4.75%	0.65%	1.75%	20.16%	1.91%	0.37%	0.57%	3.02%	10.71%	1.72%
1999	4.16%	0.50%	1.84%	20.38%	2.18%	0.55%	0.55%	2.45%	10.40%	1.68%
2000	4.19%	0.60%	1.96%	18.44%	2.43%	0.75%	0.87%	2.25%	10.31%	1.95%
2001	3.87%	0.70%	1.60%	17.57%	2.55%	0.80%	1.12%	2.11%	9.60%	1.93%
2002	3.63%	0.77%	1.53%	18.11%	3.15%	1.09%	1.16%	2.39%	9.68%	1.90%
2003	2.69%	1.03%	1.39%	17.96%	3.39%	1.53%	1.25%	2.54%	10.45%	2.14%
2004	2.10%	1.37%	1.29%	16.81%	3.24%	1.61%	1.34%	2.49%	11.09%	2.06%
2005	1.85%	1.48%	1.28%	15.21%	3.04%	1.95%	1.86%	2.50%	11.64%	2.12%
2006	1.36%	1.30%	1.21%	14.62%	2.98%	2.23%	1.91%	2.23%	11.34%	2.27%
2007	1.34%	1.53%	1.30%	14.01%	3.00%	2.42%	1.84%	1.83%	10.85%	2.37%
2008	1.14%	1.79%	1.26%	13.30%	2.83%	1.72%	2.74%	1.78%	9.90%	2.27%
2009	0.87%	1.36%	1.36%	13.01%	3.21%	1.19%	2.34%	1.77%	10.19%	2.48%
2010	0.88%	1.49%	1.49%	12.66%	3.61%	1.16%	2.35%	1.77%	9.91%	2.38%
2011	0.89%	1.34%	1.80%	11.16%	3.56%	1.03%	2.84%	1.61%	9.33%	2.24%
2012	0.98%	1.03%	1.76%	9.78%	3.21%	1.08%	3.02%	1.57%	9.28%	2.12%
2013	0.83%	0.87%	1.61%	8.32%	3.08%	0.93%	2.74%	1.54%	9.39%	1.98%

数据来源:根据 http://unctadstat.unctad.org 数据整理计算而得。

(2)自欧洲主要国家(地区)进口

如图 3.32 所示,整体看,在此期间我国自德国和俄罗斯进口比重较大,自德国进口维持在 4% ~6%,自俄罗斯进口在 2% ~4%。除了 1994—1996 年以外,自法国进口比重略高于自意大利进口比重,自西班牙和荷兰进口的比重相差不大。

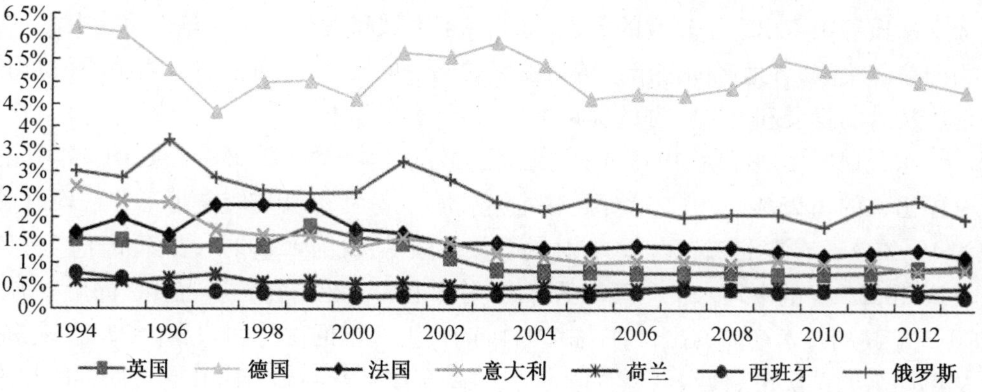

数据来源:根据http://unctadstat.unctad.org数据整理计算而得。

图 3.32　1994—2013 年自欧洲主要国家(地区)进口比重

(3)自美洲及大洋洲主要国家(地区)进口

如图 3.33 所示,美国一直是我国主要的进口贸易伙伴,但所占比重近年呈下降趋势,由 1994 年的 12.07% 下降到 2013 年的 7.82%。自澳大利亚进口的比重在 1994—2004 年间变动不大,之后逐渐上升,由 1994 年的 2.13% 上升到 2013 年的 5.07%。自巴西的进口从 2003 年也开始缓慢上升,但没有澳大利亚上升得快。而从加拿大和墨西哥的进口比重变化幅度较小。自加拿大进口的比重由 1994 年的 1.6% 下降到 2013 年的 1.3%。自墨西哥进口的比重由 1994 年的 0.08% 上升到 2013 年的 0.53%。

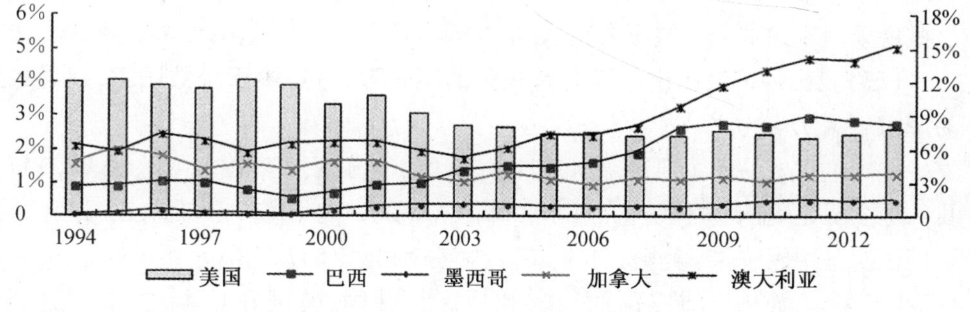

数据来源:根据http://unctadstat.unctad.org数据整理计算而得。

图 3.33　1994—2013 年自美洲及大洋洲主要国家进口比重

三、中国货物贸易区域结构演进中存在的问题

(一)国内四大区域进出口发展差距加大

我国东部和其他地区的进出口贸易发展由于历史、经济发展水平、地理位置、人文素质等因素出现了较大的差距,也造成了区域间发展失衡。随着大批人力、物力向东部集聚,各地区间进出口贸易发展的差距也加大,进而影响了我国国民经济健康持续的发展和地区资源的优化配置,具体表现如下。

东北地区发展滞缓,1993 年,东北地区出口占全国的 10.06%,到 2013 年只占全国出口的 3.23%。2012 年新疆对外贸易依存度为 21.10%,东北三省平均值仅为 18.97%。在东北三省内部,吉林的开放度最低,仅为 12.99%,甚至低于广西和云南 13.57% 的平均水平。西部的青海、甘肃和宁夏出口排在所有省区的后三名。2013 年高新技术产品的出口,广东省、江苏省、上海市的占比之和高达 72.77%,而从第四名的重庆市到第十一名的浙江省的高新技术产品出口占比在 2% ~4%,其余省市的出口均不足 1%。

到了 2013 年,东北部进口占比只比中部进口占比高 1%。另外,东北部和西部的进口额都高于出口额。2013 年,高新技术产品进口排在前三位的广东省、江苏省和上海市的进口占比之和为 70.29%,略低于其出口占比之和。而从排在第十三位的辽宁省到最后一名的西藏,其进口比重都不足 1%。

(二)外部区域贸易结构易受国际环境影响,发展不平衡

外部区域结构受国际环境影响较大。自 2008 年国际金融危机以来,出口到欧美的市场整体份额略有降低,但是却更集中于欧美的少数国家。如果这些国家经济出现较大波动,我国对外贸易和国内经济也会受到冲击。

进口外部区域结构,虽然自主要国家进口的集中度降低了(整体由 1994 年的 77.26% 下降到 2013 年的 50.51%),尤其是自日本和中国香港的进口减少了,但在这些主要国家内部分布差距大,主要来源国为日本、韩国、美国、澳大利亚、德国等。

(三)我国的进口和出口流向有很大的不一致,并集中于少数国家,易导致贸易摩擦

我国进口贸易的主要来源地是日本、韩国、美国、欧盟等国家或地区,出口贸易目的地主要是美国、中国香港、日本和韩国等。2013 年,我国出口前三位的国家或地区依次是中国香港、美国、日本,出口额分别为 3 847 亿美元、3 684 亿美元和 1 502 亿美元,而进口前三位的国家和地区是韩国、美国和日本,进口额分别为 1 830 亿美元、1 525 亿美元和 1 622 亿美元。当年,前十大进出口国家和地区中,只有五个既是十大进口国也是十大出口国,这五个国家或地区是美国、日本、韩国、

德国和马来西亚。这种进出口市场相对集中且不对称的贸易格局，严重地影响了我国的对外贸易安全，一方面不利于我国在进出口贸易中掌握主导权，另一方面对某些国家地区的大量贸易顺差，会带来日益激烈的贸易摩擦，影响我国的贸易和经济发展。

第四章　中国货物贸易结构演进的影响因素分析

第一节　模型设定与变量说明

一、模型设定

（一）不同影响因素对货物贸易结构演进的作用机制

1. 经济发展水平与货物贸易结构

经济发展水平作用于货物贸易结构体现在：第一，一个国家或地区的经济发展水平越高，对教育和科研投入越大，人力资本提升越快，越有利于产业结构向技术密集型为主的结构升级，进而提升货物贸易商品结构；第二，一个国家或地区的经济发展水平越高，各类企业经营活力越强，对外经济联系活动越广泛，越有利于企业以多种贸易方式更深入地参与国际贸易分工，进而带来货物贸易方式、主体和模式结构的变动；第三，一个国家或地区的经济发展水平越高，消费者购买力越强，消费者对产品的种类、样式要求就会更高，内部市场需求的扩大客观上促进了产业结构和货物贸易区域结构的变动。

2. 产业结构与货物贸易结构

产业结构是一个国家或地区生产要素禀赋及其利用方式的综合反映。货物贸易结构从某种意义上来说是产业结构在空间范围上的扩展，因此二者是同源的，并且是高度正相关的。马克思主义国际经济学理论阐述了产业结构决定贸易结构，因为社会化大生产是一切活动的基础，由它决定商品的分配、交换和消费，也就是生产是第一性的，而国际贸易是由生产决定的国际交换环节。

从发展的角度看，货物贸易结构与产业结构之间具有很强的相互依赖、相互促进效应。短期来看，货物贸易结构的演变可能与产业结构的变化存在相互脱节的情形，但从一个较长的时期来看，货物贸易结构的演变必然伴随着产业结构的演进及产业的发展。也就是说，货物贸易结构演进是产业结构演进的必然结果，而产业结构是货物贸易结构变化的内因。

产业结构作用于货物贸易结构体现在：产业结构升级过程中普遍采用高新技

术,增加产品的附加值,从而影响了货物贸易商品结构;产业结构升级过程中伴随着产值结构、资产结构、技术结构和劳动力结构的高级化,进而会影响货物贸易的方式结构;产业结构升级过程中要求产业组织合理化,能够产生高度的规模经济效应,进而影响了货物贸易的主体结构;产业结构升级要求企业更深层次地参与国际化分工,有效安排生产、销售等环节,进而贸易模式结构也会发生变化;产业结构升级在不同地区有快慢之分,进而影响了不同地区的货物贸易结构的变迁。

3. 要素禀赋与货物贸易结构

新古典贸易理论认为,一国进行对外贸易时应进口本国某种紧缺要素生产的商品并且出口本国某种富裕要素密集型的商品,这样会提高资源利用效率,对贸易双方都有利。要素禀赋作用于货物贸易结构体现在:第一,当前世界不同经济发展水平国家间贸易仍然是以这些国家之间要素禀赋存在的差异和要素跨国自由流动为基础的,它直接决定了一国的货物贸易商品结构,如在2008年国际金融危机前,中国的丰富劳动力一直是最大的比较优势,在资本、技术上相对处于比较劣势,而发达国家恰恰相反,因此,中国出口商品以低附加值劳动密集型为主,在国际分工中处于不利的位置,随着国际分工向产品内分工的深化,我国的劳动力比较优势逐渐丧失,发达国家又加快了技术转移,我国的要素禀赋就发生了变化,进口和出口的国别地区也都相应产生变化;第二,不同要素禀赋的国家生产同一产品的要素密集度不同,为了最优化生产成本就会跨国境选择最有利的生产区位,进行对外投资,进而影响了资本流入和流出国的货物贸易方式结构和主体结构;第三,一国要素禀赋的升级要求更深的参与国际分工,从而货物贸易模式结构就发生了变化;第四,一国内部不同地区间的要素密集度存在差异,不同国家间的要素禀赋是有差异的,因而造成了货物贸易结构的地区差异,如我国东部熟练的劳动力数量就多于其他地区,对劳动力素质要求不高的生产环节就转向了中西部地区。

4. 技术创新与货物贸易结构

技术创新作用于贸易结构表现在:第一,技术水平的高低、技术创新能力的强弱决定了一国在全球价值链和产业链中的地位,技术水平高、技术创新能力强的发达国家会利用自身的资源、资金、人才优势在技术研发中获得更大的突破,提高出口商品的技术含量,优化了商品结构,而技术水平相对落后、技术创新能力弱的发达和发展中国家,必须进口先进技术进行模仿、消化、吸收才能大规模生产,缩短与技术水平高的国家的差距,在这一过程中,也提高了产品的质量并优化了商品结构;第二,先进国家和后起国家在这种引进—吸收—模仿—创新技术的过程中贸易模式结构随着分工的变化也发生着产业间贸易—产业内贸易—产品内贸易的演变;第三,技术创新会引起企业组织方式的变革,落后的企业会通过进口零部件和半成品加工成成品出口,有实力的技术先进的企业则会主动研发技术独立完成生产并出口,因而影响了货物贸易的方式结构和主体结构;第四,一国内部不同区域、不同国家之间的技术创新能力受地区(国家)的人力资本影响大。人力资本高的地区(国家)技术创新能力高,对进口高技术产品的模仿能力强,或者可以独立自主的生产高技术含量的商品并出口;相反,人力资本低的地区(国家)技术创新能力不足,则影响了进口高技术品的技术外溢的吸收。因此,技术创新也影响了货物贸易的区域结构的演进。

5. 对外直接投资的流入和流出与货物贸易结构

20 世纪 80 年代中期,罗默(P. Romer)、卢卡斯(R. Lucas)等人提出的新增长理论关于对外直接投资的论述为:对外直接投资的流入和流出可以提高一国的技术水平和组织效率,加速全球范围内人力资本、知识和科学技术的流动,便于它们在本国和贸易伙伴国内不断累积,推动了贸易双方产出的快速增加和经济发展,能够产生正的外溢性:第一,对外直接投资的流入和流出带来了资金、技术、管理、市场营销等无形资产的技术溢出,会提高一国产品的技术含量,进而影响货物贸易商品结构;第二,对外直接投资的流入和流出带动了一国加工贸易的升级和其他贸易的发展,影响了货物贸易的方式结构;第三,对外直接投资的流入和流出促进了微观企业的发展及中间品的进出口,加速了国内要素流动,进而影响货物贸易的方式和模式结构,Naughton 认为外商直接投资极大地优化了中国的出口技术结构,自 2001 年,外商投资公司出口的高技术产品占中国高技术产品总出口的一半以上,2003 年后这一比重超过了 85%;第四,对外直接投资的流入和流出会有地域不平衡性,因而不同地区的货物贸易结构就存在差异。

6. 贸易开放度与货物贸易结构

如果一个国家对外是封闭的,就不会发生国际贸易。而在一个开放的国度里,制度的刚性影响着货物贸易结构。直接的影响就是允许还是禁止某类产品的进出口。从长期的角度看,其影响表现在一国对外越开放,就会与世界其他国家和地区发生越多的贸易联系,再通过全球的竞争与合作,便会更深层次地融入到国际分工体系中,劳动力素质相对也不断提高,产品的质量相应的优化,进而促进货物贸易商品结构、方式结构、主体结构和模式结构的发展。不同地区(国家)的贸易开放度不同,有的贸易开放晚、起步低,有的贸易开放早、配套政策完善,这样就造成了地区(国家)间的货物贸易结构差异。

7. 汇率水平与货物贸易结构

汇率变动会改变贸易品和非贸易品的相对价格,在短期内这种变化不明显,根据"J"曲线效应可能有滞后期,但长期通过各种贸易产业及产品的需求结构、供给结构、市场结构等不同的影响可以推动一国比较优势发生变化,进而产业结构和贸易结构都发生变化。

汇率对贸易结构的影响主要有:一是汇率变动直接影响了进出口商品的规模和种类,改变了货物贸易的商品结构;二是汇率变动时,国内外产品生产成本的相对价格发生变化，改变了货物贸易产品的进口投入比例，加工贸易的比重也会发生变化，进而影响了货物贸易的方式结构；三是不同贸易主体的经营管理水平、经济实力大都不相同，其对汇率变化的反映是不同的，因此，汇率变化会影响货物贸易企业结构；四是汇率的变动会影响不同生产阶段的规模经济，可能会造成要素投入比例的变动，从而影响货物贸易模式结构；五是汇率的变化会使各地区（国家）的进出口发生不同比例的变化，进而影响了货物贸易区域结构。

8. 金融发展与货物贸易结构

金融发展是促进贸易结构向高级化方向发展的关键因素之一，它通过推进技术进步和实现要素禀赋丰裕度的转变来改变一国的比较优势。第一，金融发展的水平越高，一般来说其技术创新能力也越强，技术密集型产品（通常是依赖外部金融的产品）的贸易所占的比重越大，进而有利于优化货物贸易商品结构；第二，金融发展通过持续扩大资本总量、提高金融体系的效率、完善金融体系结构等支持一般贸易的发展和加工贸易的转型升级；第三，不同企业的融资效率不同，金融发展有助于帮助出口初始成本高的企业提高融资效率，实现和扩大出口，进而影响货物贸易的主体结构；第四，一国的金融发展水平越高，越有利于通过外源性融资使行业形成规模经济，行业参与国际分工的水平也越高，进而有利于货物贸易模式结构的优化；第五，不同地区的金融效率、金融规模和金融结构不同，进出口贸易规模和商品层次就存在差异，因而金融发展影响了一国的货物贸易区域结构。

（二）设定模型

根据分析，设定基本模型如下

$$\ln jg_{it} = \beta_0 + \beta_1 \ln gdp_{it} + \beta_2 \ln id_{it} + \beta_3 \ln yaosu_{it} + \beta_4 \ln jc_{it} + \beta_5 \ln if_{it} + \beta_6 \ln of_{it} + \beta_7 \ln mk_{it} + \beta_8 \ln hl_{it} + \beta_9 \ln jr_{it} + \varepsilon_{it} \tag{4.1}$$

其中，i 为省份或国家，t 为年份，j 和 g 分别代表各种贸易结构，包括进口商品结构、出口商品结构、进口地区结构、出口地区结构、进口主体结构、出口主体结构等。gdp，id，$yaosu$，jc，if，of，mk，hl，jr 分别表示经济发展水平、产业结构、要素禀赋、技术创新、对外直接投资的流入和流出、贸易开放度、汇率水平、金融发展情况等，ε 为残差。

根据不同的贸易结构类型，笔者进一步设定如下模型

$$\ln sp_{it} = \beta_0 + \beta_1 \ln gdp_{it} + \beta_2 \ln id_{it} + \beta_3 \ln yaosu_{it} + \beta_4 \ln jc_{it} + \beta_5 \ln if_{it} + \beta_6 \ln of_{it} + \beta_7 \ln mk_{it} + \beta_8 \ln hl_{it} + \beta_9 \ln jr_{it} + \varepsilon_{it} \tag{4.2}$$

$$\ln zt_{it} = \beta_0 + \beta_1 \ln gdp_{it} + \beta_2 \ln id_{it} + \beta_3 \ln yaosu_{it} + \beta_4 \ln jc_{it} + \beta_5 \ln if_{it} + \beta_6 \ln of_{it} + \beta_7 \ln mk_{it} + \beta_8 \ln hl_{it} + \beta_9 \ln jr_{it} + \varepsilon_{it} \tag{4.3}$$

$$\ln iit_{it} = \beta_0 + \beta_1 \ln gdp_{it} + \beta_2 \ln id_{it} + \beta_3 \ln yaosu_{it} + \beta_4 \ln jc_{it} + \beta_5 \ln if_{it} + \beta_6 \ln of_{it} + \beta_7 \ln mk_{it} + \beta_8 \ln hl_{it} + \beta_9 \ln jr_{it} + \varepsilon_{it} \tag{4.4}$$

式（4.2）至式（4.4）分别用来表示各省和直辖市的经济发展水平、产业结构、

要素禀赋、技术创新、对外直接投资的流入和流出、贸易开放度、汇率水平、金融发展情况等因素对各省的货物贸易商品结构（*sp*）、主体结构（*zt*）和模式结构（*iit*）变动的影响。其中，商品结构（*sp*）包括出口商品结构（*hx*）和进口商品结构（*hi*），主体结构（*zt*）包括出口贸易主体结构（*ox*）、进口贸易主体结构（*oi*）。

$$\ln nqy_{it} = \beta_0 + \beta_1 \ln gdp_{it} + \beta_2 \ln id_{it} + \beta_3 \ln yaosu_{it} + \beta_4 \ln jc_{it} + \beta_5 \ln if_{it} + \beta_6 \ln of_{it} + \beta_7 \ln mk_{it} + \beta_8 \ln hl_{it} + \beta_9 \ln jr_{it} + \varepsilon_{it} \quad (4.5)$$

式（4.5）用来表示各地区的经济发展水平、产业结构、要素禀赋、技术创新、对外直接投资的流入和流出、贸易开放度、汇率水平、金融发展情况等因素对货物贸易内部区域结构（*nqy*）的影响。其中，货物贸易内部区域结构（*nqy*）包括东北地区出口结构（*nee*）、东北地区进口结构（*nei*）、中部地区出口结构（*me*）、中部地区进口结构（*mi*）、东部地区出口结构（*ee*）、东部地区进口结构（*ei*）、西部地区出口结构（*we*）、西部地区进口结构（*wi*）等。

$$\ln wqy_{it} = \beta_0 + \beta_1 \ln gdp_{it} + \beta_2 \ln id_{it} + \beta_3 \ln yaosu_{it} + \beta_4 \ln jc_{it} + \beta_5 \ln if_{it} + \beta_6 \ln of_{it} + \beta_7 \ln mk_{it} + \beta_8 \ln hl_{it} + \beta_9 \ln jr_{it} + \varepsilon_{it} \quad (4.6)$$

式（4.6）表示结合前述影响因素来分析对我国货物贸易外部区域结构（*wqy*）的影响。外部区域结构（*wqy*）包括我国出口到欧洲主要国家的结构（*oze*）、我国自欧洲主要国家进口的结构（*ozi*）、我国出口到美洲和大洋洲主要国家的结构（*mze*）、我国自美洲和大洋洲主要国家进口的结构（*mzi*）、我国出口到亚洲主要国家和地区的结构（*yze*）、我国自亚洲主要国家和地区进口的结构（*yzi*）。但是在影响因素的具体指标选择上与前述略有区别，用另一国某一指标减去我国同样指标的差值表示。

$$\ln fs_t = \beta_0 + \beta_1 \ln gdp_t + \beta_2 \ln id_t + \beta_3 \ln yaosu_t + \beta_4 \ln jc_t + \beta_5 \ln if_t + \beta_6 \ln of_t + \beta_7 \ln mk_t + \beta_8 \ln hl_t + \beta_9 \ln jr_t + \varepsilon_t \quad (4.7)$$

式（4.7）表示不同的影响因素对货物贸易方式结构（*fs*）的影响。方式结构（*fs*）包括出口方式结构（*ge*）和进口方式结构（*gi*）。式（4.7）与式（4.1）至式（4.6）相同的是选择了同样的影响因素分析，不同的是影响因素指标的数据只有全国的，没有各省和直辖市的。

二、变量度量与数据说明

（一）因变量

1. 出口商品结构和进口商品结构

由于高科技产品的浓缩了研发资本和智力投入，产品生命周期呈现棘轮效应，其出口可获得更大的收益，进口也会产生明显的技术外溢效应。因此，采用各省和直辖市的高科技产品出口额、进口额占各省出口额和进口额的比重表示出口和进口商品结构更能体现一国商品结构质的提升情况。各省和直辖市数据来源于中经网统计数据库。

2. 贸易模式结构

以往研究贸易模式的相关文献没有计算出产业间、产业内和产品内贸易的比例，这是很难测度的问题。因此，在此处只能通过产业内贸易指数计算的结果表示贸易模式结构的变动。而产品内贸易被看作是一种特殊的产业内贸易，在此不单独分析。迄今为止，Grubel H& Lloyd P J 创建的 G – L 指数最为权威。因此，笔者利用各省和直辖市的 G – L 指数值代表贸易模式结构，记为 *iit*，数据来源于中经网统计数据库。

3. 出口贸易主体结构和进口贸易主体结构

目前，无论进出口的贸易主体都是外商投资企业，而我国贸易主体结构的发展方向应该是国有企业和其他类型的企业在进出口的比重越来越高。因此，分别用各省出口中国有和其他类型企业比重和各省进口中国有和其他类型企业比重表示。数据来源于中经网统计数据库。

4. 出口贸易方式结构和进口贸易方式结构

一般贸易方式为主、加工贸易和其他贸易方式为辅是我国贸易方式结构的发展的趋势，分别采用不同年份我国一般贸易出口额占总出口的比重、一般贸易进口额占总进口的比重表示。由于各省数据获取的不全面性，在此利用全国的数据进行分析。数据根据《中国贸易外经统计年鉴—2013》整理而得。

5. 贸易区域结构

对贸易区域结构的分析包括对进口的内部区域结构、出口的内部区域结构、进口的外部区域结构和出口的外部区域结构等的分析。进口的内部区域结构分别用货物目的地是东部地区、东北地区、中部地区和西部地区的高科技产品进口额占全国高科技产品进口额的比重表示。出口的内部区域结构分别用货物来源地是东部地区、东北地区、中部地区和西部地区的高科技产品出口额占全国高科技产品出口额的比重表示。东北地区、东部地区、中部和西部地区包括的省份见第三章说明。数据来源于中经网统计数据库。

进口的外部区域结构采用自各洲主要贸易伙伴国和地区进口的高科技产品贸易额占我国高科技产品进口总额的比重表示，出口的外部区域结构采用出口到各洲主要贸易伙伴国和地区的高科技产品贸易额占我国高科技产品出口总额的比重表示，以体现出两国之间经济的联系程度。这里的出口主要贸易伙伴和地区包括亚洲的中国香港、日本、印度、印尼、韩国、马来西亚、泰国、新加坡、阿联酋、越南，欧洲的德国、英国、法国、意大利、荷兰、西班牙、俄罗斯，美洲和大洋洲的美国、加拿大、澳大利亚、巴西和墨西哥。进口的主要贸易伙伴和地区与出口略有不同，剔除了阿联酋和越南，改为菲律宾和沙特阿拉伯。此处数据来源于世界银行世界发展指标。

(二)自变量

1. 经济发展水平

经济发展水平用经过平减的人均 GDP 衡量,记为 *zgdp*,人均 GDP 直接反映着一国的经济发展水平、市场规模。国内各省和直辖市的人均实际 GDP 是用各省历年的消费者物价指数进行平减得来的。外部区域结构中,由于进出口贸易伙伴国的贸易比重不仅受它的经济发展水平、要素禀赋、技术创新等影响,也受我国的经济发展水平、要素禀赋、技术创新等影响,因此各影响因素都用两国相同变量的对数差值表示。经济发展水平用两个国家取对数的人均 GDP 差值来衡量,记为 *za*,也即 $za = \ln zgdp_1 - \ln zgdp_2$。式中,1 代表一个主要的贸易伙伴国家,2 代表中国,人均 GDP 用本国或本地区的 GDP 平减指数进行调整得到人均实际平减 GDP,以 2005 年为基期,下文中的下标 1 和下标 2 的含义相同。数据来源于《中国统计年鉴》和世界银行世界发展指标。

2. 产业结构

产业结构能够反映出劳动要素、技术要素、资本和中间要素等各种生产要素在不同产业部门的分配比例和联系。笔者用第一产业增加值占 GDP 比重表示,记为 *yi*,外部区域结构中,则用两个的取对数的 *yi* 差值表示,记为 *zb*,即 $zb = \ln y_1 - \ln y_2$。数据来源于中经网统计数据库、《中国统计年鉴》和世界银行世界发展指标。

3. 要素禀赋

改革开放以来,中国的资本增长速度一直快于劳动增长速度,资本相对稀缺性弱化,而劳动的相对丰裕度也下降。这种变化反映在出口结构上就是从初级产品出口为主向资本技术密集型产品出口为主的跨越。参照余官胜、马颖的做法,对于要素禀赋指标的选取,采用物质资本存量与劳动力投入之比(K/L)表示,记为 *yaosu*。劳动投入采用历年的就业人数,物质资本存量取自张军等人的数据。外部区域结构中,则用两个的取对数的 *yaosu* 差值表示,记为 *zc*,即 $zc = \ln yaosu_1 - \ln yaosu_2$。数据来源于中经网统计数据库、《中国统计年鉴》和世界银行数据库。

4. 技术创新

本书参考傅强、胡奚何选取专利申请量这一创新产出指标衡量技术创新,记为 *zhuanli*,外部区域结构中,则用两个取对数的 *zhuanli* 差值表示,记为 *zd*,即 $zd = \ln zhuanli_1 - \ln zhuanli_2$。数据来源于中经网统计数据库、中国科技统计数据库和 IMF 数据库。

5. 对外直接投资的流入

对外直接投资流入量采用各省外商直接投资总额占各省 GDP 的比重表示,记为 *fdi*。外部区域结构中,用两个国家取对数 *fdi* 差值表示,记为 *ze*,即 $ze = \ln fdi_1 - \ln fdi_2$。

6. 对外直接投资的流出

对外直接投资流出量采用非金融类对外直接投资存量占各省及直辖市 GDP

的比重表示，记为 $ofdi$，外部区域结构中，用两个的取对数的 $ofdi$ 的差值表示，记为 zf，即 $zf = \ln ofdi_1 - \ln ofdi_2$。

以上对外投资流入和流出的数据来源于《2004—2013 年中国对外直接投资统计公告》《中国统计年鉴》和世界银行数据库，港澳台地区没有列入考察范围，新疆地区的对外直接投资额为新疆维吾尔自治区和新疆生产建设兵团的投资之和。

7. 汇率水平

汇率水平用人民币兑美元的实际有效汇率表示，记为 $reer$，这一指数是按照一定权重加权平均计算的人民币与其他货币的双边汇率，并且综合地反映了在国际贸易中人民币的实际购买力和竞争力情况。外部区域结构中，用两个国家取对数的 $reer$ 的差值表示，记为 zg，也即 $zg = \ln reer_1 - \ln reer_2$。数据来源于 IMF《国际金融统计》和国际清算银行 BIS，其他币种的实际有效汇率数据来源于世界银行数据银行世界发展指标（WDI），以 2005 年为基期。

8. 贸易开放度

小岛清、钱纳里、库兹涅茨、Lloyd P J &Maclaren D 等提出了不同的测度法。最常见的是用外贸依存度来衡量，即各省进出口贸易总额/GDP 或各主要贸易伙伴国的进出口总额占 GDP 比，记为 $waimao$，外部区域结构中，用两个国家取对数的 $waimao$ 的差值表示，记为 zh，也即 $zh = \ln waimao_1 - \ln waimao_2$。数据来源于中经网统计数据库、《中国统计年鉴》和世贸组织数据库（WSDBHome）。

9. 金融发展

Beck（2003）等也进行了相关的实证检验。他选取 PC（存款银行或其他金融机构提供的信贷总额占 GDP 的比重）、LL（全部金融中介体的流动负债与当年 GDP 的比率）、MCAP（股票市场的市价总值占 GDP 的比重）、STRADE（股票市场的总成交易量占 GDP 的比重）表示一国的发展程度。张林等选用了金融业产值占 GDP 的比重、金融业在岗人员占总就业人员比重、金融机构贷存比等指标。本书选取这些指标测试后，此处仅选择股票市价占 GDP 代表中国金融市场的发展，记为 ji。外部区域结构中，用两个国家取对数的 ji 的比重表示，记为 zi，也即 $zi = \ln ji_1 - \ln ji_2$。数据来自中经网、《中国统计年鉴》和世界银行数据银行世界发展指标（WDI）。

第二节 实证检验及结果分析

根据可获得数据的特点，笔者采用面板模型和灰色关联分析法进行了实证分析。中国货物贸易商品结构、主体结构、模式结构和区域结构演进的影响因素分析采用了面板模型，而中国货物贸易方式结构演进的影响因素分析则使用了灰色关联分析法，在此加以说明。

一、中国货物贸易商品结构、模式结构和主体结构演进的影响因素分析

最早将面板数据引入到计量经济学中的是 Mundlak 和 Balestra&Nerlove。随后,这种方法在社会学、管理学、心理学和经济学等领域都被大量研究所采用。目前,关于面板数据分析方法的研究在微观和宏观计量领域都成为一个热点。比如面板 tobit、面板 probit 都是微观计量经济学的前沿领域,都是基于面板数据的传统的离散因变量模型的扩展。面板数据建立的模型有这样几点有利之处:数据多,能够提高估计量的抽样准确度;可以获得比单截面数据模型更多的信息;固定效应模型能可以得出参数的一致估计量,甚至是有效估计量。

面板模型通过使用 F 检验、BP 检验和 Hausman 检验选择使用固定效应、混合 OLS 模型和随机效应中的一种。因为,F 检验是被用于判断是选择固定效应还是混合 OLS 模型;Breusch& Pagan 提出的 BP 检验(Breusch and Pagan LM test)又称为拉格朗日乘子(Lagrange Multiplier)检验方法,通过它判断是选择随机效应还是混合 OLS 模型;Hausman 检验是用来判断固定效应与随机效应模型谁是更优的。

表 4.1 中,(1)~(5)列分别为出口商品结构、进口商品结构、出口主体结构、进口主体结构和贸易模式结构的影响因素检验结果。(1)~(4)列采用随机效应估计,(5)列采用固定效应估计。此计量检验的国内研究样本是 1997—2013 年间各省区和直辖市的数据资料。最终的面板数据集包含 17 个时间序列数据和 31 个截面数据,共计 527 个样本观察值。由表 4.1 中各模型调整后的 R^2 及 F 值可知,总体来看,各模型拟合效果较好。

表 4.1　中国货物贸易商品结构、主体结构和模式结构演进的实证检验结果

	(1)	(2)	(3)	(4)	(5)
ln*gdp*	0.145	0.050	0.224***	0.475***	0.166
	(0.45)	(0.20)	(3.42)	(3.51)	(0.48)
ln*id*	−0.333*	−0.286*	−0.079*	−0.020	−0.297*
	(−1.65)	(−1.78)	(−1.94)	(−0.24)	(−1.89)
ln*yaosu*	−0.495**	−0.093	−0.163***	−0.127	0.263**
	(−2.16)	(−0.52)	(−3.62)	(−1.44)	(2.15)
ln*jc*	0.253**	−0.033	0.002	0.054	0.141**
	(2.02)	(−0.34)	(0.09)	(1.13)	(2.36)
ln*if*	−0.341**	3.0**	0.173***	0.223***	0.021
	(−2.05)	(2.27)	(5.09)	(3.16)	(0.10)

表 4.1(续)

	(1)	(2)	(3)	(4)	(5)
ln*of*	-0.028	-0.0239***	0.029**	-0.084***	-0.015
	(-0.36)	(-4.08)	(1.95)	(-2.99)	(-0.48)
ln*mk*	0.17*	0.407***	-0.176***	-0.249***	0.527***
	(0.12)	(3.87)	(-6.58)	(-4.83)	(8.06)
ln*hl*	-0.022**	0.005	0.006***	0.004	-0.015***
	(-2.36)	(0.77)	(3.56)	(1.03)	(-3.21)
ln*jr*	-0.045	-0.033	0.005	-0.013	0.013
	(-0.8)	(-0.76)	(0.48)	(-0.63)	(0.59)
_cons	-4.727	-1.286	-2.417***	-6.311***	-2.654
	(-1.38)	(-0.48)	(-3.51)	(-4.52)	(-0.68)
F 检验	0.000 0	0.000 0	0.000 0	0.000 0	0.000 0
BP 检验	0.000 0	0.000 0	0.000 0	0.000 0	0.000 0
Hausman 检验	0.148	0.358	0.320	0.197	0.000 0
$adj-R^2$	0.62	0.7	0.82	0.66	0.80

注:括号内为 z 值,***,**,* 分别表示在1%,5%,10%的显著性水平上显著。

由表4.1各行估计结果可以看出,经济发展对各种结构的影响都为正,且对进出口贸易主体结构的影响通过了10%的显著性水平检验,符号为正。也就是说,经济发展水平越高,我国贸易主体中国有和其他企业的比重也越高,产业结构除了对进口贸易主体结构的作用不显著外,其余都通过了10%的显著性水平检验,要素禀赋对进口商品结构和进口主体结构的作用不显著,技术创新不利于进口商品结构的发展,对外直接投资流入对于贸易模式结构的影响不显著,对外直接投资流出则对出口商品结构和贸易模式结构的影响不显著,贸易开放度对所有结构都有显著影响,汇率水平除了对进口商品结构和进口主体结构外也都有显著影响,金融发展对各种结构的作用均不显著。

由表4.1中第(1)列估计结果可知,产业结构、要素禀赋、技术创新、对外直接投资的流入、贸易开放和汇率水平等6个变量通过了显著性检验。其中,技术创新、贸易开放的影响为正,而产业结构、要素禀赋、对外直接投资的流入和汇率水平的系数为负。我国的要素禀赋已经开始升级,但这个过程比较漫长,需要几代人才能实现要素禀赋的完全转化,因此仍不利于出口商品结构的升级。我国产业结构尤其是第一产业的发展不利于高科技产品的出口。对外直接投资的流入主要投资于纯生产导向的劳动密集型产业,利用中国廉价的劳动力进行装配生产,而对行业内的技术创新没有明显促进作用,其最终生产目的仍是为了满足海外市场的需求。这种投资的进入显著地促进了我国出口贸易总额的增加,但没有带来明显的产业内技术溢出,因此对我国的出口结构的优化升级作用不显著。人民币的升值作用对出口商品结构的升级也是不利的。其他影响因素中,经济发展水平有利于出口商品结构优化,而对外直接投资的流出和金融发展则不利于出口商品结构优化,但是都没有通过显著性检验。

由表4.1中第(2)列估计结果可知,产业结构、对外直接投资的流出和流入与贸易开放4个变量通过了显著性水平检验,其中前两个符号为负。第一产业的发展不利于高技术产品的进口。对外直接投资的流出尽管带来了反向进口效应,但进口更多的是资本品和消费品,而不是高技术产品。而贸易开放和对外直接投资的流入是有利于进口商品结构升级的。对外直接投资的流入促进了我国经济的发展,提高了人们的生活水平,有利于进口商品结构升级。其他的影响因素中,要素禀赋、技术创新、金融发展的系数为负但不显著,说明我国除了经济发展和贸易开放、对外直接投资的流入、汇率水平有利于进口商品结构升级外,其他主要影响因素都没有有效地发挥出应有的作用。

由表4.1中第(3)列估计结果可知,产业结构、要素禀赋和贸易开放不利于出口企业主体结构的升级,而且通过了1%的水平检验。我国的要素禀赋已经发生了动态的变化,但没有发展到彻底改变要素禀赋现状的层次,因而仍不利于出口企业主体向国有和其他类型企业升级。苏庆义认为,劳动力丰富的要素禀赋优势带动了中国出口的快速增长和贸易结构的优化。但随着劳动力成本上升,中国的要素禀赋优势也将削弱并放缓了对出口结构的贡献度。本书认为这种趋势中伴随的就是我国国有和其他企业成长的机会,他们只有更多地进行自主研发、技术创新、培育竞争优势,才能赢得国内国外两个市场。贸易的开放在带来资金、技术的同时,也会带来更多的外资企业,这在一定程度上抑制了我国国有等企业的发展。其他影响因素中,经济发展、对外投资的流入和流出、汇率水平对出口主体结构的影响是显著的,符号为正。人民币升值有利于国内企业降低进口原料的成本,从而提高出口竞争力。对外直接投资的流出对出口主体结构优化是有益的,和陈俊聪等的观点一致。他们认为我国企业的OFDI显著带动中间品的出口增长,产生了贸易创造效应。对外直接投资的流入对国内企业的出口发展也起到积极的作用,这一点和刘志成等认为某一行业内的外资企业出口的比重和质量对该行业的内资企业存在明显的出口溢出效应。

由表4.1中第(4)列估计结果可知,对外直接投资的流出、贸易开放、金融发展、产业结构、要素禀赋对进口主体结构的作用是负的,而且前两个影响因素通过了显著性检验。目前我国对外直接投资的流出的主体是国有企业,而民营和私有企业资金流出不多,说明发展程度不高。贸易依存度越高,国内的外商企业在全球采购原材料越有利，而国内金融发展又不完善，不利于国有和其他类型企业的进口贸易发展。以第一产业比重为指标的产业结构变动也没能有效优化进口企业主体结构，说明我国的产业结构存在严重的结构问题。在其他影响因素中，经济发展和对外直接投资的流入显著促进了进口贸易主体结构的优化和外资的进入，带来了技术溢出效应，国内企业不断模仿，进口资本品，生产高技术产品并出口，也就是说对外直接投资的流入既带来了出口主体结构的升级，也促进进口主体结构的升级。

由表4.1中第(5)列估计结果可知，产业结构、汇率水平的系数为负而且显著。人民币实际汇率不利于贸易模式结构的发展。其他的影响因素中，要素禀赋和技术创新、贸易开放对贸易模式结构的影响显著且符号为正。

二、中国货物贸易区域结构演进的影响因素分析

(一)中国货物贸易内部区域结构演进的影响因素分析

表4.2中(1)～(8)列分别代表对东北地区出口结构、东北地区进口结构、中部地区出口结构、中部地区进口结构、东部地区出口结构、东部地区进口结构、西部地区出口结构、西部地区进口结构等的影响因素检验结果。其中，(1)，(4)，(5)，(7)，(8)列采用随机效应模型，(2)，(3)列采用了混合OLS模型，(6)列采用了固定效应模型。计量检验的国内研究样本为1994—2013年间各省区和直辖市的数据资料。最终的面板数据集包含20个时间序列数据和24个截面数据，共计480个样本观察值，采用Stata10软件进行了计算。由表中各模型调整后的R^2及F值可知，总体来看，各模型拟合效果较好。

由表4.2各行估计结果可以看出，经济发展对各地区进口和出口结构的影响不一致，并有六种情况通过了显著性水平检验；产业结构只有在东北地区进出口结构和中部地区出口结构中通过了显著性检验，并显著为负；要素禀赋只有在东北地区出口结构、中部地区进口结构、西部地区出口结构中通过了显著性检验，并在西部地区出口结构中显著为负；技术创新除了对东北地区出口结构、东部地区出口结构和西部地区的进口结构不显著外，其余基本通过了1%的显著性检验，在中部地区出口结构、东部地区进出口结构和西部地区出口结构的系数为负；对外直接投资的流入只对东北地区进口结构、中部和东部出口结构、西部地区进口结构有显著影响，而且后三个的符号为负；对外直接投资的流出对东北地区进出口结构、东部地区进口结构和西部地区进出口结构作用显著；贸易开放度对所有因变量作用都很显著，但对中部的进口和西部的进出口的影响是负的，这和陈福中等观点相似；汇率水平对东北部进口结构、东部和中部进口结构都通过了检验并且符号为正；金融发展只对东北地区进口结构、中部地区进口和出口结构通过了检验，系数都为负。

表 4.2　中国货物贸易内部区域结构演进的实证检验结果

	(1)	(2)	(3)	(4)	(5)	(6)	(7)	(8)
ln*gdp*	−0.72**	1.096***	0.17	−0.230*	0.023	0.333*	0.333**	−0.253*
	(−2.61)	(8.96)	(0.93)	(−1.35)	(0.45)	(1.86)	(2.27)	(−1.01)
ln*id*	−0.567***	−0.303***	−0.145***	−0.026	0.066	0.065	−0.144	0.138
	(−2.97)	(−3.57)	(−2.75)	(−0.52)	(1.60)	(0.79)	(−1.38)	(0.74)
ln*yaosu*	0.262**	0.013	−0.088	0.171**	−0.075	0.027	−0.225***	0.104
	(2.25)	(0.26)	(−1.15)	(2.4)	(−0.98)	(0.27)	(−3.21)	(0.94)
ln*jc*	0.057	0.122***	−0.074***	0.044*	−0.005	−0.149***	−0.083***	0.038
	(0.7)	(3.34)	(−2.85)	(1.83)	(−0.19)	(−3.49)	(−2.78)	(0.76)
ln*if*	−0.097	1.135***	−0.119*	0.099	−0.194***	−0.099	−0.065	−0.17*
	(−0.36)	(9.64)	(−1.7)	(1.52)	(−8.09)	(−0.99)	(−1.28)	(−1.73)
ln*of*	0.103**	0.079***	0.022	−0.01	0.017	−0.044*	−0.031***	0.058**
	(2.05)	(3.52)	(1.52)	(−1.22)	(0.63)	(−1.98)	(−1.97)	(2.22)
ln*mk*	0.518***	0.565***	0.457***	−0.358***	0.507***	0.406***	−0.479***	−0.252***
	(5.53)	(13.62)	(10.7)	(−9.05)	(12.9)	(6.2)	(−17.1)	(−5.57)
ln*hl*	−0.009	0.015***	−0.004	0.005*	−0.003	0.004*	0.001	−0.003
	(−1.6)	(5.47)	(−1.35)	(1.78)	(−1.05)	(1.69)	(0.45)	(−0.91)
ln*jr*	−0.044	−0.048*	−0.059***	−0.032*	0.003	−0.009	−0.017	−0.001
	(−1.18)	(−2.92)	(−3.27)	(−1.92)	(0.12)	(−0.72)	(−1.52)	(−0.04)
_cons	10.027***	−12.09***	4.03***	1.867	−4.631***	−0.056	2.913**	4.967**
	(3.72)	(−10.11)	(2.86)	(1.42)	(−4.36)	(−0.03)	(2.26)	(2.16)
F 检验	0.000 0	0.16	0.12	0.001 4	0.000 0	0.000 0	0.000 0	0.000 0
BP 检验	0.000 0	0.198	0.21	0.000 0	0.000 0	0.000 0	0.000 0	0.000 0
Hausman 检验	0.245	—	—	0.747 4	0.431 9	0.001	0.545 3	0.975 6
$adj-R^2$	0.99	0.98	0.85	0.99	0.96	0.88	0.803	0.60

注：括号内为 *z* 值，***，**，* 分别表示在 1%，5%，10% 的显著性水平上显著。

由表4.2中第(1)列估计结果可知,东北地区出口结构的影响因素中,要素禀赋、技术创新、对外直接投资的流出、贸易开放度的系数是正号,除了技术创新,其余三个变量通过了显著性检验。东北地区的要素禀赋丰富有利于高科技产品出口的发展。即使对外直接投资的流出减少了资本量,东北地区原有的重工业优势仍能够促进出口的发展,而贸易开放本身就有利于出口。在其余系数为负的变量中,经济发展、产业结构显著,不利于出口的发展,这进一步说明东北地区的经济发展在全国处于尾部的现实,而且必然存在产业结构不合理的问题。

由表4.2中第(2)列估计结果可知,与东北地区出口结构的影响不同的是经济发展水平提高显著地有利于进口贸易。也就是说,一旦人均收入提高,就会拓展消费层次和质量。技术创新和对外直接投资的流入和流出都有利于高科技产品进口贸易的发展。无论从高校的数量还是人力资本的素质,在推动创新、吸收外资流入带来的效应、提高对外直接投资的质量方面具有潜力。另外,虽然东北地区第一产业比重在减少,但产业结构的不合理仍然会导致进口贸易发展缓慢。而且金融发展缓慢,水平较低,也阻碍了高科技进口贸易的发展。

由表4.2中第(3)列估计结果可知,产业结构、金融发展、技术创新、对外直接投资的流入、要素禀赋、汇率水平系数为负。其中,前四个通过了10%的显著性检验,说明中部地区存在产业结构不合理、金融发展缓慢、技术创新不足、对外投资流入没有效发挥作用等一系列问题,出口高科技商品缺乏竞争力。在余下的变量中,只有贸易开放度通过了1%的显著性检验,贸易开放有利于地区出口贸易的发展。

由表4.2中第(4)列估计结果可知,只有经济发展水平、产业结构和对外直接投资的流出、贸易开放和金融发展对中部地区进口贸易的影响为负。其中,经济发展和金融发展、贸易开放通过了显著性检验,而其余的影响因素中,要素禀赋、技术创新、汇率水平对进口贸易的影响是正的,说明贸易流向不同本来对出口不利的影响因素对于进口却是有利的。

由表4.2中第(5)列估计结果可知,经济发展水平、产业结构、对外直接投资的流出、金融发展和贸易开发度对东部地区的出口发展是有利的,尤其是贸易开放度的影响通过了1%的显著性检验。这说明东部地区产业结构发展合理、金融环境优越,对外直接投资的流出有利于国内产业结构调整,促进了东部的高科技产品的出口。其他因素中,只有FDI是显著的不利于出口的发展,可能的解释是FDI主要投向劳动密集型或资本密集型产业。近几年,出口品"量增价跌"的现象还在继续,东部非熟练劳动力供给的相对不足(如长三角、珠三角出现的"民工荒")使得劳动力价格不断上涨,但是其工资相对于生活成本而言并不高,使得他们心理上缺少自信心和自豪感。再加上这些外来务工人员缺乏努力工作的激励机制,从而减少了他们在东部地区"出力"和"用心"的程度。

由表4.2中第(6)列估计结果可知,技术创新、对外直接投资的流出和流入、金融发展对东部地区进口贸易的影响是负的,而且前两个因素更显著。可以看到技术创新对于东部地区进出口的影响都为负,而在其他地区进口中,都产生正的效应。也就是说,东部地区自身技术创新实力很强,但没有强到可以与欧美技术媲美的程度。因此,必然在出口上稍处于弱势地位,进口上发展替代进口功能。另外,更多的资金"走出去",到国外找市场,减少了国内可用的资金,自然影响进口贸易的发展。其他影响因素中,经济发展水平、贸易开放度和汇率水平都显著地拉动了进口贸易的发展。

由表4.2中第(7)列估计结果可知,只有经济发展水平显著地促进了西部地区出口贸易的发展,说明西部地区的经济发展仍处于上升阶段,很多东部地区的劳动密集型产业转移至那里,促进了出口的发展,其他因素中,要素禀赋、技术创新、对外直接投资的流出、贸易开放显著地影响了出口的发展,说明西部人均资本拥有少,技术发展缓慢,贸易开放水平不高。对外投资直接投资的流出可能促进了出口贸易,也可能替代了出口贸易,关键要看对外直接投资所引致的中间产品出口增长变化率。在西部对外直接投资的流出并没有引起相应中间品的出口,更别说高科技产品。外资流入的效应虽不明显,但系数也是负的,说明西部的基础环境建设还不能让外资充分的发挥知识传播等效应。

由表4.2中第(8)列估计结果可知,经济发展水平、对外直接投资的流入、贸易开放和汇率水平阻碍了高科技产品进口贸易的发展。其中,前三个变量影响显著,说明西部的经济发展水平没有发展到进口大量的高科技产品用于生产和消费的阶段。流入的外资没能进入到高科技产品相关的生产领域和行业,更不可能引进高技术产品进行再生产、创新,贸易开放度水平也有待提高。而对外直接投资的流出显著地促进了进口贸易,对外直接投资的流出,获得丰厚的回报后进口高科技产品到国内用于生产、消费。

(二)中国货物贸易外部区域结构演进的影响因素分析

表4.3中(1)~(6)列分别代表我国出口到欧洲主要国家的结构、我国自欧洲主要国家进口的结构、我国出口到美洲和大洋洲主要国家的结构、我国自美洲和大洋洲主要国家进口的结构、我国出口到亚洲主要国家的结构、我国自亚洲主要国家进口的结构等的影响因素检验结果。其中,(1),(3),(4),(5)列采用混合OLS模型,(2),(6)列采用了固定效应模型。计量检验的国内研究样本为1994—2013年间各国家和我国的数据资料。最终的面板数据集包含20个时间序列数据和24个截面数据,共计480个样本观察值,采用Stata10软件进行了计算。由表中各模型调整后的R^2及F值可知,总体来看,各模型拟合效果较好。

表 4.3 中国货物贸易外部区域结构演进的实证检验结果

	(1)	(2)	(3)	(4)	(5)	(6)
ln*gdp*	-0.511 2**	0.456 8***	-1.015 5**	-0.455 8	0.177 6	-0.300 1
	(-2.8)	(2.57)	(-2.23)	(-0.66)	(0.68)	(-1.31)
ln*id*	-0.047 3	-0.119 9	-1.159 1**	-1.814 7**	-0.129 8**	0.452 2*
	(-1.13)	(-0.90)	(-2.64)	(-2.72)	(-2.72)	(1.94)
ln*yaosu*	-0. 574 5***	-0.137 1	0.089 9	-0.018 4	0.061 2	-0.370 3
	(-3.24)	(-1.16)	(0.22)	(-0.03)	(0.28)	(-1.70)
ln*jc*	0.280 2***	0.338 1***	0.224 4**	-0.503 5***	-0.016 5	0.563 6***
	(10.75)	(4.61)	(2.17)	(-3.21)	(-0.12)	(5.22)
ln*if*	-0.112 3**	0.006 3*	-0.003 7*	0.045 1	-0.047 6	-0.087 7*
	(-2.29)	(0.25)	(-0.05)	(0.43)	(-0.84)	(-1.54)
ln*of*	-0.026 3	0.054 4**	-0.005 1	0.145 0	-0.047 8*	0.069 0**
	(-0.58)	(2.36)	(-0.04)	(0.71)	(-1.79)	(2.62)
ln*mk*	0.022 7***	0.036 1**	1.485 3***	3.420 0***	0.706 1**	0.857 7**
	(7.63)	(2.39)	(3.89)	(5.9)	(2.42)	(2.76)
ln*hl*	0.171 0***	0.000 5	0.107 2*	0.424 6	0.040 2	0.104 2
	(3.00)	(0.01)	(2.03)	(3.35)	(0.67)	(1.68)
ln*jr*	-0.341 7	0.066 5	-1.502 2*	3.635 4***	-0.806 3	1.371 6**
	(-0.72)	(0.22)	(-2.04)	(3.26)	(-1.38)	(2.47)
_cons	1.705 4***	-0.744 4**	-0.419 2	-2.684 3***	0.338 7	2.510 0***
	(5.54)	(-2.42)	(-0.48)	(-2.05)	(0.77)	(4.94)
F 检验	0.123 1	0.012 7	0.213 2	0.201 2	0.131 6	0.000 0
BP 检验	0.112 5	0.000 2	0.125 2	0.124 3	0.192 9	0.000 0
Hausman 检验	—	0.000 0	—	—	—	0.000 3
adj - R^2	0.81	0.62	0.98	0.96	0.991 4	0.82

注:括号内为 *z* 值,***,**,* 分别表示在 1%,5%,10% 的显著性水平上显著。

表 4.3 各行显示的结果如下。

经济发展水平的差距在(1),(2),(3)列中通过了显著性检验,但是系数符号不相同。经济发展水平的差距对我国与不同洲进出口作用不尽相同。由于欧洲主要国家与我国经济的差距,不利于我国产品的高科技产品出口到欧洲,但有利于从欧洲的进口。因为欧洲国家的产品以资本和高技术密集型为主，我国出口的商品以劳动密集型和资本密集型为主。而在亚洲的情况相反，有利于出口不利于进口，但效应不明显。因为我国的高科技产品对部分国家有吸引力。但是邻国日本、韩国的高科技产品出口对其余国家同样有吸引力。因此，经济发展差距的作用在亚洲不明显。而经济发展水平差距对美洲及大洋洲主要国家的作用在和其他洲表现不全相同，这种差距不利于我国的高科技产品出口，因为如美国、加拿大和澳大利亚都是发达国家，都对新奇的高科技产品有消费需求和潜力，而我国在这方面目前还不十分具有竞争力。另外，经济发展上的差距对我国的进口可能也是不利的，但作用不明显。

产业结构的差距在(3)～(6)列都通过了显著性检验，且(3)～(5)列的系数都为负。(1)列和(2)列的系数也为负，但不显著。以第一产业为指标的产业结构本身就是不利于高科技产品进口或出口的，而且中国与欧洲和美洲及大洋洲的主要国家在产业结构上相差大。但是在自亚洲主要国家进口高科技的比重却和这种产业结构差距正相关，合理的解释是亚洲很多国家和我国的产业结构差异小，而且运费低。这体现了产业结构的“原像”决定贸易结构的“镜像”。

要素禀赋的差距只在(3)列和(5)列中系数为正，但也没通过显著性检验。而在(1)列中通过了显著性检验，且系数符号为负。根据要素禀赋论，各国按照要素禀赋进行生产和交换。我国的要素禀赋和欧洲国家存在很大不同，因此，本应该是既有利于产品尤其是高科技产品的出口也有利于高科技产品的进口。但高科技产品是欧洲的强项，我国的高科技产品与之相比竞争力弱，因此就产生了不利影响，而且对出口的不利影响显著。而在美洲、大洋洲和亚洲，既有和我国经济发展差距不大的发展中国家，也有发达国家，这种要素禀赋上的差距就不会很明显，因此有利于高科技产品的出口，不利于高科技产品的进口，但影响都不显著。

技术创新差距除了对亚洲主要国家和地区出口不显著外，对其他国家都通过了显著性检验。对亚洲主要国家和地区的出口、自美洲和大洋洲主要国家的进口是负号。两国技术创新的差距增大有利于贸易的往来，产品生命周期理论和技术差距论都指出了这一点。但是，自美洲和大洋洲的进口，技术差距越大，对进口越不利。合理的解释是交易费用、运费都考虑进去后，实质并不利于进口。而对亚洲主要国家和地区的出口则可能是中国从亚洲区域内进口原材料，再以高科技产品形式出口，中国只赚到少量加工费，这从长远看不利于中国出口，但这个作用不明显。

对外直接投资的流入的差距只对(1)，(2)，(3)，(6)列的作用是显著的，而且(1)，(3)，(6)列符号为负。因为对于发达国家而言，外资流入目的是贸易替代，而我国引入外资的目的是与贸易互补的，更有利于贸易的发展。当对外直接投资的流入差距变大时，也就是其他国家的外资流入增加或者我国的外资流入减少时，则对我国的高科技产品出口是不利的，而对我国的高科技产品进口是有利的。自美洲和大洋洲国家的进口不如自欧洲国家的进口受此因素影响显著，因为美洲和大洋洲国家内部有墨西哥、巴西等发展中国家。在亚洲国家内部，除了日本、韩国、新加坡等少数发达地区外，大部分国家是发展中国家，对外直接投资流入差距加大对出口是不利的，但效果不明显，而对进口也不是有利的，但效果显著，可能是由于我国与东亚大部分国家经贸往来越来越密切，资金流入的差距带来的影响效果和程度就会不同。

对外直接投资的流出的差距对(1)，(3)，(5)列的系数是负的，(2)，(4)，(6)列的系数为正，对(2)，(5)，(6)列的影响是显著的。这说明我国与各洲的主要国家和地区投资流出的差距越大，对我国从那些国家进口越有利，对出口越不利。对外直接投资的流出差距变大一方面是对方的对外直接投资增加，另一方面就是我国的对外直接投资减少。如果是前者，则对外投资的增加可能降低已有的高技术产品价格，从而有利于我国的进口；如果是后者，我国的对外投资减少，则有更富余的资金进口国内需要的高科技产品。对我国出口的作用就相反。其中，自欧洲的进口和亚洲的进出口都表现得很显著。

贸易开放差距的变动对(1)～(6)列都产生了显著的有利影响。汇率水平的差距对(1)～(6)列的系数都是正的，并且对欧洲主要国家的出口和美洲、大洋洲主要国家的出口比重影响是显著的。汇率差距的扩大有利于我国出口贸易的发展。当汇率差距扩大时，高科技产品是缺乏价格弹性的商品，对汇率的变化不敏感，厂商又有很大程度的定价权，但是原材料的成本可以降低，因此有利于出口。而这种高科技产品对汇率的不敏感性在价格上反应的周期过长，短期内我国仍然会正常进口高科技产品。金融发展的差距除了(1)，(3)，(5)列外系数都是正的，而且在(3)，(4)，(6)列中都通过了显著性检验，这说明了金融发展差距越大，技术差距也就越大，贸易中的外部金融产品比例差距越高，越有利于我国自主要贸易伙伴国进口商品，而不利于我国向对方出口商品的增长。

三、中国货物贸易方式结构演进的影响因素分析

由于贸易方式结构的数据不具有面板数据特征，此处改用灰色关联分析法。灰色关联分析法来自于灰色系统理论。灰色系统能够利用时间序列确定微分方程的参数并作出预报，对某些大系统和长期预测问题可以发挥作用。灰色关联分析目的是定量地表征诸因素之间的关联度，是一种相对性的排序分析。如果两个因素在系统发展过程中相对变化基本一致，则认为两者关联度大；反之，则认为两者的关联度小。灰色关联分析理论具有要求样本少、运算方便、对更新快的样本数据有很强的针对性。

(一)指标说明

最能够反映系统行为特征的数列称为系统的映射量。根据式(4.7),要验证不同影响因素对中国出口方式结构和进口方式结构的影响,因此分别选取一般贸易占我国出口的比重(ge)、一般贸易占我国进口的比重(gi)作为映射量—主因素序列。其余指标作为对比行为序列,在选取时与前文保持一致。ge,gi 度量时间为1991—2012 年。数据来自《中国统计年鉴》。

(二)关联度计算

第一步,采用初值法进行指标的无量纲化处理。各指标有不同的计量单位,相应的原始数值存在量纲和数量级上的差异。因此,指标的无量纲化处理是必需的。初值法是常用的一种方法,即为了使数据更具可比性,增长趋势更加明显,用每一序列所有时刻的数值除以第一个时刻的数值,有

确定关联分析因子集 $X=[X_0,X_1,X_2,\cdots,X_m]$。其中,$X_0$ 为主因素序列,序列 X_j 代表相关因素行为,$X_j(t)$表示 j 序列第 t 个时刻的数值,有

$$\begin{aligned} X_0 &= [X_0(1),X_0(2),X_0(3),\cdots,X_0(n)] \\ X_1 &= [X_1(1),X_1(2),X_1(3),\cdots,X_1(n)] \\ &\cdots\cdots \\ X_j &= [X_j(1),X_j(2),X_j(3),\cdots,X_j(n)] \end{aligned} \tag{4.8}$$

$$X_j' = X_j(t)/X_j(1) = (X_j'(1),X_j'(2),X_j'(3),\cdots,X_j'(t)) \tag{4.9}$$

式中,$j=0,1,2,\cdots;m,t=1,2,\cdots,n$。经计算得到矩阵 $\boldsymbol{A}'$。

第二步,计算灰色关联系数,有

$$\xi_{0j}(t) = \frac{\Delta_{\min} + K\Delta_{\max}}{\Delta_{0j}(t) + K\Delta_{\max}} \tag{4.10}$$

式中,$\xi_{0j}(t)$为因素 X_j 对 X_0 在 t 时刻的关联系数;X_0 和它自身的相关系数为 1;$\Delta_{0j}(t)=|X_0(t)-X_j(t)|$;$\Delta_{\min}=\min\min\Delta_{0j}(t)$;$\Delta_{\max}=\max\max\Delta_{0j}(t)$;$K$ 为分辨系数,$K\in(0,1)$,K 通常取 0.5,用来削弱最大绝对差过大对关联系数产生的影响。求得差序列矩阵 $\boldsymbol{A}''$,在 $\boldsymbol{A}''$中找出最大值和最小值,经计算列出关联系数矩阵 $\boldsymbol{R}$。

第三步,计算关联度。

通过关联度的计算,解决了多而分散的关联系数很难分辨出各个因素的影响程度这个问题,可以分析哪些因素对主行为影响程度大,哪些因素影响程度小。X_j 对 X_0 的关联度的公式表达为

$$\gamma_{0j} = \frac{1}{n}\sum_{t=1}^{n}\xi_{0j}(t) \tag{4.11}$$

将上述得出的关联度大小进行排序,即可表明不同影响因素的影响程度。

(三)计算结果及说明

经过计算,gi 与前述九个影响因素的关联度分别为 0.967 3,0.997 9,0.933 4,

0.949 6,0.988 7,0.990 7,0.999 2,0.997 5,0.724 0。*ge* 与前述九个影响因素的关联度分别为0.966 9,0.998 7,0.933 2,0.949 3,0.988 2,0.990 6,0.998 8,0.997 1,0.724 1。

如表4.4所示,各影响因素对进口方式结构和出口方式结构的关联度排列顺序一致,而且数值几乎相等。贸易开放度、产业结构和汇率水平是影响进出口方式结构的最重要的三个因素,贸易开放度通过直接放开或管制贸易,进而影响不同贸易方式的比例。产业结构中对于不同类商品生产的安排,比如增加资本品的生产,减少中间品的进口,就会影响加工贸易的发展。人民币实际汇率的升值和贬值通过中间品进口投入、原材料成本、劳动力价格等的需求和供给弹性对贸易方式结构也产生重要影响。

表4.4　中国货物贸易方式结构影响因素的灰色关联度及排序

指标	进口方式结构		出口方式结构	
	灰色关联度	排序	灰色关联度	排序
经济发展水平	0.967 3	6	0.966 9	6
产业结构	0.997 9	2	0.998 7	2
要素禀赋	0.933 4	8	0.933 2	8
技术创新	0.949 6	7	0.949 3	7
对外直接投资的流入	0.988 7	5	0.988 2	5
对外直接投资的流出	0.990 7	4	0.990 6	4
贸易开放度	0.999 2	1	0.998 8	1
汇率水平	0.997 5	3	0.997 1	3
金融发展	0.724 0	9	0.724 1	9

对外直接投资的流出和流入排在第四、第五位,而且它们的关联度和前三位的关联度相差不大。对外直接投资的流入会加快加工贸易的发展,流出又会不利于一般贸易的发展。经济发展水平的作用不及前五项,可能是它对贸易方式结构作用的大小不及对商品结构那么直接。技术创新和要素禀赋的关联度稍微弱些,金融发展排在最后,技术创新是一个过程,要素禀赋的改变也不是一蹴而就的,两者对贸易方式的影响存在时滞。金融发展这里以资本市场值作为对比数列,指标上选择不全面造成了实际关联度值较低。但金融发展不会像贸易开放度、产业结构或汇率水平那样重要。

第五章　中国货物贸易结构演进的指数测度

第一节　中国货物贸易商品结构演进的指数测度

在对中国货物贸易结构演进进行测度的过程中,采用按 SITC 分类法、按要素密集度分类法和按技术含量分类法对货物贸易商品结构进行以下三方面的测度:首先,对商品的竞争力和比较优势的变化做出测度,基于不同产品比较优势的变化,贸易商品结构也发生着变化;其次,结合相关指数测度贸易商品结构变化的幅度和优化的情况;最后,利用出口相似度指数比较中日、中美、中德的出口结构相似程度的高低。

一、商品竞争力和比较优势的测度

(一)商品竞争力和比较优势的测度方法

最常见的用来测度商品竞争力和比较优势变化的是贸易竞争力指数(TC)、显示性比较优势指数(RCA)、对称性显示性比较优势指数(RSCA)和 Michaely 指数(MI 指数)等。

1. 贸易竞争力指数(TC)

贸易竞争力指数也称为贸易专业化指数,是用于测度某类产品或某行业国际竞争力的非常重要的指标。从内涵上看,它是指某一类贸易品或行业的贸易净出口额与其贸易总额的比重,其公式为

$$TC_p = \frac{X_p - M_p}{X_p + M_p} \tag{5.1}$$

TC_p 即 p 类产品的贸易竞争力指数,X_p 和 M_p 分别是 p 类产品的出口额和进口额。TC_p 的取值范围是$[-1,1]$。当 $TC_p<0$ 时,p 类贸易品的出口竞争力较弱,当 $TC_p=-1$ 时,p 类贸易品的国际竞争力最弱,没有出口只有进口;当 $TC_p>0$ 时,p 类贸易品有一定的国际竞争力,当 $TC_p=1$ 时,p 类贸易品只有出口没有进口,其国际竞争力最强;当 $TC_p=0$ 时,此类商品的进出口贸易额相等,属于商品品种的交换。

2. Michaely 指数(MI 指数)

Michaely 指数也即“Michaely 贸易波动指数”,测量了贸易波动的程度,从某种贸易品相对进口出口比重变动大小的角度衡量了产品的国际竞争力。用公式表示为

$$MI_{jp} = \frac{X_{jp}}{\sum_{p=1}^{m} X_{jp}} - \frac{M_{jp}}{\sum_{p=1}^{m} M_{jp}} \tag{5.2}$$

式中,MI_{jp}是国家j在商品p上的 Michaely 指数。X_{jp},M_{jp}分别是j国p商品的出口值和进口值,$\sum_{p=1}^{m} X_{jp}$表示j国的出口总额,$\sum_{p=1}^{m} M_{jp}$表示j国的进口总额。MI_{jp}的取值范围在$[-1,1]$之间。当$MI_{jp}>0$时,表示贸易品p具有比较优势;而$MI_{jp}<0$时则表示贸易品p具有比较劣势。

3. 显示性比较优势指数(RCA)和对称性显示性比较优势指数(RSCA)

显示性比较优势指数(RCA)被用来表示具体的一类商品在某国总出口的份额相对于该类商品所占世界总出口份额的比重,其公式为

$$RCA_{jp} = \frac{X_{jp}/X_{tj}}{X_{wp}/X_{tw}} \tag{5.3}$$

RCA_{jp}即j国p贸易品的显示性比较优势指数。X_{jp}表示国家j出口商品p的出口值,X_{tj}表示国家j的总出口值,X_{wp}中的下标w表示世界。通常来说,当RCA_{jp}的值大于2.5时,表明贸易品p有很强的国际竞争力;当RCA_{jp}在1.25~2.5之间时,表明贸易品p的国际竞争力较强;当RCA_{jp}的值位于0.8~1.25之间,则说明j国贸易品p的国际竞争力不强;当RCA_{jp}小于0.8时,也就是j国贸易品p的国际竞争力比较弱。RCA 指数应用非常广泛,但其两端的取值范围非常不对称。当j国p产品具有比较优势时,RCA_{jp}的取值范围为$[1,+\infty)$,而当其缺乏比较优势时,其取值范围为$(0,1)$。对于此问题,Dalum 等设计了对称性显示性比较优势指数(简称 RSCA),其公式为

$$RSCA_{jp} = \frac{RCA_{jp}-1}{RCA_{jp}+1}, \quad -1 \leqslant RSCA \leqslant 1 \tag{5.4}$$

$RSCA_{jp}$取值范围在$[-1,1]$之间。当$RSCA_{jp}$取值在$(0,1]$间时,贸易品p具有比较优势,而当$RSCA_{jp}$取值在$[-1,0]$时,则贸易品p没有比较优势。

由于这两个指数对中间要素的投入没有能够关注,只适用于贸易品的产业间和产业内贸易,而更强调中间品的产品内贸易,这两个指标的使用会带来非常不精确的结果。

(二)商品竞争力和比较优势的指数计算

1. SITC 分类下的商品竞争力和比较优势的指数计算

(1)各类商品贸易的 TC 指数和 MI 指数

如表5.1中数据所示,1980年时,有六大类商品的 TC 指数小于0,最高值为

SITC3,到了 2013 年,还是有六大类商品的 TC 指数小于 0,发生变化的有 SITC1,SITC3,SITC6 和 SITC7。其中,SITC0,SITC1,SITC2,SITC3,SITC4 和 SITC9 的竞争力在减弱,SITC6 ~ SITC8 的竞争力在增强。

表 5.1　1980—2013 年主要年份 SITC0 ~ SITC9 类商品的 TC 指数

年份	SITC0	SITC1	SITC2	SITC3	SITC4	SITC5	SITC6	SITC7	SITC8	SITC9
1980	0.98%	36.84%	-35.00%	90.94%	-59.87%	-44.40%	-1.90%	-71.72%	67.91%	-23.48%
1985	42.01%	-32.48%	-9.90%	95.29%	5.06%	-53.39%	-45.18%	-90.92%	29.40%	16.33%
1990	32.92%	37.07%	-7.46%	60.92%	-71.83%	-28.12%	17.08%	-50.18%	71.56%	12.78%
1995	23.76%	55.33%	-39.80%	1.96%	-70.32%	-31.09%	5.68%	-25.27%	73.69%	-98.28%
2000	44.15%	34.36%	-63.52%	-44.86%	-78.77%	-42.81%	0.88%	-5.35%	74.25%	-76.41%
2005	41.08%	20.35%	-80.74%	-56.79%	-85.27%	-36.97%	22.81%	9.61%	52.27%	-11.12%
2010	31.22%	-12.04%	-89.63%	-75.27%	-92.19%	-26.18%	30.98%	17.36%	53.76%	-85.25%
2011	27.40%	-23.64%	-90.01%	-79.05%	-90.96%	-22.41%	36.02%	17.70%	56.49%	-90.96%
2012	19.25%	-25.93%	-89.90%	-81.98%	-91.68%	-22.44%	39.07%	19.26%	59.38%	-95.96%
2013	14.41%	-26.70%	-90.91%	-80.66%	-89.17%	-22.60%	42.25%	18.82%	60.76%	-96.67%

数据来源:根据 1996—2014 年《中国统计年鉴》数据整理计算而得。

从表 5.2 的 MI 指数的数据看,1980 年有五类商品的指数小于 0,指数值最高的是 SITC3。到了 2013 年,有六类商品的指数小于 0,指数值最高的为 SITC8。变化较明显的有 SITC1,SITC3,SITC7,比较优势在增强的是 SITC6 ~ SITC8,其余商品的竞争力都呈下降趋势。

表 5.2　1980—2013 年主要年份 SITC0 ~ SITC9 类商品的 MI 指数

年份	SITC0	SITC1	SITC2	SITC3	SITC4	SITC5	SITC6	SITC7	SITC8	SITC9
1980	1.85%	0.25%	-8.31%	22.61%	-0.86%	-8.35%	1.32%	-20.92%	12.94%	-0.53%
1985	10.23%	-0.10%	2.04%	25.67%	0.20%	-5.61%	-11.73%	-35.61%	8.24%	6.67%
1990	4.39%	0.26%	-2.00%	6.05%	-1.58%	-6.45%	3.56%	-22.58%	16.49%	1.87%
1995	2.05%	0.62%	-4.75%	-0.30%	-1.67%	-6.98%	-0.11%	-18.75%	30.41%	-0.52%
2000	2.81%	0.14%	-7.10%	-6.02%	-0.39%	-8.57%	-1.50%	-7.70%	28.96%	-0.65%
2005	1.53%	0.04%	-9.66%	-7.38%	-0.48%	-7.08%	4.65%	2.21%	16.26%	-0.09%
2010	1.06%	-0.05%	-14.46%	-11.85%	-0.60%	-5.17%	6.39%	10.10%	15.80%	-1.23%
2011	1.01%	-0.09%	-15.55%	-14.12%	-0.61%	-4.34%	8.21%	11.34%	16.87%	-2.72%
2012	0.60%	-0.12%	-14.13%	-15.70%	-0.66%	-4.32%	8.23%	11.16%	18.64%	-3.71%
2013	0.38%	-0.11%	-14.06%	-14.71%	-0.54%	-4.20%	8.94%	10.64%	18.94%	-5.29%

数据来源:根据 1996—2014 年《中国统计年鉴》数据整理计算而得。

(2)各类商品出口的 RCA 及 RSCA 指数

如表 5.3 中数据所示,在 1980 年有五类商品不具竞争力,分别为 SITC1,SITC4,SITC5,SITC7,SITC9,在接下来的三十多年中,SITC0 ~ SITC5 及 SITC9 的 RCA 值都越来越小,变得具有比较劣势,而 SITC6,SITC7 具有较强的比较优势,SITC8 具有极强的比较优势。

表 5.3 1980—2013 年主要年份 SITC0 ~ SITC9 类商品出口的 RCA 指数

年份	SITC0	SITC1	SITC2	SITC3	SITC4	SITC5	SITC6	SITC7	SITC8	SITC9
1980	1.85%	0.42%	1.48%	1.46%	0.54%	0.77%	1.24%	0.16%	1.80%	0.39%
1985	1.66%	0.36%	1.79%	1.96%	0.65%	0.57%	1.03%	0.08%	1.28%	5.49%
1990	1.41%	0.45%	1.23%	1.01%	0.64%	0.66%	1.22%	0.24%	1.64%	8.29%
1995	0.93%	0.80%	0.73%	0.62%	0.56%	0.64%	1.33%	0.53%	2.91%	0.00%
2000	0.93%	0.33%	0.59%	0.31%	0.15%	0.55%	1.25%	0.81%	2.84%	0.02%
2005	0.57%	0.19%	0.31%	0.19%	0.09%	0.45%	1.22%	1.21%	2.22%	0.05%
2010	0.45%	0.15%	0.18%	0.12%	0.04%	0.51%	1.21%	1.44%	2.18%	0.02%
2011	0.46%	0.16%	0.18%	0.11%	0.04%	0.57%	1.28%	1.46%	2.26%	0.02%
2012	0.42%	0.16%	0.17%	0.10%	0.04%	0.52%	1.29%	1.41%	2.33%	0.01%
2013	0.40%	0.14%	0.15%	0.11%	0.05%	0.47%	1.29%	1.40%	2.31%	0.02%

数据来源:中国的数据根据 1996—2014 年《中国统计年鉴》整理而得,世界的数据根据 http://comtrade.un.org/db/整理而得。

进一步,由表 5.4 的 RSCA 数据显示,在 1980 年,SITC0,SITC2,SITC3,SITC6 和 SITC8 是具有比较优势的商品大类。但是到了 2013 年,只有 SITC6 ~ SITC8 具有比较优势,其余大类产品表现出了比较劣势。这和前面 TC 指数及 MI 指数测算结果一致。

表 5.4 1980—2013 年主要年份 SITC0 ~ SITC9 类商品出口的 RSCA 指数

年份	SITC0	SITC1	SITC2	SITC3	SITC4	SITC5	SITC6	SITC7	SITC8	SITC9
1980	0.30%	-0.40%	0.19%	0.19%	-0.30%	-0.13%	0.11%	-0.73%	0.29%	-0.44%
1985	0.25%	-0.47%	0.28%	0.32%	-0.21%	-0.27%	0.01%	-0.85%	0.12%	0.69%
1990	0.17%	-0.38%	0.10%	0.01%	-0.22%	-0.20%	0.10%	-0.61%	0.24%	0.78%
1995	-0.04%	-0.11%	-0.16%	-0.23%	-0.28%	-0.22%	0.14%	-0.30%	0.49%	-1.00%
2000	-0.04%	-0.50%	-0.26%	-0.53%	-0.74%	-0.29%	0.11%	-0.11%	0.48%	-0.96%

表 5.4(续)

年份	SITC0	SITC1	SITC2	SITC3	SITC4	SITC5	SITC6	SITC7	SITC8	SITC9
2005	-0.28%	-0.68%	-0.53%	-0.69%	-0.83%	-0.38%	0.10%	0.10%	0.38%	-0.90%
2010	-0.38%	-0.73%	-0.69%	-0.79%	-0.92%	-0.33%	0.09%	0.18%	0.37%	-0.97%
2011	-0.37%	-0.73%	-0.69%	-0.81%	-0.91%	-0.28%	0.12%	0.19%	0.39%	-0.95%
2012	-0.41%	-0.72%	-0.71%	-0.82%	-0.92%	-0.32%	0.13%	0.17%	0.40%	-0.97%
2013	-0.43%	-0.75%	-0.74%	-0.81%	-0.91%	-0.36%	0.13%	0.17%	0.40%	-0.96%

数据来源:中国的数据根据 1996—2014 年《中国统计年鉴》整理而得,世界的数据根据 http://comtrade.un.org/db/整理而得。

2. 按要素密集度分类的商品竞争力和比较优势的指数计算

(1)各类商品贸易的 TC 指数和 MI 指数

如图 5.1 所示,自然资源密集型产品在大多数时期的 TC 指数小于 0,而且向 -1 靠近,说明这类产品的出口竞争力越来越弱;而非熟练劳动密集型和人力资本密集型产品竞争力越来越强,指数一直在提高,非熟练劳动密集型产品一直是我国具有比较优势的产品,人力资本密集型产品竞争力提高更快,从 2005 年以来,实现了贸易盈余;资本密集型产品的竞争力则起伏较大,1992—1998 年竞争力提升,1999—2003 年稍有下降,2004—2008 年回复较快,2008 年后竞争力提高缓慢,明显表现出易受国际环境影响。自然资源密集型产品的竞争力下降和人力资本密集型及非熟练劳动密集型产品竞争力提升显示出了我国贸易结构趋向优化。

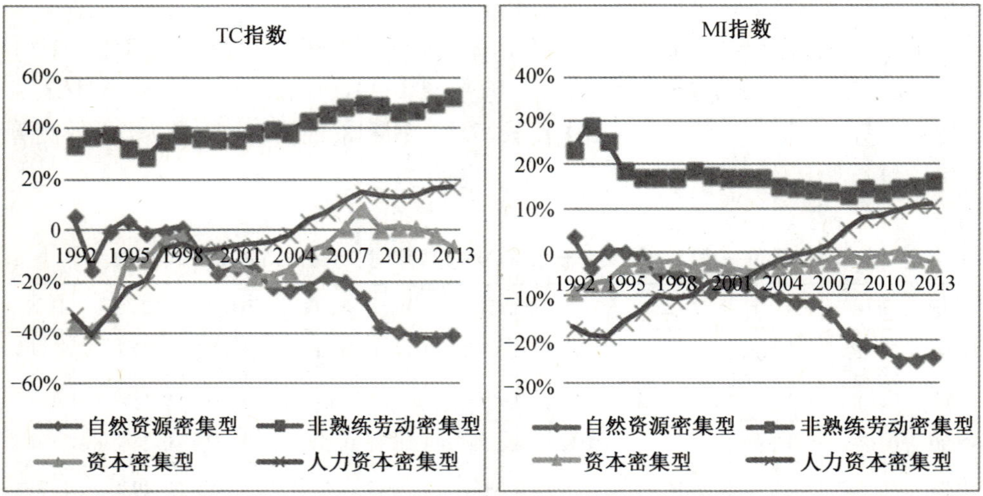

数据来源：根据1993－2014年《中国统计年鉴》数据整理计算而得。

图 5.1 1992—2013 年各类商品贸易的 TC 指数和 MI 指数

非熟练劳动密集型产品和人力资源密集型产品的 MI 指数是大于 0 的，这两类商品具有比较优势，而且这种优势变化越来越明显。而自然资源密集型产品和资本密集型产品的 MI 指数是小于 0 的，具有比较劣势，其中资本密集型产品比较劣势越来越小，自然资源密集型产品比较劣势越来越大，和 TC 指数测算的结果一致。

(2)各类商品出口的 RCA 及 RSCA 指数

由图 5.2 所示，从 RCA 及 RSCA 指数变化情况看，只有人力资本密集型出口品的比较优势在增强，其余出口品的都在下降。但是，非熟练劳动密集型出口品的 RCA 指数值是高于 1.25 的，RSCA 指数也是大于 0 的，所以仍具有较强的国际竞争力。具体来看，自然资源密集型出口品的 RCA 指数几乎是一直下降，从 1992 年的 0.91 下降到 2012 年的 0.4，而其 RSCA 指数从 1992 年的 -0.05 下降到 2012 年的 -0.43；非熟练劳动密集型出口品的 RCA 指数由 1992 年的 3.38 下降到 2012 年的 1.99，而其 RSCA 指数从 1992 年的 0.54 下降到 2012 年的 0.43，下降幅度很大；资本密集型商品 RCA 指数起伏不定，2011 年达到最高值 0.97，其余时段值都小于 0.8，表现出较弱的比较优势，其 RSCA 指数从 1992 年的 -0.48 上升到 2012 年的 -0.31，仍不具有国际竞争力，而人力资本密集型商品的 RCA 在 1992—1997 年间是小于 0.8 的，RSCA 指数也为负，比较优势较弱。RCA 在 1998—2002 年间介于 0.8 ~ 1.25 之间，有中度的比较优势，RSCA 指数值也由负变正，开始具有竞争优势。到 2012 年，RCA 值达到了 1.64，约是 1995 年的 3 倍，RSCA 值由 1992 年的 -0.28 变为 2012 年的 0.24，人力资本密集型商品具有了较强的比较优势和国家竞争力。

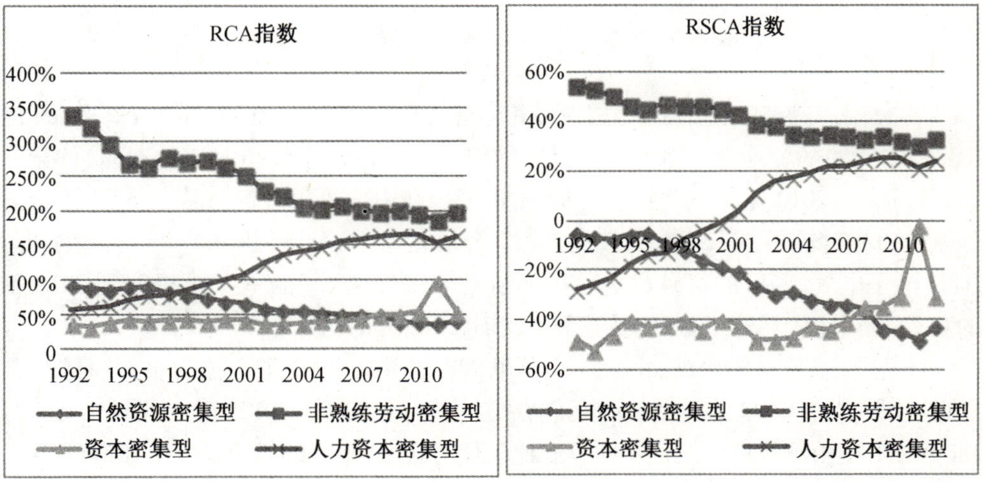

数据来源：中国的数据根据1993－2013年《中国统计年鉴》数据整理计算而得，世界的数据根据 http://unctadstat.unctad.org整理而得。

图 5.2　1992—2012 年各类商品出口的 RCA 及 RSCA 指数

3. 按技术含量分类的商品竞争力和比较优势的指数计算

(1)各类商品贸易的 TC 指数和 MI 指数

首先,如图 5.3 所示,从五大类型商品看,初级产品和资源密集型商品的贸易竞争力下降,其 TC 指数小于 0,而且越来越接近 -1,而其他类型商品的竞争力都在提升,低技术含量商品的贸易竞争力指数由 2000 年的 0.55 增加到 2012 年的 0.77,增强了竞争力。中等技术含量商品的贸易竞争力指数由 2000 年的 -12.09 上升到 2012 年的 0.14,高技术含量商品的贸易竞争力指数由 2000 年的 -6.12 上升到 2012 年的 0.15,实现了由不具有贸易竞争优势到具有一定的竞争优势。

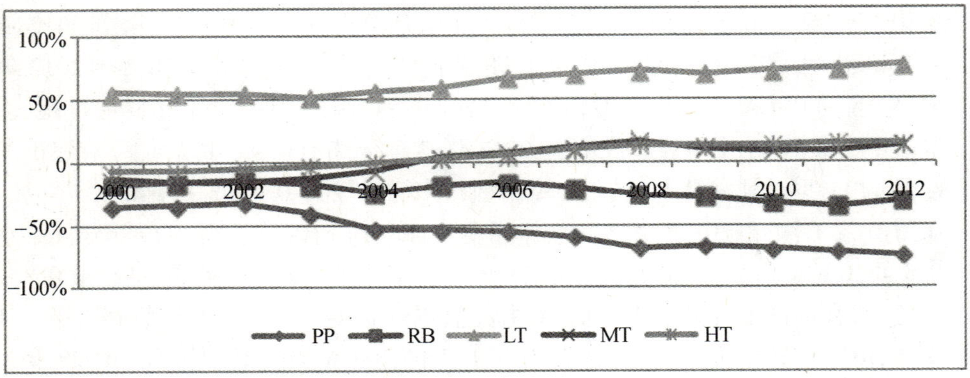

数据来源:根据http://unctadstat.unctad.org数据整理计算而得。

图 5.3 按技术含量分五大类贸易品的 TC 指数

其次,由表 5.5 可见,从小类来看,资源密集型商品中的 RB2(其他资源产品)比 RB1(农产品)的贸易竞争力更弱。LT1(纺织、服装和鞋类)和 LT2(其他产品)的竞争力都较强,到 2012 年分别达到了 0.82 和 0.73。在中技术含量贸易品中,MT1(汽车)的竞争力相对较弱,MT2(加工产品)竞争力缓慢上升,MT3(机械)较具有竞争力。HT1(电子电气产品)的贸易竞争力在不断上升,由 2000 年的 -4.81 提升到 2012 年的 0.22,而 HT2(其他产品)贸易竞争力较弱,2012 年时为 -0.25。

首先,从商品大类来看,由表 5.6 可见,PP 和 RB 的 MI 指数值为负,并且向 -1 靠近,比较劣势增加。LT 保持了很强的比较优势,在 2000—2012 年间无明显的变动。MT 和 HT 则由不具有比较优势向具有比较优势转变,转变的年份都发生在 2008 年。

表 5.5　按技术含量分十小类贸易品的 TC 指数

年份	PP	RB1	RB2	LT1	LT2	MT1	MT2	MT3	HT1	HT2
2000	-34.36%	-11.89%	-20.55%	62.67%	47.1%	3.07%	-26.92%	-5.05%	-4.81%	-16.63%
2001	-33.34%	-7.63%	-21.16%	63.09%	45.7%	-4.34%	-30.53%	-7.76%	-2.01%	-37.89%
2002	-31.69%	-6.08%	-17.77%	65.51%	43.07%	-12.3%	-33.35%	-5.68%	0.71%	-43.77%
2003	-39.59%	-5.66%	-23.46%	69.16%	34.19%	-24.97%	-25.17%	-4.9%	4.24%	-47.77%
2004	-52.47%	-0.02%	-34.94%	71.05%	41.72%	-11.08%	-13.4%	-2.5%	8.21%	-48.52%
2005	-53.78%	8.73%	-29.35%	74.49%	45.68%	9.08%	-9.85%	9.71%	11.48%	-43.11%
2006	-53.88%	14.01%	-28.47%	77.08%	57.14%	8.18%	-7.47%	14.09%	14.23%	-43.7%
2007	-58.55%	12.32%	-33.1%	79.63%	62.11%	13.98%	-3.62%	18.22%	17.98%	-35.23%
2008	-67.61%	7.71%	-36.07%	81.44%	65.08%	14.58%	1.66%	23.08%	21.8%	-30.71%
2009	-65.95%	6.62%	-38.7%	81.95%	59.3%	-5.38%	-18.68%	23.81%	20.51%	-28.53%
2010	-68.66%	1.94%	-42.62%	81.98%	63.49%	-16.92%	-7.71%	20.94%	21.56%	-28.71%
2011	-70.75%	-0.28%	-45.42%	82.87%	67.03%	-18.04%	-0.3%	20%	22.62%	-27.28%
2012	-73.76%	3.25%	-40.82%	82.49%	72.73%	-16.26%	1.37%	26.95%	22.01%	-25.07%

数据来源：根据 http://comtrade.un.org/db/数据整理计算而得。

其次，从小类看，由表 5.6 可见，MT3 和 HT1 的 MI 值实现由负变正，而且连续增长。LT2 的 MI 指数增长也较快，始终保持了比较优势，而 LT1 的 MI 指数在下降，但仍具有一定的比较优势。MT1，MT2 和 HT2 则不具有比较优势。

总体看，高技术含量中的电子电气产品和低技术含量中的其他产品及机械类产品的出口比重相对于进口是在增加的，而初级产品和资源密集型产品的越来越不具有比较优势。

(2)各类商品出口贸易的 RCA 及 RSCA 指数

首先，如图 5.4 可知，从五大类商品来看，PP(初级产品)和 RB(资源密集型商品)的 RCA 在各个年份均小于 0.8，而且有不断下降的趋势，国际竞争力很弱；LT(低技术含量商品)的 RCA 虽然近年来有所下降，但国际金融危机后又慢慢提升，表现出很强的国际竞争力；HT(高技术含量商品)的 RCA 指数上升较快，到 2012 年值是 2.07，也表现出很强的国际竞争力；MT(中等技术含量商品)的 RCA 指数一直缓慢上升，2009 年以来大于 0.8，表现出较强的国际竞争力。

其次，五大类商品的 RSCA 指数和 RCA 指数计算的结果几乎一致。LT 和 HT 都具有比较优势，LT 的比较优势要稍强，但不如 HT 增长的快。MT 虽然 RSCA 指数一直在增长，但仍处于比较劣势，这和 RCA 指数计算结果不一致，合理的解释是虽然 MT 一直在发展有一定的竞争力，但比较优势很弱。PP 和 RB 都表现出不断恶化的比较劣势。

表 5.6　按技术含量分类出口品的 MI 指数

年份	PP	RB1	RB2	RB	LT1	LT2	LT	MT1	MT2	MT3	MT	HT1	HT2	HT
2000	-8.8%	-1.71%	-3.43%	- 5.1%	18.05%	10.32%	28.41%	-0.10%	-5.2%	-2.87%	-8.22%	-5.18%	-1.40%	-6.56%
2001	-6.98%	-1.15%	-3.47%	-4.61%	17.83%	9.82%	27.66%	-0.34%	-5.17%	-3.58%	-9.06%	-3.58%	-3.07%	-6.67%
2002	-6.22%	-1.04%	-2.88%	-3.93%	17.12%	9.11%	26.19%	-0.74%	-5.39%	-3.33%	-9.48%	-2.98%	-3.7%	-6.72%
2003	-7.29%	-0.72%	-3.41%	-4.11%	16.59%	7.03%	23.57%	-1.38%	-3.73%	-2.55%	-7.66%	0.07%	-4.62%	-4.6%
2004	-9.98%	-0.27%	-5.5%	-5.78%	14.94%	8.32%	23.3%	-0.66%	-2.25%	-1.82%	-4.73%	2.51%	-5.32%	-2.79%
2005	-11.3%	0	-5.69%	-5.69%	14.27%	8.44%	22.71%	0.01%	-2.25%	0.24%	-1.96%	1.7%	-5.48%	-3.76%
2006	-12.5%	0.13%	-5.9%	-5.75%	14.09%	10.22%	24.31%	-0.17%	-2.12%	0.57%	-1.69%	1.53%	-5.93%	-4.43%
2007	-13.6%	-0.12%	-7.52%	-7.6%	13.6%	11.52%	25.12%	-0.01%	-1.98%	1.13%	-0.84%	2.42%	-5.29%	-2.91%
2008	-17.5%	-0.35%	-9.63%	-9.99%	13.04%	12.64%	25.68%	0.06%	-1.22%	2.71%	1.5%	4.94%	-4.49%	0.48%
2009	-15.9%	-0.32%	-9.17%	-9.49%	14.09%	10.17%	24.26%	-0.91%	-2.89%	3.56%	-0.2%	5.48%	-4.15%	1.34%
2010	-17.1%	-0.51%	-10.2%	-10.7%	13.6%	10.9%	24.5%	-1.67%	-1.76%	3.1%	-0.33%	7.07%	-3.94%	3.16%
2011	-18.9%	-0.61%	-11.6%	-12.2%	13.8%	12.37%	26.17%	-1.78%	-0.92%	3.18%	0.51%	7.94%	-3.36%	4.56%
2012	-21.1%	-0.54%	-10.1%	-10.6%	13.24%	14.15%	27.39%	-1.93%	-0.93%	4.09%	1.24%	6.29%	-3.59%	2.7%

数据来源：根据 http://comtrade.un.org/db/数据整理计算而得。

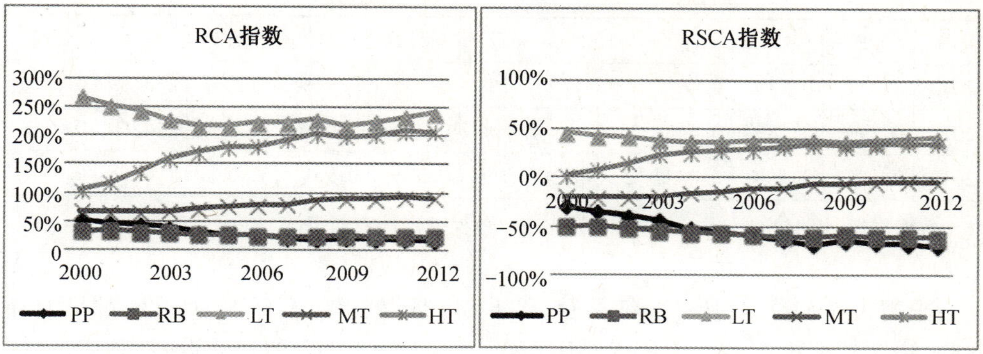

数据来源：根据http://unctadstat.unctad.org数据整理计算而得。

图 5.4 按技术含量分类五大类出口品的 RCA 及 RSCA 指数

根据表 5.7 的数据，从小类商品上看，LT1（纺织、服装和鞋类）在所有年份里的 RCA 均大于 2.5，表现出极强的国际竞争力，HT1（电子电气产品）紧随其后，RCA 指数由 2000 年的 1.14 上涨到 2012 年的 2.42，表现出很强的国际竞争力，LT2（其他低技术含量产品）RCA 指数上涨缓慢，但也表现出很强的国际竞争力，MT3（机械产品）RCA 指数上涨较快，到 2012 年值是 1.22，竞争力较强，MT1（汽车产品）由 2000 年的 0.18 上涨到 2012 年的 0.37，上涨幅度大，但竞争力仍然很弱，HT2（其他高技术含量产品）竞争力也在提高，其他产品（RB，MT2）的国际竞争力都在下降，但是高于 MT1。

表 5.7 按技术含量分十小类出口品的 RCA 指数

年份	PP	RB1	RB2	LT1	LT2	MT1	MT2	MT3	HT1	HT2
2000	0.54%	0.64%	0.61%	3.77%	1.9%	0.18%	1.19%	0.85%	1.14%	0.59%
2001	0.48%	0.62%	0.63%	3.55%	1.78%	0.18%	1.05%	0.88%	1.35%	0.48%
2002	0.44%	0.58%	0.59%	3.39%	1.76%	0.17%	0.92%	0.92%	1.58%	0.46%
2003	0.4%	0.53%	0.57%	3.26%	1.62%	0.18%	0.97%	0.95%	1.85%	0.56%
2004	0.32%	0.53%	0.51%	3.13%	1.59%	0.2%	1.1%	0.97%	1.98%	0.63%
2005	0.28%	0.55%	0.5%	3.16%	1.62%	0.23%	1.06%	1.02%	2.06%	0.71%
2006	0.26%	0.59%	0.47%	3.23%	1.67%	0.26%	1%	1.05%	2.09%	0.67%
2007	0.22%	0.57%	0.46%	3.18%	1.72%	0.3%	1%	1.05%	2.25%	0.76%
2008	0.18%	0.54%	0.49%	3.27%	1.82%	0.34%	0.94%	1.16%	2.38%	0.81%
2009	0.21%	0.51%	0.49%	3.18%	1.62%	0.33%	0.77%	1.23%	2.3%	0.82%

表 5.7(续)

年份	PP	RB1	RB2	LT1	LT2	MT1	MT2	MT3	HT1	HT2
2010	0.2%	0.53%	0.46%	3.2%	1.7%	0.33%	0.91%	1.23%	2.31%	0.87%
2011	0.19%	0.58%	0.44%	3.25%	1.84%	0.36%	1.02%	1.23%	2.42%	0.86%
2012	0.17%	0.58%	0.43%	3.19%	1.99%	0.37%	0.95%	1.22%	2.42%	0.87%

数据来源:根据 http://comtrade.un.org/db/数据整理计算而得。

根据表 5.8 数据,从商品细类看,MT1 和 HT2 的 RSCA 指数为负,但都呈上升趋势,说明这两类产品的比较优势还不强,竞争力弱,MT2 的指数近两年也呈现负数。其他商品的 RSCA 变化和 RCA 几乎一致。

表 5.8　按技术含量分类十小类出口品的 RSCA 指数

年份	PP	RB1	RB2	LT1	LT2	MT1	MT2	MT3	HT1	HT2
2000	-0.30%	-0.22%	-0.24%	0.58%	0.31%	-0.69%	0.09%	-0.08%	0.07%	-0.26%
2001	-0.35%	-0.23%	-0.23%	0.56%	0.28%	-0.69%	0.02%	-0.06%	0.15%	-0.35%
2002	-0.39%	-0.27%	-0.26%	0.54%	0.28%	-0.71%	-0.04%	-0.04%	0.22%	-0.37%
2003	-0.43%	-0.31%	-0.27%	0.53%	0.24%	-0.69%	-0.02%	-0.03%	0.30%	-0.28%
2004	-0.52%	-0.31%	-0.32%	0.52%	0.23%	-0.67%	0.05%	-0.02%	0.33%	-0.23%
2005	-0.56%	-0.29%	-0.33%	0.52%	0.24%	-0.63%	0.03%	0.01%	0.35%	-0.17%
2006	-0.59%	-0.26%	-0.36%	0.53%	0.25%	-0.59%	0.01%	0.02%	0.35%	-0.20%
2007	-0.64%	-0.27%	-0.37%	0.52%	0.26%	-0.54%	0.01%	0.02%	0.38%	-0.14%
2008	-0.69%	-0.30%	-0.34%	0.53%	0.29%	-0.49%	-0.03%	0.07%	0.41%	-0.10%
2009	-0.65%	-0.32%	-0.34%	0.52%	0.24%	-0.50%	-0.13%	0.10%	0.39%	-0.10%
2010	-0.67%	-0.31%	-0.37%	0.52%	0.26%	-0.50%	-0.05%	0.10%	0.40%	-0.07%
2011	-0.68%	-0.27%	-0.39%	0.53%	0.30%	-0.47%	0.01%	0.10%	0.42%	-0.08%
2012	-0.71%	-0.27%	-0.40%	0.52%	0.33%	-0.46%	-0.03%	0.10%	0.42%	-0.07%

数据来源:根据 http://comtrade.un.org/db/数据整理计算而得。

二、商品结构变化水平和优化水平的测度

(一)商品结构变化水平和优化水平的测度方法

笔者结合劳伦斯指数(Lawrence Index,简称 L 指数)和结构收益性指数(B 指数)测度我国货物贸易商品结构变化的幅度和优化的情况。

1. 劳伦斯指数

劳伦斯指数又称作结构变动指数。主要用来计算一国贸易结构的变化幅度，其公式为

$$L = \frac{1}{2}\sum_{j=1}^{m} |S_{j,t} - S_{j,t-1}| \tag{5.5}$$

式中，$S_{j,t} = X_{j,t}/\sum_j X_{j,t}$，$S_{j,t}$是$j$商品第$t$年在一国出口中所占的比例；$L$的取值期间是[0,1]，越接近0，表明一国贸易结构的变化越小，反之，则越大。

2. 结构收益性指数

结构收益性指数又称为结构优化指数，用来证明一国出口商品结构的优化对世界动态需求的反映度，其公式为

$$\text{BSCI} = \sum_{j=1}^{m}\left\{\left[\frac{\dfrac{X_{j,t}}{\sum_{j=1}^{m} X_{j,t}}}{\dfrac{X_{j,t-1}}{\sum_{j=1}^{m} X_{j,t-1}}}\right] * \left[\frac{(M_{j,t}/M_{j,t-1})^{\text{world}}}{\text{Average}(M_{j,t}/M_{j,t-1})} - 1\right] * \left[\frac{X_{j,t}}{\sum_{j=1}^{m} X_{j,t}}\right]\right\} \tag{5.6}$$

式中，$X_{j,t}$，$M_{j,t}$分别为t年一国j产品的出口额和进口额；$(M_{j,t}/M_{j,t-1})^{\text{world}}$是全球$t$年对$t-1$年$j$产品的比值；$\text{Average}(M_{j,t}/M_{j,t-1})$是$t-1$个$M_{j,t}/M_{j,t-1}$的平均值。当指数大于0并越大时，表明一国出口商品结构对世界动态需求反应快，结构优化度越高。

（二）商品结构变化水平和优化水平的指数计算

1. SITC分类下的商品结构变化水平和优化水平的指数计算

如表5.9中数据所示，从整个1991—2013年区间来看，进出口总体的劳伦斯指数平均值小于出口的平均值，出口的劳伦斯指数平均值又小于进口的平均值。实际上，除了1992—1995年部分数据比较大外，整体波动都不是很明显，说明我国的整体贸易结构比较稳定，尤其是进出口整体的贸易结构较进口和出口贸易结构都稳定些。

表5.9 1991—2013年各类商品贸易的劳伦斯指数（L指数）

年份	1991	1992	1993	1994	1995	1996	1997	1998
出口	4.12%	22.89%	3.26%	3.15%	6.77%	3.39%	1.83%	3.45%
进口	3.79%	19.82%	9.14%	5.83%	7.23%	1.97%	3.72%	4.31%
进出口	2.73%	20.23%	5.56%	3.05%	2.72%	1.88%	2.86%	3.71%

表 5.9(续)

年份	1999	2000	2001	2002	2003	2004	2005	2006
出口	2.95%	3.82%	2.85%	3.33%	3.87%	3.58%	1.30%	2.00%
进口	2.38%	5.02%	3.83%	3.28%	2.87%	4.22%	2.37%	2.66%
进出口	3.10%	4.02%	2.89%	3.01%	2.79%	1.80%	0.66%	1.41%
年份	2007	2008	2009	2010	2011	2012	2013	平均值
出口	0.66%	1.52%	4.00%	1.18%	1.95%	1.96%	0.37%	3.66%
进口	2.51%	6.70%	3.66%	3.41%	5.11%	2.90%	2.31%	4.74%
进出口	1.14%	3.33%	2.72%	2.00%	3.03%	2.21%	1.09%	3.39%

数据来源:根据 1993—2014 年《中国统计年鉴》和 http://comtrade.un.org/db/的数据整理计算而得。

如表 5.10 所示,SITC 分类下我国出口商品结构收益性指数波动幅度大。1996—1999 年指数为负值,直到 2003 年开始逐渐优化。其间,1992 年和 2000 年为正数,2009 年有所恶化,2010—2011 年指数回暖均为正数,可是 2012 年又下降。这种波动体现了按 SITC 分类的我国出口商品结构优化程度受国内外政治经济环境影响很大,如 1992 年改革开放,1997 年亚洲金融危机,2001 年中国加入世贸组织,2008 年国际金融危机,在此前后结构收益指数都有相应的变化。虽然在这 23 年间,结构收益指数平均值为正,但数值小。

表 5.10　1991—2013 年各类商品贸易的结构收益性指数(B 指数)

年份	1991	1992	1993	1994	1995	1996	1997	1998
出口	-5.24%	4.15%	2.3%	3.5%	11.34%	-1.08%	-2.88%	-5.42%
年份	1999	2000	2001	2002	2003	2004	2005	2006
出口	-2.65%	4.97%	-9.07%	-2.71%	7.28%	12.24%	3.33%	6.07%
年份	2007	2008	2009	2010	2011	2012	2013	平均值
出口	6.35%	2.46%	-26.10%	13.43%	7.05%	-9.05%	-10.18%	0.19%

数据来源:根据 1993—2014 年《中国统计年鉴》整理而得。世界的数据根据 http://comtrade.un.org/db/整理而得。

2. 按要素密集度分类的商品结构变化水平和优化水平的指数计算

由表 5.11 数据显示。首先,无论是出口、进口还是进出口劳伦斯指数,均在 10% 以下,这说明按要素密集度分类的中国货物贸易结构在各年间比较稳定。出口劳伦斯指数最高在 1995 年(5%),21 年平均值为 2.57%;进口劳伦斯指数最高值在1993年(7.9%),21年平均值为2.85%;进出口最高值则在1993年(5%),21年平均值为2.4%。其次,三者的劳伦斯指数变化起伏不定,但大致阶段一致。最后,从均值上看,进口劳伦斯指数大于出口劳伦斯指数,出口劳伦斯指数又大于进出口劳伦斯指数,但数值差距小,表现不明显,说明在1993—2013年区间内,中国货物进出口结构较进口结构和出口结构都稳定些,这和SITC分类法下得出的结论一致。

按要素密集度分类的我国出口商品结构收益性指数波动幅度大。如表5.12所示,1993—1996年指数处于上升阶段,1997—2001年逐渐恶化,2003—2008年指数又逐渐上升但数值小于0,2009年又下降,2010—2011年指数稍有回升,到2012年又下降。1993—2012年的结构收益性指数平均值为负,说明按要素密集度分类的出口品总体而言,我国出口商品结构优化程度不高,出口商品结构有待进一步升级。

表5.11　1993—2013年各类商品贸易的劳伦斯指数(L指数)

年份	1993	1994	1995	1996	1997	1998	1999	2000	2001	2002	2003
出口	3.5%	2%	5%	2%	2%	4%	3%	3%	2%	4.5%	3.5%
进口	7.93%	4.91%	2.80%	0.96%	2.87%	4.52%	2.45%	3.39%	3.22%	3.91%	2.44%
进出口	5%	3%	2%	1%	2%	4%	3%	3%	3%	4%	3%
年份	2004	2005	2006	2007	2008	2009	2010	2011	2012	2013	平均值
出口	3%	1%	1%	1%	2.5%	4.5%	1.5%	2.5%	1%	1.5%	2.57%
进口	1.84%	1.25%	0.41%	2.50%	6.03%	1.83%	1.45%	3.73%	0.23%	1.15%	2.85%
进出口	2%	1%	0%	2%	4%	3%	2%	3%	1%	1%	2.48%

数据来源:根据1993—2014年《中国统计年鉴》和http://comtrade.un.org/db/的数据整理计算而得。

表5.12　1993—2012年四类商品贸易的结构收益性指数(B指数)

年份	1993	1994	1995	1996	1997	1998	1999	2000	2001	2002	2003
出口	-1.02%	14.16%	34.10%	77.77%	-5.24%	-16.15%	-12.36%	14.00%	-30.40%	-19.76%	-0.19%
年份	2004	2005	2006	2007	2008	2009	2010	2011	2012	平均值	
出口	-1.57%	-8.58%	-7.58%	-7.96%	-8.76%	-35.88%	-0.99%	-4.71%	-1.57%	-2.08%	

数据来源:根据1993—2014年《中国统计年鉴》和http://comtrade.un.org/db/的数据整理计算而得。

3.按技术含量分类的商品结构变化水平和优化水平的指数计算

如表5.13所示,首先,整体来看,进出口、出口和进口劳伦斯指数变化都很小,不超过7%，说明按技术含量产品的贸易结构相对稳定。其次，出口劳伦斯指数在2001—2004年间变化相对后期大，可能是我国刚加入世贸以后，出口结构作出相应调整。进口劳伦斯指数在2008—2012年间变化相对前期大，2008年国际金融危机爆发后，我国贸易政策调整，提倡进出口平衡策略，增加进口。进出口劳伦斯指数比进口劳伦斯指数变化幅度小。从进出口、出口和进口劳伦斯指数三者各自的平均值看，进口劳伦斯指数最大，出口劳伦斯指数最小。

表5.13　按技术含量分类各类商品贸易的劳伦斯（L指数）

年份	2001	2002	2003	2004	2005	2006	2007	2008	2009	2010	2011	2012	平均值
出口	2.29%	2.9%	4.16%	3.39%	1.17%	0.39%	0.85%	1.73%	2.14%	0.64%	2.3%	1.32%	1.94%
进口	3.35%	2.80%	2.05%	3.80%	3.06%	2.20%	2.31%	6.67%	2.52%	2.61%	4.18%	3.81%	3.28%
进出口	2.72%	2.84%	2.77%	2.42%	1.42%	0.96%	1.11%	3.05%	2.05%	1.6%	2.75%	2.35%	2.17%

数据来源：根据 http://comtrade.un.org/db/数据整理计算而得。

如表5.14所示，2001—2004年，我国的出口贸易结构优化指数值不断增加并由负转正，贸易结构优化明显，在2008年爆发国际金融危机后，2009年转为负数，但随后两年里的出口结构迅速优化，在2012年结构优化情况又恶化，平均值是大于0的。这说明按技术含量分类的出口贸易品结构在近十几年来还是有一定改善的，这个结论和按SITC分类的结论是一致的。

表5.14　按技术含量分类各类商品贸易的结构收益性指数（B指数）

年份	2001	2002	2003	2004	2005	2006	2007	2008	2009	2010	2011	2012	平均值
出口	-10.1%	-3.88%	5.74%	11.05%	3.20%	4.10%	4.53%	1.91%	-24.86%	10.86%	5.75%	-7.12%	0.101%

数据来源：根据 http://comtrade.un.org/db/数据整理计算而得。

三、出口结构相似程度的测度

（一）出口结构相似程度的测度方法

1979年，J. M. Finger & M. E. Kreinin 用出口相似性指数（EIS）细致地分析了20世纪60年代到20世纪70年代中期在日本、美国、欧共体6国和其他的西欧工业国市场上，各个发达国家、中等欠发达国家、最不发达国家及中央计划经济体的出口相似程度。此指数不仅可以被用来计算任意两个或两组国家向第三方出口结构的相似程度，也被用来衡量这两个（或两组）国家贸易结构的趋同程度或趋异性，其公式为

$$\mathrm{EIS}_{ij} = \sum_k \min\left[\frac{E_{ik}}{\sum_k E_{ik}}, \frac{E_{jk}}{\sum_k E_{jk}}\right] \tag{5.7}$$

式中，i,j,k 分别表示第 1 个和第 2 个出口国及某类商品；E_{ik}，E_{jk} 分别为两个出口国 i 和 j 向世界其他各国及地区出口商品 k 的总量。EIS_{ij} 的取值范围在[0,1]之间，当 $\mathrm{EIS}_{ij}=0$ 时说明两国出口结构完全不同，不会发生国际贸易；当 $\mathrm{EIS}_{ij}=1$ 时，说明两个国家的出口结构完全相似。当 EIS_{ij} 值越小时，说明两个国家的出口结构相似度越低，值越大则说明两个国家出口结构具有高度的相似性，即使 $\mathrm{EIS}_{ij}\neq 0$，两国也不一定会发生贸易往来，比如两国间发生严重的政治冲突或存在较高的贸易壁垒，这些都会减少贸易可能性。

（二）出口结构相似程度的指数计算

1. SITC 分类下的出口结构相似程度的指数计算

如表 5.15 所示，中美、中德、中日的 EIS 指数值变化幅度不大，且都高于 50%。中国与这三个国家为代表的贸易强国保持了较高的相似出口结构，这与唐宜红、王明荣的结论相似。他们认为从发展趋势来看，中国与其样本内的 21 个发达国家的出口相似度在上升，也就是说，中国出口商品质量处于不断优化的状态。中美的 EIS 指数在 2006 年之前不断上升，随后一直在下降，最低值是 1992 年的 54.86%。中德的 EIS 指数基本在之前也是不断上升，随后有所震荡，2011 年达到最大值 82.35%。中日的 EIS 指数在 2010 年达到最大值，随后稍有下降。三个国家与中国的出口相似度都呈现很长时间的增长，近年来有所波动。就平均值来看，中德出口相似度的平均值最高，其次为中美，最后为中日。

表 5.15　1991—2013 年基于 SITC 分类的中国与美国、德国和日本的出口相似度变化

年份	1991	1992	1993	1994	1995	1996	1997	1998	1999	2000	2001	2002
中美	55.40%	54.86%	55.29%	56.25%	59.78%	61.76%	60.83%	63.25%	65.42%	67.98%	70.56%	72.89%
中德	53.92%	57.28%	57.01%	58.37%	61.60%	63.05%	62.83%	65.81%	67.05%	68.29%	71.90%	75.07%
中日	38.64%	41.86%	42.36%	43.44%	48.10%	50.31%	50.58%	53.63%	56.42%	58.57%	62.16%	64.53%

年份	2003	2004	2005	2006	2007	2008	2009	2010	2011	2012	2013	平均值
中美	75.94%	77.82%	78.79%	78.42%	76.78%	73.75%	65.35%	65.64%	64.31%	63.79%	62.86%	66.42%
中德	77.08%	79.07%	81.48%	81.80%	81.43%	80.83%	78.65%	80.23%	82.35%	80.35%	79.90%	71.54%
中日	68.27%	71.44%	73.51%	73.76%	74.21%	75.87%	78.14%	78.87%	78.21%	76.81%	76.31%	62.44%

数据来源：根据 http://comtrade.un.org/db/数据整理计算而得。

2. 按要素密集度分类的出口结构相似程度的指数计算

如表5.16所示,1993年以来,中美、中德和中日的出口相似度变化幅度都比较大。中美出口相似度在1996年达到高峰后不断波动,2013年比1993年增加了6.4%,中德出口相似度在2013年比1993年减少了1.52%,而中日的出口相似度在2013年比1993年增加了4.8%。中日、中美和中德的出口相似度平均值都大于50%。其中,中日的出口相似度平均值高于中美和中德的出口相似度,为61.3%,其次为中美,最后是中德。

表5.16　1993—2012年基于要素密集度分类的中国与美国、德国和日本的出口相似度变化

年份	1993	1994	1995	1996	1997	1998	1999	2000	2001	2002	2003
中美	65.7%	67.3%	70.5%	81%	49.02%	29.55%	71.3%	62.6%	65.9%	58.1%	66.5%
中德	73.92%	60	77.7%	80	43.8%	34.8%	61.5%	62.3%	70.1%	57.7%	58.9%
中日	70.3%	64.1%	64.2%	73.4%	72.9%	58.1%	72.3%	70.4%	65.8%	54.4%	54.1%

年份	2004	2005	2006	2007	2008	2009	2010	2011	2012	2013	平均值
中美	60.9%	64.2%	65.6%	50.1%	52%	42.2%	20.2%	67.4%	51.6%	72.1%	58.7%
中德	40.9%	64.5%	66.3%	50.1%	49.6%	40.9%	19.6%	70.5%	48.7%	72.4%	57.4
中日	59.6%	61.2%	66%	50.1%	50.7%	61.5%	28.3%	64.2%	50.7%	75.1%	61.3%

数据来源:根据 http://comtrade.un.org/db/数据整理计算而得。

3. 按技术含量分类的出口结构相似程度的指数计算

如表5.17所示,中美、中德、中日的EIS指数值变化幅度不大,且都高于50%。中国与这三个国家为代表的贸易强国保持了高度的相似出口结构。中美的EIS指数在2000—2012年呈现了先升后降的态势,到2003年达到了最高值,之后一直在下降,最低值是2012年的63.8%。中德的EIS指数基本在65%~68%之间,比较稳定。中日的EIS指数呈现阶段性变化,2000—2004年上升,2005—2007年下降,之后又上升下降,2012年的EIS比2000提高了0.06%。就平均值来看,中美出口相似度的平均值最高,说明两国出口品竞争激烈,其次为中德,最后为中日,这与前文按要素密集度分类的出口相似度计算结果不一致。首先是计算的年限不同,其次在不同的分类法中,各类产品的贸易额存在很大的差距,影响了在总出口贸易额中的权重,进而结果不一致。表5.17的数据中,中德的EIS指数只有较小波动,而且自2010年数值超过中美和中日的EIS值。德国是世界出口强国,其出口结构一直是比较稳定的,中德EIS指数高且稳定说明中国的出口结构也比较稳定,但出口结构优化情况不明显。

表 5.17 2000—2012 年基于技术含量分类的中国与美国、德国和日本的出口相似度变化

年份	2000	2001	2002	2003	2004	2005	2006
中美	69.1%	70.7%	72.3%	75.3%	74.9%	74.4%	73.8%
中德	67.1%	67.4%	65.5%	64.6%	66%	66.1%	65.9%
中日	58.7%	62.1%	64.7%	65.1%	66.3%	66.1%	65.4%
年份	2007	2008	2009	2010	2011	2012	平均值
中美	71.6%	69.9%	68.3%	66.6%	65.4%	63.8%	70.5%
中德	65.3%	66.2%	67.9%	66.9%	67.3%	65.9%	66.3%
中日	64.6%	65.1%	66.5%	65.4%	66%	64.2%	64.6%

数据来源：根据 http://comtrade.un.org/db/数据整理计算而得。

与前文两种商品分类法计算出的 EIS 指数结果对比，既有相同点又明显的不同。首先，所得的平均值都大于 50%，说明中美日德出口相似度都比较高，在国际市场竞争激烈。其次，从变化趋势来看，按 SITC 分类法得出的结果中 2000—2012 年间的变动与按技术含量分类的同期间变动趋势相似，但是按要素密集度分类得出的结果变动频繁，没有规律性。然后，三种情况下得出的结果完全不同：第一种是严格按联合国的分类法和数据进行计算的，最具权威性；第二种按要素密集度计算的结果，合理的解释是中日由于地缘、文化等因素，出口相似度会更高；第三种结果的解释是中国出口品技术升级较快，与美国差距在缩小但远不及德国。因此，中美贸易品从技术角度考虑竞争性更高，出口相似度也就最大。

第二节 中国货物贸易方式结构演进的指数测度

关于货物方式结构的演进的测度，前期并没有形成定性的指标和标准。本书认为，一般贸易能够推动一国国内企业走向国际化，加强对外竞争力，占据更多的市场份额和获得更大的经济回报。因此，一般贸易是国家对外贸易的主要组成部分。加工贸易和一般贸易应该是互相协调、相辅相成的关系，加工贸易能够为一般贸易的发展提供支持。加工贸易的升级转型就是从简单的代工企业成长为具有自主知识产权的一般贸易主体。中国的对外贸易的良性发展，既要求一般贸易能够迅速发展，也要求加工贸易适应市场需求进行转型。另外，高技术产品最能体现一国先进生产力的水平，高技术产品的贸易方式也体现了一国企业对于高技术掌握的能力、水平的高低。因此，方式结构演进主要测度三方面的内容，即货物贸易方式结构的优化水平、加工贸易方式的升级和高技术产品出口方式结构的优化水平。

一、方式结构优化水平的测度

(一)方式结构优化水平的测度方法

前文分别从进口、出口的角度分析了一般贸易进口(出口)/进口(出口)贸易总额,加工贸易进口(出口)/进口(出口)贸易总额,体现出了这两种主要贸易方式分别在进口、出口中的演变。令 Ex_g,Ex_p,Ex_o,Ex_t 分别表示一般贸易方式下的出口额、加工贸易方式下的出口额、其他贸易方式下的出口额和出口贸易总额,Im_g,Im_p,Im_o,Im_t 分别表示一般贸易方式下的进口额、加工贸易方式下的进口额、其他贸易方式下的进口额和进口贸易总额。设指数 A,B,C,A',B',C'分别代表了贸易方式不同的变动情况。A 表示一般贸易和其他贸易方式下的进口额与加工贸易进口额之差占总进口额的比重;B 表示一般贸易和其他贸易方式下的出口额与加工贸易出口额之差占总出口额的比重;C 表示一般贸易和其他贸易方式下的贸易额占总贸易额的比重;A'表示一般贸易和加工贸易进口额之差占总进口额的比重;B'表示一般贸易和加工贸易出口额之差占总出口额的比重;C'表示一般贸易和加工贸易贸易额之差占总贸易额的比重。则公式为

$$A = \frac{Im_g + Im_o - Im_p}{Im_t} \tag{5.8}$$

$$A' = \frac{Im_g - Im_p}{Im_t} \tag{5.9}$$

$$B = \frac{Ex_g + Ex_o - Ex_p}{Ex_t} \tag{5.10}$$

$$B' = \frac{Ex_g - Ex_p}{Ex_t} \tag{5.11}$$

$$C = \frac{(Im_g + Im_o + Ex_g + Ex_o) - (Im_p + Ex_p)}{Im_t + Ex_t} \tag{5.12}$$

$$C' = \frac{(Im_g + Ex_g) - (Im_p + Ex_p)}{Im_t + Ex_t} \tag{5.13}$$

如果指数 A,B,C 大于0,且指数 A',B',C'也大于0,则贸易方式结构优化明显;如果后者不全大于0,则贸易方式结构优化不明显;如果后者都小于0,则贸易方式结构没能得到改善;如果 A 和 A'都大于0,则进口方式结构优化明显;如果 A 大于0而 A'小于0,则进口方式结构优化不明显;如果 B 大于0 而 B'也大于0,则出口方式结构优化明显;如果 B 大于0 而 B'小于0,则出口方式结构优化不明显。

(二)方式结构优化水平的指数计算

由表5.18 数据所示,A 和 C 全部大于0,A'和 C'部分年份小于0,但近几年大于0 并逐渐上升,说明进口贸易方式结构在优化,并为贸易额增加作出贡献。B 和

B'在所计算期间内绝大多数为负值，但近几年都大于0，说明出口贸易方式结构开始优化，但不如进口贸易方式结构对进出口贸易的贡献度大。

表5.18 2000—2013年一般贸易、加工贸易和其他贸易方式比重的变动指数

年份	2000	2001	2002	2003	2004	2005	2006
A	17.76%	22.84%	17.2%	21.06%	21%	16.96%	18.76%
A'	3.34%	8%	2.34%	6%	4.71%	0.85%	1.46%
B	-10.47%	-10.81%	-10.52%	-10.38%	-10.55%	-9.32%	-5.35%
B'	-13.03%	-13.36%	-13.43%	-13.65%	-14.22%	-13.31%	-9.72%
C	0.03%	0.05%	0.03%	0.05%	0.05%	0.03%	0.05%
C'	-0.05%	-0.03%	-0.06%	-0.04%	-0.05%	-0.07%	-0.05%
年份	2007	2008	2009	2010	2011	2012	2013
A	22.92%	33.18%	35.92%	40.14%	46.1%	47.06%	49.04%
A'	6.31%	17.1%	21.09%	25.13%	30.84%	29.74%	31.42%
B	-1.37%	5.62%	2.32%	6.17%	12%	15.82%	22.2%
B'	-6.49%	-0.86%	-4.75%	-1.24%	4.3%	6.11%	10.3%
C	0.09%	0.18%	0.18%	0.22%	0.28%	0.3%	0.34%
C'	-0.01%	0.07%	0.07%	0.11%	0.17%	0.17%	0.21%

数据来源：根据《中国贸易外经统计年鉴－2013》数据计算而得。

二、加工贸易升级的测度

(一)加工贸易升级的测度

本书认为可以通过加工贸易增值率(PAVR)指标进行测度。此指标是用中间品加工生产出的附加值与中间品的进口额的比率表示的，因此能比较准确地反映出一国加工贸易价值链的增值能力，可以从质上体现我国贸易方式结构的演进，其公式为

$$\mathrm{PAVR} = \frac{Ex_p - Im_p}{Im_p} \tag{5.14}$$

若PAVR在随时间变化不断变大，则说明一国价值链增值的越快，也就是加工贸易保持了平稳的转型升级状态，能够带动一般贸易共同发展。

(二)加工贸易升级的指数计算

如表 5.19 所示,加工贸易的增殖率在 2005 年以后就大于 0.5,也说明我国加工贸易一直在努力提升增值能力,实现转型升级,并取得了一定的成绩,但还不够强大,比如 2008 年金融危机后,加工贸易的增值率就缓慢下降了。

表 5.19　2000—2013 年中国加工贸易增值率的变化

年份	2000	2001	2002	2003	2004	2005	2006
PAVR	0.49%	0.57%	0.47%	0.48%	0.48%	0.52%	0.59%
年份	2007	2008	2009	2010	2011	2012	2013
PAVR	0.68%	0.78%	0.82%	0.77%	0.78%	0.79%	0.73%

数据来源:根据《中国贸易外经统计年鉴 - 2013》数据计算而得。

三、高技术产品出口方式结构优化水平的测度

(一)高技术产品出口方式结构优化水平的测度方法

在当代,由于技术密集型产业的发展水平更能体现一国工业化程度和生产力水平,技术日益成为跨国公司进行全球要素资源和商品生产整合的关键要素。如果我国的高技术产品出口以加工贸易为主要贸易方式并不断增加,那么贸易方式结构的优化在质上就是不明显的。如果一般贸易占主体或高技术产品的一般贸易出口比重加强了,则贸易结构就得到了优化。令 Hx_g 表示一般贸易方式下高技术产品出口额,Hx 表示高技术产品总出口额,则有如下公式

$$Hx_r = \frac{Hx_g}{Hx} \tag{5.15}$$

令 Hx_r 表示高技术产品出口的贸易方式变动指数,如果 Hx_r 变动明显且越来越接近 1,则高技术产品出口的贸易方式结构有所优化。

(二)高技术产品出口方式结构优化水平的指数计算

如图 5.5 所示,2002—2013 年高技术产品出口中,Hx_r(即一般贸易方式的比重)呈现了上涨趋势,即使在 2010—2013 年有所减缓,一般贸易和其他贸易比重之和在逐年增加,由 2002 年的 10.7% 增加到了 2013 年的 34.7%。来料加工与进料加工之和仍占据了出口的半壁以上江山。但存在一个趋势,即其中加工贸易中的来料加工相对于进料加工下降得更快。这种局面的转变一方面体现了高技术产品的加工贸易正在优化升级,另一方面也证明主动掌握核心技术,具有自主研发能力的企业通过一般贸易和其他贸易方式的高技术产品出口开始增加。

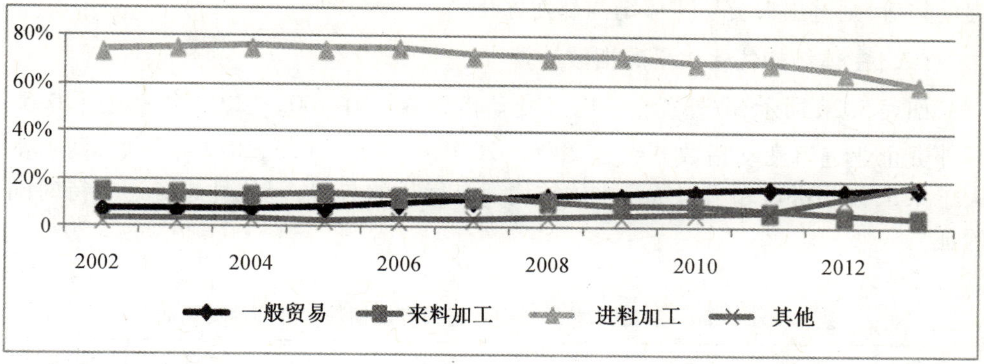

数据来源：中国高技术产业数据2014。

图 5.5　2002—2013 年高技术产品出口的贸易方式变动

第三节　中国货物贸易主体结构演进的指数测度

货物贸易主体结构的演进和贸易方式结构的演进是紧密相关、相辅相成的。贸易方式结构演进的测度说明了方式结构的优化情况、加工贸易转型升级和高技术产品出口的贸易方式结构优化程度等，对应的贸易主体结构演进的测度就应该包括贸易主体结构优化的情况、加工贸易的企业主体结构优化情况和高技术产品出口的贸易主体优化情况。我国的进出口货物贸易中外商投资企业仍然占据首要地位，如果非外资企业的比重增加了，可以说主体结构发生了优化。由于加工贸易方式也是以外商投资企业为主，因此外商投资企业占比减少也即加工贸易的主体结构发生了优化。高技术产品出口中如果外资企业比重减少了，本书也认为高技术产品出口结构发生了优化。

一、主体结构优化水平的测度

（一）主体结构优化水平的测度方法

$$NF_x = 1 - F_x \quad (5.16)$$

$$NF_i = 1 - F_i \quad (5.17)$$

式中，F_x，F_i 分别代表外资企业的出口比重和进口比重；NF_x，NF_i 分别代表非外资企业出口比重和进口比重，也即非外资企业的出口和进口变动指数。如果 NF_x 大于 0.5，并且有增强的趋势，则出口贸易主体结构在优化；如果 NF_i 大于 0.5，并且有增强的趋势，则进口贸易主体结构在优化；如果 NF_x，NF_i 都大于 0.5，并且有增强的趋势，则进出口贸易主体结构都在优化。

（二）主体结构优化水平的指数计算

如表 5.20 所示，非外资企业出口变动指数 NF_x 在 2002—2011 年都小于 0.5，非外资企业进口变动指数 NF_i 在 2000—2010 年都小于 0.5，2012 年开始，两者都大于 0.5，说明进口和出口贸易主体结构都有优化的趋势，但这种趋势还有待时间验证。

表 5.20　2000—2013 年非外资企业出口变动指数和进口变动指数

年份	2000	2001	2002	2003	2004	2005	2006
NF_x	0.52%	0.50%	0.48%	0.45%	0.43%	0.42%	0.42%
NF_i	0.48%	0.48%	0.46%	0.44%	0.42%	0.41%	0.40
年份	2007	2008	2009	2010	2011	2012	2013
NF_x	0.43%	0.45%	0.44%	0.45%	0.48%	0.5%	0.53%
NF_i	0.41%	0.45%	0.46%	0.47%	0.5%	0.52%	0.55%

数据来源：根据《中国贸易外经统计年鉴—2013》整理计算而得。

二、高技术产品出口主体结构优化水平的测度

（一）高技术产品出口主体结构优化水平的测度方法

$$Hx_{er} = \frac{Hx_{nf}}{H_x} \tag{5.18}$$

式中，Hx_{er}代表高技术产品出口的非外资企业的比重，也即贸易主体变动指数；Hx_{nf}代表非外资企业的高技术产品出口额；H_x 代表高技术产品出口总额。若我国的高技术产品出口以外资企业为主体，则贸易主体结构优化不明显。而如果外资企业在高技术产品出口中的地位下降，其他企业的地位上升，则高技术产品出口的主体结构相对就改善了。因此，当 Hx_{er}越来越接近 1 时，高技术产品出口的主体结构就是优化的。

（二）高技术产品出口主体结构优化水平的指数计算

由表 5.21 数据显示，Hx_{er}由 2002 年的 20.8% 上升到 2013 年的 27.04%。这表明高技术产品出口的主体结构在优化，但幅度不大。我国高技术产品出口的贸易主体仍以外商企业为主，但所占比例由 2002 年的 79.3% 下降到 2013 年的 72.96%。

表 5.21 2002—2013 年高技术产品出口的贸易主体变动指数

年份	2002	2003	2004	2005	2006	2007	2008	2009	2010	2011	2012	2013
Hx_{er}	20.8%	16.7%	14.4%	13.6%	13.7%	14.9%	16.1%	16.8%	17.8%	17.5%	22.6%	27.04%

数据来源:中国高技术产业数据2013及商务部机电和科技产业司。

第四节 中国货物贸易模式结构演进的指数测度

如前所述,货物的产业间贸易、产业内贸易和产品内贸易的比重很难分清。因此,关于贸易模式结构演进的测度是包括两方面:第一,测度某一类产品在某一年总体的是以产业内还是以产业间贸易为主以及其贸易增量是由产业内贸易还是产业间贸易引致的,产品的分类仍然采用按 SITC、按要素密集度和按技术含量三种分类法;第二,产品内贸易模式的测度,就是以中间品的贸易的贸易总额占总贸易额的比重衡量。

一、产业间和产业内贸易模式的测度

(一)产业间和产业内贸易模式的测度方法

1. 加权 G-L 指数

也就是将一国特定产业或某类贸易品的贸易比重设为权重,进而计算出的整体产业内贸易水平即为加权 G-L 指数,其公式为

$$\text{MIIT} = 1 - \frac{\sum_{i=1}^{n} |X_i - M_i|}{\sum_{i-1}^{n} (X_i + M_i)} \tag{5.19}$$

式中,X_i,M_i 分别代表贸易品 i 在特定年份的出口额和进口额,其取值范围及解释同前述 G-L 指数。

2. 边际产业内贸易 B 指数

MIIT 指数(边际产业内贸易指数)是由 M. Brulhart 提出的,能够从动态角度反映产业内贸易的变化,它包括了 A 指数和 B 指数。相比 A 指数而言,B 指数更能反映出贸易方向。因此,笔者引入 B 指数的计算公式为

$$\text{MIIT}_i = \frac{\Delta X_i - \Delta M_i}{|\Delta X_i| + |\Delta M_i|} \tag{5.20}$$

式中,ΔX_i,ΔM_i 分别表示相邻的两个阶段 i 部门(或产品)出口额和进口额的变动量,MIIT_i 的取值区间是[-1,1]。MIIT_i 越接近 -1 或 1,则表明 i 部门(或产品)贸

易中的变动量主要是由产业间贸易带来的；$MIIT_i$ 越接近0，则说明 i 部门（或产品）贸易中的变动量主要由产业内贸易带来的。另外，当 $MIIT_i$ 大于0时，表明 i 部门（或产品）绩效良好；当 $MIIT_i$ 小于0时，则表明 i 部门（或产品）有不良的绩效。进一步结合G－L指数的区间，可以得到：当 $-1 \leq MIIT_i < -0.5$ 时，说明 i 部门（或产品）在贸易中的变动量主要是由产业间贸易带来的，并且产生了不良的绩效；当 $-0.5 \leq MIIT_i \leq 0$ 时，说明 i 部门（或产品）在贸易中的变化量主要是由产业内贸易带来的，也产生了不良的绩效；当 $0 < MIIT_i \leq 0.5$ 时，说明 i 部门（或产品）在贸易中的变化量主要是由产业内贸易带来的，并且产生了良好的绩效；而当 $0.5 < MIIT_i \leq 1$ 时，i 部门（或产品）在贸易中的变化量主要是由产业间贸易引起的，其绩效良好。

3. 拉菲指数（Lafay Index）

拉菲指数是由Lafay在1992年提出的，它是以贸易份额为权重，在不同类商品贸易额和贸易总额组成的可比净出口指数基础上进行计算得出的。它包含了两个方面，一方面是某一行业（或贸易品）的贸易竞争指数相对于总体的贸易部门累积竞争指数的偏离程度，另一方面是该行业（或贸易品）的贸易额在所有行业总贸易额中的比重。拉菲指数同显示性比较优势指数相比，既考虑了出口又兼顾了进口等两方面的贸易流向；同贸易竞争力指数比，它可以较好地避免经济周期波动引致的测度结果扭曲的问题。

Lafay指数既可以用于测度一国某一行业（或贸易品）的比较优势情况，也可以用来说明该行业（或贸易品）的产业内贸易程度的高低，其计算公式为

$$LFI_j^i = 100\left\{\frac{X_j^i - M_j^i}{X_j^i + M_j^i} - \frac{\sum_{j=1}^{n}(X_j^i - M^i)_j}{\sum_{j=1}^{n}(X_j^i + M^i)_j}\right\}\frac{X_j^i + M_j^i}{\sum_{j=1}^{n}(X_j^i + M^i)_j}, \quad j = 1, \cdots, n \qquad (5.21)$$

式中，X_j^i 和 M_j^i 分别表示 i 国家 j 类行业（或贸易品）的出口额和进口额。若 $LFI_j^i > 0$，说明 i 国家 j 类行业（或贸易品）有专业化的比较优势，而且指数值越大，则 j 类行业（或贸易品）的专业化程度会越高；若 $LFI_j^i < 0$，说明 i 国家 j 类行业（或贸易品）缺乏专业化的比较优势，进口同类产品越多。若Lafay指数趋于零值，则说明 i 国家 j 类行业（或贸易品）的产业内贸易程度较高；而若Lafay指数远离零值，就说明 i 国家 j 类行业（或贸易品）的产业内贸易程度越低。

（二）产业间和产业内贸易模式的指数计算

1. 按SITC分类的货物贸易产业间和产业内贸易模式的指数计算

（1）加权的G－L指数

表5.22数据显示，1993—1994年加权的G－L指数略有下降，之后一直到2003年一直在增加，2004—2013年又缓慢下降，但是指数值始终大于0.5，说明我

国按 SITC 分类的商品贸易整体上以产业内贸易为主。此结果较前述 G－L 指数的结果更明显地证明了我国的贸易是以产业内为主的。

表 5.22　1990—2013 年按 SITC 分类的商品的加权的 G－L 指数

加权的 G－L 指数	1990	1991	1992	1993	1994	1995	1996	1997	1998	1999	2000	2001
	0.65	0.65	0.60	0.54	0.59	0.67	0.67	0.68	0.70	0.69	0.70	0.72
	2002	2003	2004	2005	2006	2007	2008	2009	2010	2011	2012	2013
	0.74	0.77	0.75	0.71	0.68	0.65	0.61	0.64	0.64	0.61	0.59	0.58

数据来源：根据 1996—2014 年《中国统计年鉴》整理而得。

（2）边际产业内贸易 B 指数

在 1991—2013 年间，初级产品中每一类的指数值大部分年间都在[－0.5，+0.5]之外，因此初级产品的贸易增量大多数时期以产业间贸易为主，而工业制成品中的 SITC5 和 SITC7 指数值大部分年间都在[－0.5，+0.5]以内，其贸易增量是以产业内贸易为主，其余的工业制成品贸易增量大多数年份以产业间贸易为主。从贸易绩效看，SITC1，SITC6～SITC8 表现出良好的绩效，大部分年份的边际产业内贸易指数值大于 0。从整体计算的平均值看，只有 SITC2 的边际产业内 B 指数值在[－0.5，+0.5]之外，也就是说，平均来看，我国大部分商品的贸易增量还是以产业内贸易为主。

表 5.23　1991—2013 年按 SITC 分类的商品的边际产业内贸易 B 指数

年份	SITC0	SITC1	SITC2	SITC3	SITC4	SITC5	SITC6	SITC7	SITC8	SITC9
1991	1.00	0.63	－1.00	－1.00	0.92	－0.94	0.08	－0.28	0.84	－0.03
1992	0.51	0.66	－1.00	－1.00	0.89	－0.56	－0.68	－0.32	0.70	－0.10
1993	1.00	0.94	0.57	－1.00	1.00	1.00	－0.95	－0.74	0.67	－0.95
1994	0.27	1.00	－0.30	0.96	－0.64	－0.20	1.00	0.01	0.95	－0.97
1995	－1.00	0.06	－0.83	0.07	－1.00	－0.29	0.86	0.78	0.51	－1.00
1996	1.00	－1.00	－1.00	－0.49	0.84	－1.00	－1.00	0.30	0.79	1.00
1997	1.00	－0.25	－0.79	－0.53	1.00	0.06	0.75	1.00	0.99	－1.00
1998	－0.04	0.31	0.31	0.32	－0.28	－0.80	－0.26	0.23	－0.48	1.00
1999	0.51	－1.00	－0.67	－1.00	－0.17	－0.97	－0.61	－0.19	0.30	－0.99
2000	0.23	－1.00	－0.86	－0.57	0.92	－0.56	0.11	0.03	0.64	－0.17
2001	0.39	0.45	－1.00	1.00	0.95	－0.20	0.81	－0.10	－0.47	0.88
2002	0.75	1.00	－0.45	－0.97	－1.00	－0.56	0.17	0.03	0.50	1.00

表 5.23(续)

年份	SITC0	SITC1	SITC2	SITC3	SITC4	SITC5	SITC6	SITC7	SITC8	SITC9
2003	0.60	-0.49	-0.90	-0.57	-0.98	-0.40	0.02	0.04	0.31	1.00
2004	-0.41	0.54	-0.93	-0.70	-0.95	-0.42	0.52	0.15	0.28	-0.23
2005	0.88	-1.00	-0.80	-0.67	1.00	-0.13	0.60	0.38	0.56	0.02
2006	0.69	-0.93	-0.94	-0.99	-0.69	-0.03	0.78	0.22	0.61	0.94
2007	0.54	-0.28	-0.93	-0.76	-1.00	-0.13	0.48	0.37	0.57	-1.00
2008	-0.12	-0.59	-0.91	-0.69	-0.84	0.24	0.82	0.53	0.59	-1.00
2009	-1.00	0.53	0.78	0.60	0.83	-0.42	-1.00	-0.42	-0.49	0.86
2010	0.12	-0.28	-0.91	-0.82	-0.93	-0.19	0.46	0.15	0.47	-1.00
2011	0.13	-0.55	-0.91	-0.88	-0.87	-0.07	0.57	0.20	0.70	-0.95
2012	-0.61	-0.39	0.92	-1.00	-0.97	0.20	1.00	0.47	0.79	-1.00
2013	-0.28	-0.70	-1.00	-0.12	1.00	-0.28	0.85	0.14	0.80	-0.98
平均值	0.27	-0.10	-0.59	-0.47	-0.04	-0.29	0.23	0.13	0.48	-0.16

数据来源:根据 1996—2014 年《中国统计年鉴》整理而得。

(3)拉菲指数

表 5.24 中数据显示,在 1990—2013 年主要年份期间,SITC2 ~ SITC5,SITC9 的拉菲指数大多年份小于 0,即不具有比较优势,更多依赖进口。SITC1 在近几年的拉菲指数也呈现负值,表明比较越来越缺乏比较优势。而 SITC6 ~ SITC7 的拉菲指数值近些年都是大于 0 并逐渐增加,比较优势增强。SITC8 的拉菲指数值在 1993 年达到最高值后缓慢下降,但仍然是所有商品中拉菲指数值最高的商品类别。从各类商品拉菲指数值的变动趋势看,SITC0,SITC1,SITC4,SITC5,SITC8 的值有接近于 0 的变化,因此这几类商品的产业内贸易程度在增强。

表 5.24 1990—2013 年按 SITC 分类的主要年份商品的拉菲指数

年份	SITC0	SITC1	SITC2	SITC3	SITC4	SITC5	SITC6	SITC7	SITC8	SITC9
1990	2.18%	0.13%	-1.00%	3.01%	-0.79%	-3.21%	1.77%	-11.22%	8.20%	0.93%
1995	1.02%	0.31%	-2.37%	-0.15%	-0.83%	-3.48%	-0.06%	-9.34%	15.15%	-0.26%
2000	1.40%	0.07%	-3.54%	-3.00%	-0.19%	-4.27%	-0.75%	-3.84%	14.44%	-0.32%
2005	0.76%	0.02%	-4.80%	-3.67%	-0.24%	-3.52%	2.31%	1.10%	8.09%	-0.05%
2006	0.69%	0.00%	-4.80%	-4.66%	-0.23%	-3.17%	3.49%	0.98%	7.70%	-0.01%
2007	0.65%	-0.02%	-5.71%	-4.60%	-0.37%	-3.10%	3.59%	2.09%	7.50%	-0.04%
2008	0.52%	-0.03%	-6.87%	-6.28%	-0.44%	-2.46%	4.38%	3.97%	7.33%	-0.13%

表 5.24(续)

年份	SITC0	SITC1	SITC2	SITC3	SITC4	SITC5	SITC6	SITC7	SITC8	SITC9
2009	0.62%	-0.03%	-6.63%	-5.28%	-0.36%	-2.97%	2.32%	4.26%	8.17%	-0.10%
2010	0.53%	-0.03%	-7.20%	-5.90%	-0.30%	-2.58%	3.18%	5.03%	7.87%	-0.61%
2011	0.50%	-0.05%	-7.76%	-7.05%	-0.30%	-2.17%	4.10%	5.66%	8.42%	-1.36%
2012	0.30%	-0.06%	-7.04%	-7.82%	-0.33%	-2.15%	4.10%	5.56%	9.29%	-1.85%
2013	0.19%	-0.06%	-7.00%	-7.33%	-0.27%	-2.09%	4.45%	5.30%	9.43%	-2.64

数据来源:根据 1996—2014 年《中国统计年鉴》整理而得。

2. 按要素密集度分类的货物贸易产业间和产业内模式结构的指数计算

(1)加权的 G-L 指数

表 5.25 数据显示,在 1995—2007 年我国按要素密集度分类的商品贸易的加权 G-L 值大于 0.8,2007 年后缓慢下降至 0.7 左右,说明我国按要素密集度分类的商品贸易整体上以产业内贸易为主。计算出的结果与按 SITC 计算的结果一致。

表 5.25 1992—2013 年按要素密集度分类的商品的加权的 G-L 指数

年份	1992	1993	1994	1995	1996	1997	1998	1999	2000	2001	2002
加权的 G-L 指数	0.74	0.68	0.74	0.80	0.83	0.86	0.86	0.84	0.83	0.84	0.84
年份	2003	2004	2005	2006	2007	2008	2009	2010	2011	2012	2013
加权的 G-L 指数	0.83	0.85	0.84	0.83	0.81	0.77	0.76	0.76	0.74	0.73	0.72

数据来源:根据 1993—2014 年《中国统计年鉴》数据整理计算而得。

(2)边际产业内贸易 B 指数

由图 5.6 显示,在 1993—2012 年,自然密集型商品的 MIIT 波动幅度大,绝大多数年份值小于 0,表现出不好的绩效,并绝大多数年份 MIIT 值在[-0.5,0.5]之间,也即其增量以产业内贸易为主,但近些年趋向于产业间贸易比重增加。非熟练劳动密集型商品的 MIIT 值绝大多数年份大于 0,绩效良好,一半以上时间其值在[0.5,1]和[-0.5,-1]之间,也即其增量以产业间贸易为主,说明我国此类商品具有竞争优势。资本密集型商品的 MIIT 值绝大多数年份大于 0,有超过一半的时间在[-0.5,0.5]之间,绩效良好,其增量以产业内贸易模式为主,但近两年有向产业间贸易发展的趋势。人力资本密集型商品的 MIIT 值绝大多数年份大于 0,并在[0,0.5]之间,此类商品贸易的增量以产业内贸易为主。

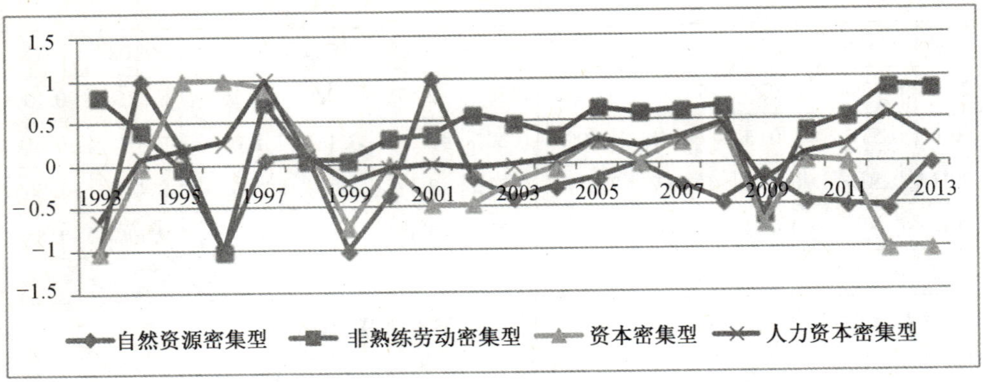

数据来源：根据1993—2014年《中国统计年鉴》数据整理计算而得。

图 5.6　1993—2013 年按要素密集度分类的商品的边际产业内贸易 B 指数

(3)拉菲指数(Lafay Index)

如图 5.7 所示，在 1992—2013 年期间，自然资源密集型商品的拉菲指数绝对值是越来越偏离 0 的，此类商品越来越不具有比较优势，以产业间贸易为主，这点和边际产业内 B 指数计算的结果略有出入，但是发展趋势一致。而非熟练劳动密集型商品的拉菲指数大于 0，且偏离 0，此类商品不仅具有比较优势而且以产业间贸易模式为主。资本密集型商品的拉菲指数值都小于 0，但绝对值趋向于 0，近两年又偏离 0。人力资本密集型商品的拉菲指数值经历了由负变正的过程，即其比较优势逐渐增强，但其值在 2008 年以后偏离 0，即由产业内贸易模式又有向产业间贸易模式发展的趋势。总体来看，MITT 指数和拉菲指数的变化趋势基本一致。

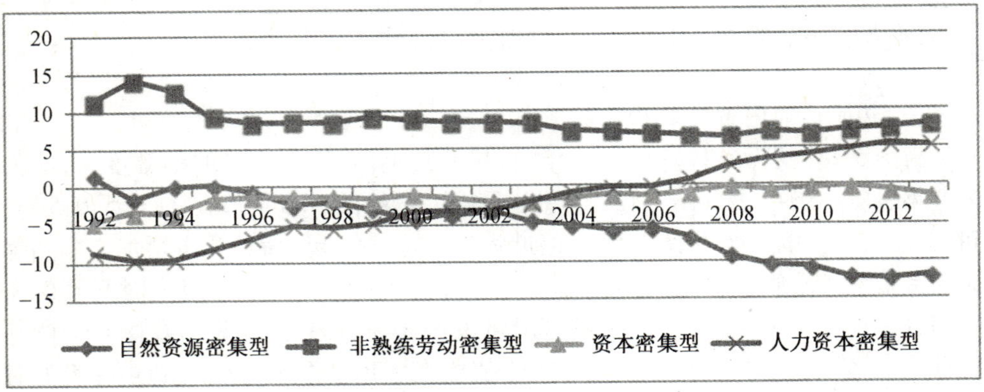

数据来源：根据1993—2014年《中国统计年鉴》和http://unctadstat.unctad.org数据整理计算而得。

图 5.7　1992—2013 年按要素密集度分类的商品的拉菲指数

3. 按技术含量分类的货物贸易产业间和产业内模式结构的指数计算

(1)加权的 G–L 指数

由表 5.26 可知,按技术含量分类的商品加权的 G–L 指数在 2000—2004 年间上升,之后缓慢下降,到 2012 年为 0.64,说明我国按技术含量分类的商品整体贸易以产业内模式为主。

表 5.26 2000—2012 年按技术含量分类的商品的加权的 G–L 指数

年份	2000	2001	2002	2003	2004	2005	2006	2007	2008	2009	2010	2011	2012
加权的 G–L 指数	0.75	0.75	0.77	0.78	0.78	0.76	0.73	0.69	0.66	0.68	0.67	0.65	0.64

数据来源:根据 http://comtrade.un.org/db/数据整理计算而得。

(2)边际产业内贸易 B 指数

如表 5.27 中数据所示,PP 的 MIIT 值除 2001 年外都为负值,表现出很差的绩效。同时,从 2003 年开始,又都小于 –0.5,故其增量以产业间贸易模式为主。RB 的 MIIT 值在此期间内有一半时间为负值,2012 年值却小于 –0.5,其增量表现出产业间贸易模式为主。LT 的 MIIT 值在此期间内只有 2009 年是负数,表现出很强的绩效,而且大部分年份值大于 0.5,其增量以产业间贸易模式为主。MT 的 MIIT 值自 2004 年以来除 2009 年其余时候均为正数,绩效良好,大部分年份其增量均以产业内贸易模式为主,MT1,MT2,MT3 均表现出类似的趋势。HT 的 MIIT 值只有 2001 年和 2009 年为负,绩效良好,而且其增量以产业内贸易模式为主,其中 HT2 的 MIIT 值多数年份为负,绩效不如 HT1 的表现,但两者其增量均表现出以产业内贸易为主的模式。

表 5.27 2001—2012 年按技术含量分类的商品的边际产业内贸易 B 指数

年份	PP	RB1	RB2	RB	LT1	LT2	LT	MT1	MT2	MT3	MT	HT1	HT2	HT
2001	0.44	1.00	–0.27	0.02	0.76	–0.01	0.44	–0.48	–1.00	–0.23	–0.37	0.18	–1.00	–0.08
2002	–0.14	0.04	0.11	0.08	0.82	0.32	0.54	–0.36	–0.52	0.03	–0.14	0.08	–0.65	0.01
2003	–0.59	–0.04	–0.37	–0.29	0.83	0.06	0.42	–0.45	0.03	–0.03	–0.08	0.12	–0.54	0.02
2004	–0.81	0.24	–0.56	–0.40	0.81	0.68	0.73	0.45	0.19	0.04	0.12	0.18	–0.50	0.07
2005	–0.59	0.59	–0.11	0.04	0.94	0.61	0.75	1.00	0.13	0.82	0.69	0.24	–0.24	0.17
2006	–0.54	0.36	–0.25	–0.04	0.89	1.00	1.00	0.06	0.13	0.32	0.25	0.25	–0.46	0.15
2007	–0.80	0.05	–0.47	–0.35	0.94	0.79	0.84	0.29	0.12	0.36	0.29	0.36	0.01	0.31

表 5.27(续)

年份	PP	RB1	RB2	RB	LT1	LT2	LT	MT1	MT2	MT3	MT	HT1	HT2	HT
2008	-0.93	-0.33	-0.42	-0.42	1.00	0.79	0.86	0.17	0.56	0.46	0.43	0.67	0.06	0.55
2009	0.75	-0.17	0.25	0.19	-0.80	-0.82	-0.82	-1.00	-0.81	-0.16	-0.57	-0.34	0.47	-0.19
2010	-0.75	-0.12	-0.52	-0.43	0.83	0.77	0.80	-0.37	0.19	0.11	0.04	0.25	-0.29	0.17
2011	-0.77	-0.07	-0.54	-0.43	0.87	0.81	0.84	-0.21	0.26	0.15	0.11	0.32	-0.16	0.25
2012	-1.00	-0.20	-0.6	-0.55	0.76	1.00	1.00	0.02	0.28	0.18	0.22	0.15	-0.05	0.11

数据来源:根据 http://comtrade.un.org/db/数据整理计算而得。

(3)拉菲指数(Lafay Index)

如表5.28和表5.29数据所示,PP,RB的拉菲指数均小于0,故不具有比较优势,而且RB1, PP和RB2的拉菲指数均偏离0,故以产业间贸易模式为主。LT的拉菲指数在2000—2012年间为正,表现出很强的竞争优势,并且LT1和LT2的拉菲指数均偏离0,故LT以产业间贸易模式为主。MT的拉菲指数绝大多数为负,比较优势很弱,其中MT3的拉菲指数逐渐为正,比较优势增强,有发展产业间贸易的趋势。MT1和MT2表现出很强的以产业内贸易模式为主。HT的拉菲指数由负转正,其中HT1比较优势在增强,HT2则不具有比较优势,HT1以产业间贸易为主,HT2以产业内贸易为主。

表 5.28　2001—2012 年按技术含量分五大类的商品的拉菲指数

年份	PP	RB	LT	MT	HT
2000	-4.35%	-2.55%	14.18%	-4.02%	-3.26%
2001	-3.52%	-2.32%	13.76%	-4.58%	-3.34%
2002	-3.08%	-1.95%	13.06%	-4.71%	-3.32%
2003	-3.62%	-2.06%	11.78%	-3.83%	-2.27%
2004	-4.98%	-2.88%	11.62%	-2.38%	-1.38%
2005	-5.59%	-2.83%	11.27%	-0.99%	-1.87%
2006	-6.12%	-2.85%	11.99%	-0.84%	-2.17%
2007	-6.64%	-3.77%	12.27%	-0.45%	-1.42%
2008	-8.62%	-4.9%	12.62%	0.73%	0.17%
2009	-7.8%	-4.68%	11.97%	-0.13%	0.64%
2010	-8.41%	-5.26%	12.16%	-0.11%	1.62
2011	-9.37%	-6.03%	12.95%	0.22%	2.23%
2012	-10.38%	-5.21%	13.55%	0.66%	1.38%

数据来源:根据 http://unctadstat.unctad.org 数据整理计算而得。

表 5.29 2001—2012 年按技术含量分十小类的商品的拉菲指数

年份	PP	RB1	RB2	LT1	LT2	MT1	MT2	MT3	HT1	HT2
2000	-4.35%	-0.85%	-1.70%	9.02%	5.16%	-0.05%	-2.57%	-1.40%	-2.56%	-0.69%
2001	-3.52%	-0.58%	-1.74%	8.87%	4.88%	-0.17%	-2.59%	-1.81%	-1.81%	-1.53%
2002	-3.08%	-0.51%	-1.44%	8.53%	4.53%	-0.37%	-2.68%	-1.66%	-1.48%	-1.84%
2003	-3.62%	-0.36%	-1.70%	8.28%	3.51%	-0.69%	-1.86%	-1.27%	0.04%	-2.31%
2004	-4.98%	-0.14%	-2.74%	7.46%	4.16%	-0.33%	-1.12%	-0.93%	1.27%	-2.66%
2005	-5.59%	0.00%	-2.82%	7.09%	4.19%	0.01%	-1.12%	0.12%	0.85%	-2.72%
2006	-6.12%	0.07%	-2.92%	6.95%	5.04%	-0.08%	-1.05%	0.29%	0.75%	-2.92%
2007	-6.64%	-0.06%	-3.71%	6.65%	5.63%	-0.01%	-0.97%	0.53%	1.18%	-2.60%
2008	-8.62%	-0.18%	-4.73%	6.41%	6.21%	0.03%	-0.60%	1.30%	2.39%	-2.22%
2009	-7.80%	-0.16%	-4.52%	6.95%	5.02%	-0.45%	-1.43%	1.74%	2.69%	-2.05%
2010	-8.41%	-0.24%	-5.02%	6.75%	5.41%	-0.82%	-0.86%	1.57%	3.56%	-1.94%
2011	-9.37%	-0.30%	-5.73%	6.83%	6.12%	-0.88%	-0.46%	1.56%	3.90%	-1.67%
2012	-10.38%	-0.26%	-4.95%	6.55%	7.00%	-0.94%	-0.45%	2.05%	3.14%	-1.76%

数据来源：根据 http://unctadstat.unctad.org 数据整理计算而得。

拉菲指数的结论和边际产业内贸易指数的结论在 RB2 和 HT1 上稍有不同，这里以拉菲指数结果为准，因为其具备可以克服经济周期波动因素带来的测算结果扭曲的优点。

二、产品内贸易模式的测度

(一)产品内贸易模式的测度方法

目前国内外学者计算一国参与产品内分工程度的方法主要包括以下三种。

方法一：首先区分一国的进口品是属于最终的消费品还是中间投入品，再利用一国的投入产出表进行计算。不同的学者由于对中间投入品所包含内容的划分不一致，得出了不同的研究结论。

Feenstra 和 Hanson 先求出一个行业每种投入品的价值和进口投入品的价值，再加总各个产业投入品和进口投入品的价值，之后一国参与产品内分工程度就用进口投入品的价值相对于所有中间投入品总价值的比重表示。尽管理论上讲非常合理，由于需要大量的中间品数据，所以此种方法很少使用。Hummels D，Rapoport D，Kei - MuYi 则认为不是只要进口中间投入品就会发生产品内贸易，只有当进口的中间品被用来生产，产品内贸易才发生了。之后，Hummels D，Jun Ishii，Kei - MuYi 通过绝对值指标（VS）和相对值指标（垂直专业化分工比重，VSS）对一国参与产品内分工的程度进行了测度。两个指标的区别是：绝对值指标（VS）计算了被用于出口产品生产的中间投入品进口的绝对价值，相对值指标（VSS）计算了被用于出口产品生产的中间投入品进口的绝对价值相对于该国总出口额的比重。这种方法进一步反映了中间投入品的贸易发展趋势，数据获得相对容易。北京大学中国经济研究中心课题组等依据 Hummels 模型和相关年份的投入产出表，测算了 1992 年至 2003 年中国参与产品内分工的程度。Dean，Fung，Wang 和 Koopman 等则是分别计算出口中非加工贸易出口和加工贸易出口的国内附加值比重，再加权平均。由于数据样本有限，虽然此种方法计算的更精确，但实际应用不多。

方法二：按照 SITC 分类中的零部件与一国的贸易总额的比值来衡量一国参与产品内分工程度。Yeat（2001）对于一国参与产品内分工的测度就是以 SITC 分类中的第 7 类产品的贸易额相对于一国总贸易额比重计算的。第 7 类商品基本都是零部件。

方法三：以 BEC 分类法中的中间品（包括半成品和零部件）的进口额或出口额占中间投入品总额的比重衡量一国参与产品内分工程度。

由于第三种方法比较直观，本书据此设定如下指数

$$V_S = I_t / T_t \tag{5.22}$$

$$V_{S1} = I_i / T \tag{5.23}$$

$$V_{S2} = I_e / T_t \tag{5.24}$$

式中，V_S，V_{S1}，V_{S2}分别表示我国产品内贸易指数、中间品进口变动指数、中间品出口变动指数；I_t，T_t，I_i，I_e 分别为中间品进出口总额、贸易总额、中间品进口额、中间品出口额。V_S 如果变大，则我国参与国际产品内分工的程度加深。

（二）产品内贸易模式的指数计算

如表 5.30 数据所示，V_S 由 1995 年的 0.46 到 2000 年的最高值 0.49，之后缓慢下降，到 2012 年为 0.42。其中，V_{S1}在 1995—2003 年缓慢变化，2007—2008 年维持在 0.23，之后 2009—2012 年保持在 0.21 上，相对于 1995 年上升了。V_{S2}在 1999—2000 年运行在 0.3 这样的高水平上，之后持续下降到 2012 年的 0.21，也就是中国参与产品内贸易的程度弱化了，尤其是中间品进口变动指数的变化大。数据的变化一方面说明我国在产品内贸易中掌握了更大的自主权，对国外中间品的依赖逐渐变弱，另一方面说明我国企业的自主研发能力在提升，中间品出口占比增加，但是这种占比仍不稳定，需要企业进一步提升技术实力。

表 5.30 1995—2012 年中国产品内分工指标

年份	中间品出口额	中间品进口额	贸易总额	V_{S1}	V_{S2}	V_S
1995	514	765	2 808.6	0.18	0.27	0.46
1998	600	929	3 239.5	0.19	0.29	0.47
1999	650	1 078	3 606.3	0.18	0.30	0.48
2000	926	1 402	4 742.9	0.20	0.30	0.49
2001	929	1 485	5 096.5	0.18	0.29	0.47
2002	1 170	1 828	6 207.7	0.19	0.29	0.48
2003	1 561	2 490	8 509.9	0.18	0.29	0.48
2004	2 248	3 240	11 545.5	0.19	0.28	0.48
2005	2 900	3 810	14 219.1	0.20	0.27	0.47
2006	3 840	4 480	17 604.4	0.22	0.25	0.47
2007	4 910	5 290	21 765.7	0.23	0.24	0.47
2008	5 980	5 630	25 632.6	0.23	0.22	0.45
2009	4 530	5 320	22 075.4	0.21	0.24	0.45
2010	6 210	6 960	29 740.0	0.21	0.23	0.44
2011	7 660	7 970	36 418.6	0.21	0.22	0.43
2012	8 110	8 190	38 671.2	0.21	0.21	0.42

数据来源：根据 http://comtrade.un.org/db/数据整理计算而得。

第五节 中国货物贸易区域结构演进的指数测度

中国货物贸易区域结构演进的测度包括地区集中度、地区多样性和地区均匀度三个方面。通过三个指标的测度体现了区域结构优化的水平。

一、区域结构优化水平的测度方法

（一）地区集中度

地区集中度就是指在一国内部或某地理区域范围内贸易商品的份额分布在某地或者某些地区的集中程度。利用赫芬达尔 - 赫希曼指数（Herfindahl-Hirschman Index，HH）这一产业经济学指标表示，也就是同一行业里每个企业所占市场份额的平方和。公式表达如下

$$HH = s_1^2 + s_2^2 + s_3^2 + \cdots + s_N^2 = \sum_{i=1}^{N} s_i^2 \quad i = 0, \cdots, N \tag{5.25}$$

式中，s_i 是 i 企业所占的市场份额，市场上存在 N 个企业。本书中，si 代表其他国家或地区 i 的出口或进口占中国进口总额或者出口总额的比重。当 HH 越来越小时，如果既定的占中国进出口份额较大的国家或地区不变，则说明这些国家和地区占中国的贸易份额越来越少，它们之间的差距也变小，而会有其他更多的国家成为中国的贸易伙伴，则中国的整体地区结构就是优化的；当 HH 指数不断增大时，如果既定的占中国进出口份额较大的国家或地区不变，则说明这些国家或地区中的个别地区对中国的进出口占中国进出口总额的比重增加，地区之间的差距加大，即使既定的占中国进出口份额较大的国家或地区发生了变化，也可能贸易更集中于其他某一些国家，无论如何都说明中国的整体地区结构越来越恶化。

（二）地区多样性

地区多样性也就是在一国内部或某地理区域范围内贸易商品的份额在不同地区或国家间发生变化的复杂性。利用信息论中衡量不确定性的 Shannon 多样性指数来测度结构的复杂性，其具体公式为

$$H = -\sum_{i=1}^{n} p_i \log_2 p_i \tag{5.26}$$

式中，p_i 本来是指景观中出现某单元的概率，此处被用来表示国家 i 在中国贸易总额中所占的份额；n 即中国进口或出口贸易伙伴的总数。当 H＝0 时，也即 $p_i = 1$，中国在某地区的只有一个贸易伙伴国；当 H 值变大时，也就是说当中国在某地区范围内的贸易伙伴国增多或者这几个指定的贸易伙伴国所占的进口或出口份额接近时，说明中国在该地区的贸易区域结构趋于优化；当 H 值会变小时，说明中国在某地区范围内的贸易向更少的贸易伙伴国集中，使得既定的这些伙伴国之间的贸易差额加大，则中国在该地区的整体区域结构趋于恶化。

（三）地区均匀度

地区均匀度就是在一国内部或某地理区域范围内贸易品份额在不同的地区或不同贸易伙伴国家间的平均程度。

均匀度指数（E 指数）具体公式为

$$E = \frac{H}{H_{max}} \tag{5.27}$$

式中，H 是前述的 Shannon 多样性指数。H_{max}是在最大均匀性条件下的 Shannon 多样性指数，也就是当 n 种景观单元构成了一个景观，而其中每种景观类型都占 $1/n$ 的景观面积即 $p_i = 1/n$，则此时的多样性指数即为最大均匀条件下的多样性指数，即 $H_{max} = \log_2 n$。

E 的取值范围在［0，1］之间。当它趋于 0 时，景观分布会变得不均匀；当它趋

向 1 时,景观分布就会越来越均匀。若 E 值变大,在某地区范围内中国的贸易伙伴国个数一定,就说明这些既定几个国家的内部地区结构日益优化;若 E 值变小,在既定的几个贸易伙伴国的进出口分布变得不均匀,内部差距增大,则地区结构日益恶化。这与对多样性指数的解释一致。

二、中国货物贸易内部区域出口结构优化水平的指数计算

对中国内部区域结构演进的测度,可以通过计算东部、东北部、中部和西部货物贸易额在中国货物贸易额中的比重的角度衡量 HH,H,E 指数。四大区域的出口 HH 指数表明了中国四大区域在中国出口商品贸易中的集中程度,当 HH 指数越趋近于 1,表明中国出口的商品越来自于其中某个特定的区域,而当 HH 指数趋近于 0 时,则中国出口的商品越均匀的来自于四大区域。四大区域的出口 H 指数表明了中国出口商品贸易来自于四大区域的多样性。若 H 指数越大,表明出口的商品分散于四大区域;若 H 指数越小,则出口的商品会更集中的来自于其中某一区域。四大区域的出口 E 指数表明了出口商品来自四大区域的均衡程度。E 值变大,则内部区域的出口结构趋于优化;E 值变小,则内部区域的出口结构恶化。

如图 5.8 所示,四大区域的出口 HH 指数变化幅度不大。从 1993—2006 年呈现缓慢上升态势,2007—2008 年短暂下降后,2009—2010 年持续升高,2011 年后又下降。但 2013 年相比 1993 年仍然上升了 10%。表明中国出口商品集中于四大区域中个别区域。四大区域的 H 指数呈现了起伏态势。1993—1999 年下降较快,2000 年到 2013 年升降相随,其中 2008 年以后又开始上升,到 2013 年为 0.838,较 1993 年下降了 20%,H 指数变小也证实了我国出口商品来源地更加集中于四大区域中的部分区域。E 指数和 H 指数的变动趋势相同,表明我国出口商品来自四大区域的均匀度降低,地区出口贸易发展不均衡。

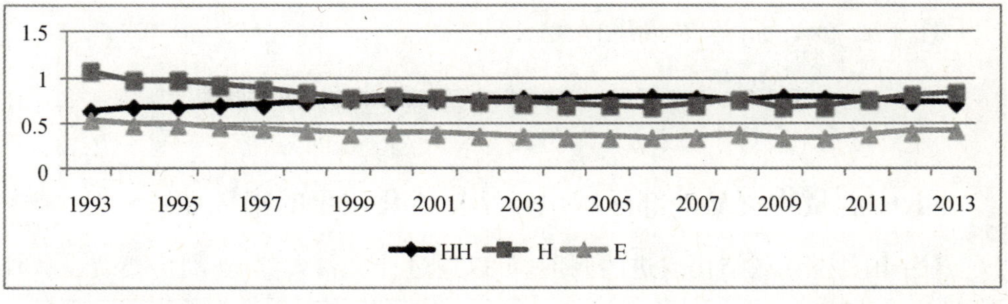

数据来源:1994－2014年《中国统计年鉴》。

图 5.8　1993—2013 年我国四大区域出口结构的相关指数

三、中国货物贸易内部区域进口结构优化水平的指数计算

四大区域的进口 HH 指数说明了中国四大区域在中国进口商品贸易中的集中程度。当 HH 指数趋近于 1 时,表明中国进口的商品越流向于其中某个特定区域;当 HH 指数趋近于 0,表明中国进口的商品比较均匀的流向四大区域。四大区域的进口 H 指数说明了中国四大区域在中国进口贸易中的多样性。当 H 指数变大时,表明进口的商品更分散的流向四大区域;当 H 指数变小时,则表明进口的商品越来越流向于其中某一区域。四大区域的进口 E 指数说明了进口商品流向四大区域的均衡程度。若 E 值变大,则内部区域的进口结构趋于优化;若 E 值变小,则内部区域的进口结构恶化。

如图 5.9 所示,四大区域的进口 HH 指数变化幅度不大。从 1993—2006 年呈现缓慢上升态势,2007 年后缓慢下降,但 2013 年相比 1993 年仍然上升了,表明中国进口的商品 2006 年以后更均匀地分布在四大区域中。四大区域的 H 指数在 1993—2006 年不断下滑,2007—2013 年又不断上扬,证实了我国进口商品流向四大区域的差距缩小。E 指数和 H 指数表现出相似的变动趋势。

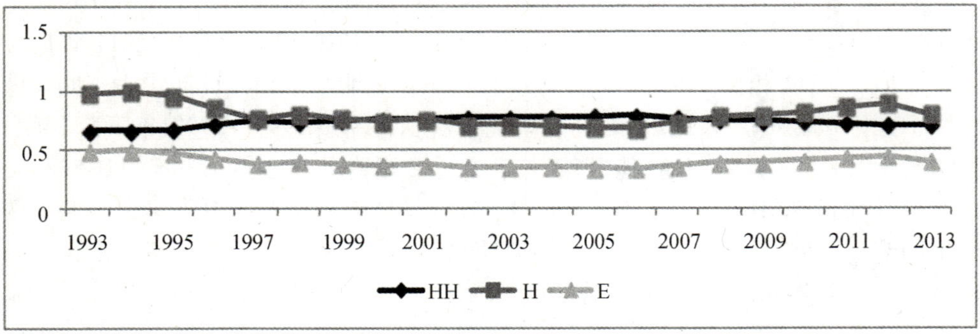

数据来源:1994－2014年《中国统计年鉴》。

图 5.9　1993—2013 年我国四大区域进口结构的相关指数

四、中国货物贸易外部区域出口结构优化水平的指数计算

对中国外部区域结构演进的测度,可以通过计算各大洲、亚洲主要贸易伙伴国、欧美及大洋洲主要贸易伙伴国的贸易额在中国货物贸易额中的比重的角度衡量 HH,H,E 指数。中国向这些贸易伙伴国和地区出口的 HH 指数表明了其在中国出口商品贸易中的集中程度。当 HH 指数越趋近于 1,表明中国出口的商品越来越流向于其中某个特定的国家或地区;而当 HH 指数趋近于 0 时,则中国出口的商品越均匀地分布于这些国家和地区。出口的 H 指数表明了中国出口商品贸易分布

于这些贸易伙伴国和地区的多样性。若 H 指数越大,表明出口的商品分散于这些国家和地区;若 H 指数越小,则出口的商品会更集中的来自于其中某些国家和地区。出口的 E 指数表明了出口商品分布于这些贸易伙伴国和地区的均衡程度。当 E 值变大时,外部区域的出口结构趋于优化;E 值变小时,则外部区域的出口结构趋于恶化。

(一)出口的洲际结构测度

如图 5.10 所示,我国与六大洲的 HH 指数除了 1995 年、2011—2013 年外,都呈现了下降的态势,由 1995 年的最高值 0.438 下降到 2010 年的 0.309。H 指数在 1994—2013 年间基本呈上升趋势,由 1994 年的最低值 1.598 上升到 2011 年最高值 1.994,2012—2013 年略有下降。E 指数基本和 H 指数呈现一致的变化,由 1994 年的 0.618 上涨到 2011 年的 0.771。可见,我国在这六大洲的出口货物 2011 年以前没有明显的集中少数大洲,而且在六大洲的分布更加优化,各大洲所占的份额差距缩小,2011 年开始朝着相反的方向变化。

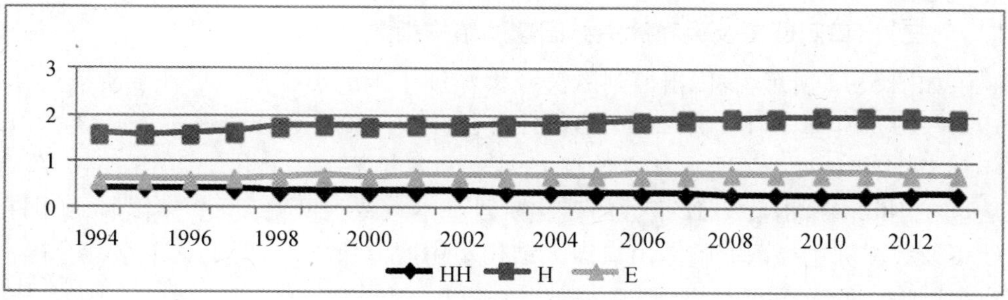

数据来源:根据1995－2014年《中国统计年鉴》数据整理而得。

图 5.10　1994—2013 年我国货物出口的洲际结构指数

(二)出口到亚洲十国及地区的结构指数

如图 5.11 所示,我国出口到亚洲的主要十个国家和地区的 HH 指数在 1994—2013 年间总体变小,由 1994 年的最高值 0.105 变到 2010 年的 0.029,之后略有上升。H 指数总体在上升,1998—1999 年,2001—2006 年,2010—2011 年稍下降,最高值在 2013 年为 1.647,最低值在 1999 年为 1.501。E 指数的变化趋势和 H 指数一致。可见,2011 年以前,我国出口到亚洲主要的十个国家出口地区结构不断优化,2011 年后,稍有恶化。而在这十个国家和地区的内部分布日益趋于分散,内部差距缩小。

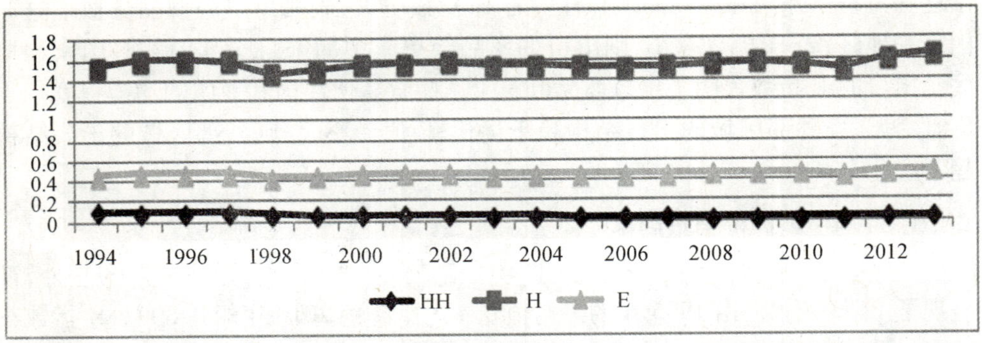

数据来源：根据http://unctadstat.unctad.org数据整理计算而得。

注：这里十国及地区包括前述表格国家及地区，即中国香港、印度、印度尼西亚、日本、马来西亚、新加坡、韩国、泰国、阿联酋、越南等。

图 5.11　1994—2013 年我国出口到亚洲十国及地区的结构指数

(三)出口到欧美及大洋洲主要国家的结构指数

如图 5.12 所示,我国出口到欧美及大洋洲十国的 HH 指数呈现了阶段变化。1994—2005 年基本在上升,2006 年以后除了 2009—2010 年以外基本下降,但 2013 年和 1994 年比变化不大。H 指数在 1994—2008 年基本在上升,2010 年略恢复,之后也在下降。E 指数和 H 指数的变化阶段基本一致。可见,2009 年以后,我国在欧美及大洋洲主要国家整体出口地区结构集中度有所下降,但是其中某几个国家自中国进口的份额变大。

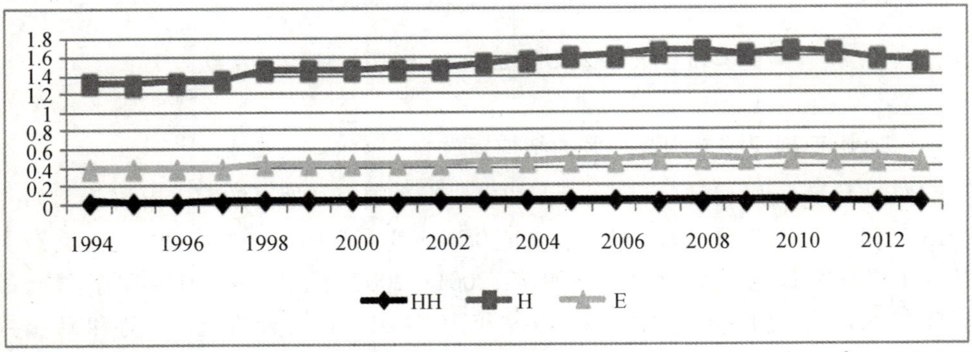

数据来源：根据http://unctadstat.unctad.org数据整理计算而得。

注：这里包括前述英国、德国、法国、意大利、荷兰、西班牙、俄罗斯、巴西、墨西哥、美国、加拿大和澳大利亚等十二国。

图 5.12　1994—2013 年我国出口到欧美及大洋洲十国的结构指数

1993年在外贸体制改革的推动和邓小平南巡讲话的鼓舞下，中国出口的地区结构开始了多样化的趋势，尤其是2001年加入世贸组织后，这一趋势更加明显。2008年后受国际金融危机和欧洲主权债务危机的双重影响，在发达国家原有出口分散的倾向稍微发生逆转。

五、中国货物贸易外部区域进口结构优化水平的指数计算

中国自主要贸易伙伴国和地区进口的进口HH指数说明了中国自其进口商品贸易的集中程度。若HH指数趋近于1，表明中国进口的商品集中于其中的某些国家或地区；若HH指数趋近于0，表明中国进口的商品在既定的国家之间比较均匀，地区差距不大。进口的H指数说明了中国自主要贸易伙伴国和地区进口商品贸易的多样性。当H指数变大时，表明进口的商品更分散的来自于这些国家或地区，多样性增加；当H指数变小时，则表明进口的商品越来越集中的来源于某些国家和地区，多样性减少。进口的E指数说明了进口商品来自于主要贸易伙伴国和地区的均衡程度。若E值变大，则外部区域的进口结构趋于优化；若E值变小，则外部区域的进口结构恶化。

（一）自六大洲进口的洲际结构测度

如图5.13所示，我国与六大洲的进口HH指数在2006年以前缓慢上升，由1994年的0.42上升到2005年的0.48，之后又下降到2013年的0.36，即从2006年自六大洲进口的分布更均匀了。H指数在1994—2005年经历了波动的下降后，2006年开始上升，2013年达到了1.95，而E指数也经历了类似的变动趋势。可见，我国从六大洲的进口均匀分布，各大洲所占的进口份额差距缩小了。

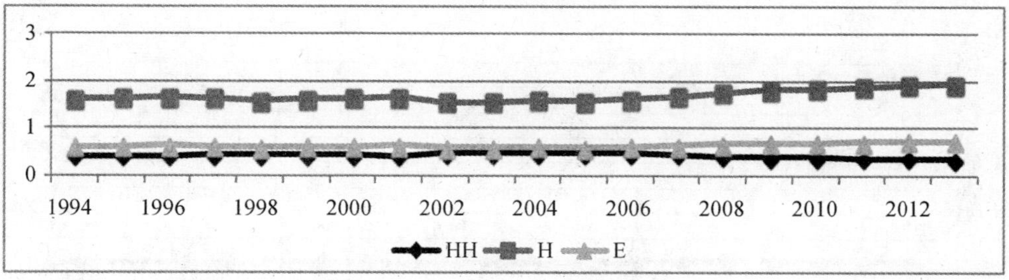

数据来源：根据1995－2014年《中国统计年鉴》数据计算而得。

图5.13 1994—2013年我国货物自六大洲进口的洲际结构指数

（二）自亚洲十国及地区进口的结构指数

如图5.14所示，我国自亚洲的主要十个国家和地区进口的HH指数在1994—2013年间总体变小，由1994年的最高值0.06变到2013年的0.02。H指数在

1994—2005 年波动的上升,在 2006 年又开始下降,E 指数也表现出了类似的变化,说明我国自此十国进口的整体地区结构在优化,但是 H 和 E 指数又说明 2007 年以后,自这十个国家和地区进口的内部差距在扩大,进口更集中于某些国家。

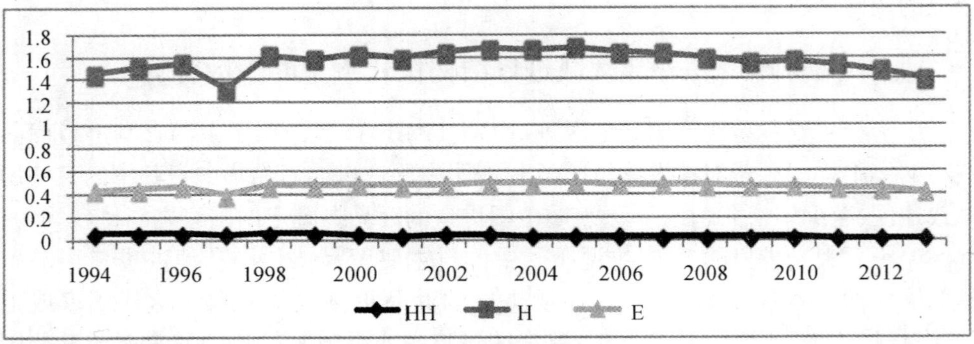

数据来源:根据http://unctadstat.unctad.org数据整理而得。

注:这里十国及地区包括前述表格国家及地区,即中国香港、印度、印度尼西亚、日本、马来西亚、新加坡、韩国、泰国、菲律宾、沙特阿拉伯等。

图 5.14　1994—2013 年我国自亚洲十国及地区进口的结构指数

(三)自欧美及大洋洲主要国家进口的结构指数

由图 5.15 可见,我国自欧美及大洋洲主要国家进口的 HH 指数呈现了下降的趋势(HH 值在 0.01 ~0.03 之间,所以在图 5.15 中不明显),而 H 指数呈现先降后升的变化,E 指数也先降后升,说明我国自欧美及大洋洲主要国家进口的整体地区结构在优化,而且自这些国家和地区进口的内部差距也在缩小。

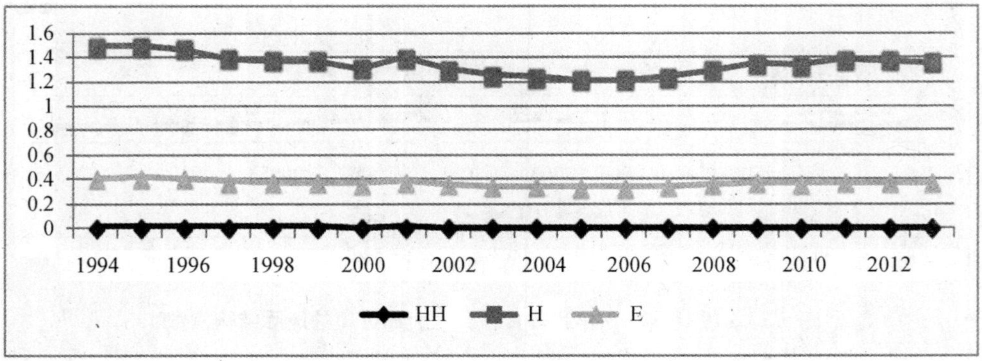

数据来源:根据http://unctadstat.unctad.org数据整理计算而得。

注:这里主要国家包括前述英国、德国、法国、意大利、荷兰、西班牙、俄罗斯、巴西、墨西哥、美国、加拿大和澳大利亚等十二国。

图 5.15　1994—2013 年我国自欧美及大洋洲主要国家进口的结构指数

第六章　美、日、德等贸易强国货物贸易结构的发展和比较

第一节　贸易强国的内涵及特征

一、贸易强国的内涵

“贸易强国”不是一个仅仅强调数量的简单名词，而是具有丰富系统内涵的，学术界并没有形成统一明确的说法。贸易强国是质和量的统一，有量还要有质，有大还要有强。结合他人的研究和现有的主要贸易强国的贸易情况，本书认为贸易强国具体内涵为：一国的商品出口以高附加值的价值型为主体，服务出口以金融、保险、商务服务等现代服务为主体，能在全球价值链中获得高端部分的利益，无论是出口的商品或服务都蕴含了包括技术（尤其是高新技术）、人力资源、市场支持度（主要是品牌和产品美誉度）和生产性资本等高级生产要素；进口与出口基本能统一协调的发展；服务贸易和货物贸易能形成良性互动的局面。

二、贸易强国的特征

（一）经济基本面

一国经济的基本状况、宏观运行环境是对外贸易良性发展的根基，贸易强国基本都是经济强国。贸易强国的基本经济特征如下。

1. 产业结构

贸易强国国内的产业结构比例协调，符合产业结构发展的规律特征。农业普遍运用科技化作业方法，现代化生产水平较高。工业企业自主创新能力很高，产品附加值大。第三产业比重占 GDP 的 60% ~70%，并成为国民经济的支柱。另外，各产业的主导行业在世界产业链中处于高端地位。

2. 企业竞争力

企业是国民经济中的微观主体，跨国企业是对外贸易中最有活力的组织。贸易强国通过自有一定量的大型跨国公司，能够获得价值链高端利润。这些跨国公司拥有具有影响力的世界品牌，有高效的管理团队和企业的管理诀窍，并掌握了产

品制造的核心技术及销售流程。

3. 配套的制度环境

存在相对稳定的汇率、良好的信贷机制、准入放开的金融市场、推进的利率市场化等优越的金融环境，稳定有利的政治环境，鼓励外资发展的配套环境，支持本土外贸企业发展的市场环境。

4. 世界经济贸易中的话语权

贸易强国在世界经济运行中发挥着重要作用，主要体现在可以参与世界贸易规则、惯例、标准的制定和修改，具有很强的跨区域谈判能力，在国际领域中有一定的话语权，并对世界市场的产品结构和价格产生重要影响。

（二）外贸基本面

1. 贸易结构

作为贸易强国其货物贸易商品结构应该是以进口初级产品、出口高附加值产品为主，高新技术是贸易强国出口的核心和优势。产业间贸易指数高，产品内和产业内贸易平衡发展，生产并出口大量差异化产品，将劳动密集型生产环节和成熟技术水平的生产环节转移出去。同时，贸易强国应该具有多元化的贸易区域结构，能抵御国际贸易市场的不稳定性所造成的风险。

服务贸易繁荣发展，并且服务贸易结构中生产性服务与消费性服务比例合适，保险、金融、咨询、专有权利使用费和特许费以及计算机和信息服务等具有高附加值的服务贸易总额应该超过传统的服务贸易项目，并有良好的发展前景。

2. 贸易条件

贸易条件包括纯贸易条件（价格贸易条件）、收入贸易条件以及要素贸易条件三类，这里主要指的是价格贸易条件，它更能反映出一国的贸易利益及经济福利状况。资本和技术密集型较高的高附加值产品需求弹性大，相对价格指数就会上升，故贸易强国应该以出口此类高科技产品为主进而不断改善贸易条件。

3. 贸易企业

贸易强国的贸易企业一般会有良好的与贸易相关的法律法规学习能力，及时获得各地的贸易情报的能力，较强的抗国际金融动荡、外贸风险的能力。另外，企业有全球化的贸易人才，强大的后备技术力量等。

4. 贸易贡献度

有适宜的贸易贡献度。贸易贡献度不是外贸依存度，它是进出口贸易额对国民经济活动的总量之比，能更好地反映外贸对国民经济总量的贡献。而外贸依存度是进出口贸易额与 GDP 的比重。国民经济活动总量是由一国的投资 + 消费 + 出口 + 进口组成的，GDP 是由投资 + 消费 + 出口 − 进口构成的，这样规模较大的贸易国外贸依存度的计算就弱化了贸易对经济活动的影响。贸易贡献度不是越高越好。太高，当世界经济发生不利变动时会传导到国内；太低，又无法发挥贸易强国的带动功能。

美、日、德是符合上述特征的世界三大贸易强国。本书首先介绍它们各自货物贸易结构的(笔者以商品结构为分析主线)发展阶段,并测算了相关的贸易指数,总结归纳了主要的发展经验,最后对三个国家的这些内容做一比较,以期能从中得到一些有益的启示。

第二节　美国货物贸易结构的发展

一、美国货物贸易结构的发展阶段

近半个世纪,美国都是世界上的贸易强国。如表 6.1 所示,虽然其货物贸易出口额占世界出口额的比重不断下降,货物贸易进口额占世界进口额的比重在 2000 年达到 18.73% 最高值后也下滑,到 2012 年分别占世界出口和进口额的比重仍然达到了 8.40% 和 12.55%。在国内,美国货物贸易额占美国贸易总额的比重维持在 70% ~80% 之间,远大于服务贸易额的比重。货物和服务贸易总出口占 GDP 的比重由 1960 年的 5.19% 上升到 2012 年的 13.52%,其中美国货物出口占 GDP 的比重由 1960 年的 3.77% 上升到 2012 年的 9.45%,也就是在美国服务贸易的规模和贡献远不及货物贸易。但是从 1972 年开始(1975 年除外),美国货物贸易出现了逆差,货物进口占比大于货物出口占比,即使在此情况下,美国货物出口占 GDP 比重依然增加。因此,研究美国的货物贸易结构变化及相关政策是很有意义的。

表 6.1　1965—2012 年主要年份美国主要贸易指标的变化

	总出口额占 GDP 的比重	货物出口占 GDP 的比重	美国货物出口占世界出口比重	美国货物进口占世界进口比重	货物进口贸易占美国贸易额比重	货物出口贸易占美国贸易额比重	货物贸易额占美国贸易额的比重
1960	5.19%	3.77%	15.10%	11.95%	32.86%	39.39%	72.25%
1965	5.21%	3.75%	14.05%	11.65%	33.82%	38.94%	72.75%
1970	5.55%	4.00%	13.64%	12.90%	36.73%	37.42%	74.16%
1975	8.21%	6.41%	12.41%	11.61%	40.51%	41.64%	82.15%
1980	9.81%	7.84%	11.08%	12.37%	44.72%	39.26%	83.98%
1985	6.98%	5.01%	11.20%	17.47%	48.93%	30.37%	79.30%
1990	9.23%	6.55%	11.28%	14.36%	43.75%	33.31%	77.06%
1995	10.61%	7.58%	11.31%	14.59%	44.94%	34.09%	79.03%
2000	10.63%	7.55%	12.11%	18.73%	49.02%	30.44%	79.47%

表 6.1(续)

	总出口额占 GDP 的比重	货物出口占 GDP 的比重	美国货物出口占世界出口比重	美国货物进口占世界进口比重	货物进口贸易占美国贸易额比重	货物出口贸易占美国贸易额比重	货物贸易额占美国贸易额的比重
2005	10.01%	6.84%	8.58%	15.94%	51.93%	27.01%	78.94%
2010	12.32%	8.49%	8.36%	12.70%	46.82%	30.40%	77.22%
2011	13.53%	9.47%	8.08%	12.25%	47.49%	31.03%	78.52
2012	13.52%	9.45%	8.40%	12.55%	47.29%	31.30%	78.58%

数据来源:1960—1970 年数据根据世界银行数据库整理计算得出,1971—2012 年数据根据联合国贸易发展数据库整理计算得出。

美国货物贸易结构的变迁是随着科学技术的发展、商品加工程度的变化而变化的。下面的分析中关于商品分类采用的是 SITC 分类法,即初级产品和工业制成品,初级产品包括食品、原料、燃料、铁矿和其他矿物、有色金属等五小类,工业制成品包括钢铁、化工产品、机械和运输设备、纺织品、服装、其他半成品和其他制成品七小类(为了便于分析和比较,日本和德国的商品分类与此相同)。

(一)19 世纪农产品保持比较优势

18 世纪晚期和 19 世纪开始时美国的出口商品结构体现出以开采充足的自然资源为比较优势。随着人口远离海洋,林地被清理出用于开发农业,出口结构实现了由包括资源产品在内的林业产品和海产品向农产品的巨大转变。内战前自然资源型产品已经不足 7%,美国出口的约 80% 是农产品。但是,美国农业在出口中的份额没有反映出美国经济结构的变革,而只体现出美国农业对于出口的依赖性。内战后以现价衡量的农业总产出从 1869 年约占 GNP 的 40% 下降 1913 年的仅略高于 15%,但当时农产品出口仍然能占到高于一半的份额。

(二)内战后农业的比较优势逐渐丧失,制造业的比较优势逐渐增强

内战后的半个世纪,美国的制造业快速发展,产品出口类型也从以农产品为主转向以工业制成品为主。从 19 世纪 70 年代到 19 世纪 90 年代,美国的初级产品与制成品出口的比值保持在大约 625% 到 555%。美国出口方面的比较优势的转变在 19 世纪末期才发生,比值下降到 225%。

(三)20 世纪中期以来资本和技术密集型产品长期的比较优势

20 世纪 60 年代以来,出口品以化工产品、机械设备、其他制成品和半制成品为主,进口产品中燃料、化工产品、机械和运输设备、其他制成品和半制成品占大部分比例。技术密集型产品是美国具有比较优势的出口产品,比它在自然资源密集型产品上的比较优势保持的时间还要长。直到现在,知识和技能仍然是美国比较优势的基础。具体分析如下。

1. 1963—2013 年美国出口商品结构变动

表6. 2 中显示,美国农产品的出口在过去 50 年是不断减少的,由 1963 年的 29. 8% 下降到 2012 年的 11. 77%,燃料和其他矿产品的出口经历了先降后升的过程,2012 年的出口占比高于 1963 年,制成品的出口占比到 2012 年为 75. 42%,高于 1963 年的 61. 4%。其中,化工产品、机械设备、其他制成品和半制成品的出口较稳定,是主要的出口商品;食品和燃料的出口近来有上升的趋势。

表 6. 2　1963—2012 年部分年份美国主要出口产品比重变化

				1963	1973	1983	1993	2003	2007	2012
总货物				100%	100%	100%	100%	100%	100%	100%
农产品				29. 8%	28. 7%	21. 6%	13. 3%	10. 5%	9. 8%	11. 77%
	食品			21. 5%	23. 2%	17. 3%	10. 1%	8. 1%	7. 5%	9. 45%
	原料			6. 3%	5. 5%	4. 3%	3. 2%	2. 4%	2. 2%	2. 32%
燃料和其他矿产品				8. 1%	6%	7. 6%	4. 1%	3. 9%	7. 2%	12. 81%
	铁矿和其他矿物			2. 2%	2. 1%	1. 9%	1%	1%	2. 2%	—
	燃料			4. 1%	2. 3%	4. 7%	2. 1%	1. 9%	3. 6%	9. 38%
	有色金属			1. 7%	1. 5%	1. 1%	1%	0. 9%	1. 4%	
制成品				61. 4%	62. 8%	66. 8%	76. 6%	81. 3%	78. 2%	75. 42%
	钢铁			2. 3%	1. 8%	0. 8%	0. 8%	0. 9%	1. 3%	1. 43%
	化工产品			8. 6%	8. 1%	9. 9%	9. 9%	13%	13. 3%	14. 14%
		药品		1. 2%	0. 9%	1. 3%	1. 3%	2. 6%	2. 9%	3. 07%
		其他化工产品		7. 4%	7. 2%	8. 6%	8. 6%	10. 3%	10. 4%	11. 07%

表 6.2（续1）

				1963	1973	1983	1993	2003	2007	2012
	机械和运输设备			35.9%	40%	42.7%	48.4%	48.5%	46.1%	42.90%
		办公和通讯设备		4.2%	6.2%	10.8%	9.8%	15.5%	11.6%	9.59%
			电算化和办公设备			5.7%	6.7%	5.7%	4%	3.49%
			通信设备			1.8%	3.1%	3.3%	3.3%	3.29%
			集成电路			2.3%	4.3%	6.6%	4.3%	2.82%
		运输设备		13.3%	18.6%	16.7%	16.4%	16.6%	17.5%	17.85%
			汽车产品	7.5%	11%	8.4%	9.2%	9.6%	9.4%	9.05%
			其他运输设备	5.7%	7.6%	8.3%	0.1%	7%	8.2%	8.80%
		其他机器		18.4%	15.3%	15.3%	22.2%	16.4%	17%	15.45%
			发电设备	0.6%	0.5%	2.6%	4.2%	2.9%	3.1%	—
			非电动设备	14.2%	11%	9.3%	9%	8.5%	9.4%	—
			电动设备	3.6%	3.8%	3.4%	9%	5%	4.5%	—
	纺织品			2.1%	1.8%	1.2%	1.3%	1.5%	1.1%	0.92%

表 6.2(续 2)

				1963	1973	1983	1993	2003	2007	2012
	服装			0.4%	0.4%	0.5%	1.1%	0.8%	0.4%	0.38%
	其他制成品和半制成品			12.1%	10.6%	11.7%	15.2%	16.6%	16.1%	15.65%

数据来源:根据《2009 年中国世界贸易组织统计年鉴》P636 及 http://stat.wto.org/StatisticalProgram/WSDBStatProgramSeries.aspx? Language = E 数据整理计算而得。

由表 6.3 中的数据显示,对比两年的数据可以发现,2013 年,美国前十大出口商品类别没有变化,只是金额和名次发生了变化。84 ~ 85 两章出口比重快速下滑,尽管这两章机电产品仍然是最主要的出口产品,矿产品出口增加较快,87 ~ 88 两章运输设备比重之和略有增加,第 90 章出口略有下降,贵金属和珠宝的出口上升也较快,其他商品变化不大。也就是从商品分章来看,美国的机电、运输、化学、光学和矿产品是主要出口产品,突显出了其以资本和技术密集型产品为主的出口结构。

表 6.3 2005 年和 2013 年美国前十大出口商品构成对比(章)

2005 年				2013 年			
HS 编码(章)	商品类别	出口额/百万美元	占比	HS 编码(章)	商品类别	出口额/百万美元	占比
84	核反应堆、锅炉、机械器具及零件	166 423	18.4%	84	核反应堆、锅炉、机械器具及零件	213 108	13.5%
85	电机、电气、音像设备及其零附件	129 403	14.3%	85	电机、电气、音像设备及其零附件	165 605	10.5%
87	车辆及其零附件,但铁道车辆除外	83 161	9.2%	27	矿物燃料、矿物油及其产品;沥青等	148 427	9.4%
90	光学、照相、医疗等设备及零附件	55 265	6.1%	87	车辆及其零附件,但铁道车辆除外	133 640	8.5%
88	航空器、航天器及其零件	49 823	5.5%	88	航空器、航天器及其零件	115 381	7.3%
39	塑料及其制品	38 096	4.2%	90	光学、照相、医疗等设备及零附件	84 281	5.3%

表 6.3(续)

2005 年				2013 年			
HS 编码(章)	商品类别	出口额/百万美元	占比	HS 编码(章)	商品类别	出口额/百万美元	占比
29	有机化学品	30 463	3.4%	71	珠宝、贵金属及制品;仿首饰;硬币	72 830	4.6%
27	矿物燃料、矿物油及其产品;沥青等	26 425	2.9%	39	塑料及其制品	60 837	3.9%
71	珠宝、贵金属及制品;仿首饰;硬币	22 041	2.4%	29	有机化学品	46 511	3.0%
30	药品	21 731	2.4%	30	药品	39 743	2.5%

数据来源:http://countryreport.mofcom.gov.cn/

2. 1963—2013 年美国进口商品结构变动

由表 6.4 中的数据显示,在 1963—2012 年间,美国的进口商品中农产品比重持续下降,由 1963 年的 33.3% 下降到 2012 年的 6.32%,燃料和其他矿产品的进口基本保持稳定,到 2012 年为 21.64%,制成品的进口在 1963 年时为 40.5%,1993 年、2003 年、2007 年和 2012 年基本都占到 70%。进口产品中,燃料、化工产品、机械和运输设备、其他制成品和半制成品的进口较多。2012 年,与出口相对照,农产品和制成品的出口是大于进口的。

表 6.4 1963—2012 年部分年份美国主要进口产品比重变化

				1963	1973	1983	1993	2003	2007	2012
总货物				100	100	100	100	100	100	100
农产品				33.3%	18.3%	10.3%	7.3%	5.9%	5.4%	6.32%
	食品			23.3%	13.6%	7.8%	5.3%	4.7%	4.3%	5.22%
	原料			10%	4.7%	2.5%	2%	1.3%	1.1%	1.10%
燃料和其他矿产品				22.9%	18.6%	26.4%	12.1%	14.2%	21.2%	21.64%
	铁矿和其他矿物			6.1%	2.4%	1.3%	0.7%	0.4%	0.5%	—

表 6.4(续 1)

				1963	1973	1983	1993	2003	2007	2012
	燃料			11.6%	12.8%	22.3%	9.8%	12.5%	18.4%	19.29%
	有色金属			5.3%	3.5%	2.8%	1.5%	1.3%	2.3%	
制成品				40.5%	60.5%	60.5%	77.3%	76%	69.8%	72.05%
	钢铁			3.8%	4.3%	2.7%	1.8%	1.1%	1.9%	2%
	化工产品			3.3%	11.1%	4.2%	5.1%	8%	7.9%	8.89%
		药品		0.3%	0.2%	0.4%	0.7%	2.4%	2.7%	3.06%
		其他化工产品		3%	10.9%	3.7%	4.4%	5.5%	5.2%	5.83%
	机械和运输设备			10.8%	31.3%	33%	44%	41%	37.3%	39.45%
		办公和通讯设备		2.3%	6.3%	8.9%	11.9%	13.9%	13%	13.60%
			电算化和办公设备	—	—	2.6%	7.3%	6.3%	5.5%	5.56%
			通信设备	—	—	4.3%	4.6%	5.6%	6.2%	6.32%
			集成电路	—	—	2%	3.5%	2%	1.3%	1.72%
		运输设备		4.7%	17.9%	16.4%	14.5%	16.5%	13.2%	13.40%
			汽车产品	3.5%	15.2%	14.4%	14.4%	13.9%	10.9%	11.15%
			其他运输设备	1.1%	2.7%	1.9%	0.2%	2.6%	2.3%	2.25%

表 6.4(续2)

				1963	1973	1983	1993	2003	2007	2012
		其他机器		3.8%	6.8%	7.7%	17.6%	10.6%	11.1%	12.46%
			发电设备	0.1%	0.1%	0.7%	2.9%	1.3%	1.9%	—
			非电动设备	2.8%	4.4%	4.3%	5.9%	5.1%	5.7%	—
			电动设备	1%	2.3%	2.6%	7.6%	4.2%	2.7%	
	纺织品			4%	2.2%	1.2%	1.5%	1.4%	1.2%	1.16%
	服装			2.3%	3.1%	3.9%	5.9%	5.5%	4.2%	3.92%
	其他制成品和半制成品			16.3%	16.3%	15.5%	19%	19.1%	17.3%	16.62%

数据来源：根据《2009 年中国世界贸易组织统计年鉴》P636 及 http://stat. wto. org/StatisticalProgram/WSDBStatProgramSeries. aspx? Language = E 数据整理计算而得。

由表 6.5 中的数据显示，对比两年的主要进口商品，前五章没有变化，2013 年第 62 章商品进口减少，而第 39 章商品进口增加了。第 27 章商品仍是美国最主要的进口商品，第 84 ~ 85 章、90 章、71 章和第 30 章的产品进口额和比重都增加了。也就是矿产品、机械设备及零件和光学设备及零、珠宝等、药品件仍然是美国重要的进口产品。

表 6.5　2005 年和 2013 年美国前十大进口商品构成(章)对比

2005 年				2013 年			
HS 编码(章)	商品类别	进口额/百万美元	占比	HS 编码(章)	商品类别	进口额/百万美元	占比
27	矿物燃料、矿物油及其产品;沥青等	286 412	17.1%	27	矿物燃料、矿物油及其产品;沥青等	379 766	17.8%
84	核反应堆、锅炉、机械器具及零件	222 802	13.3%	84	核反应堆、锅炉、机械器具及零件	304 282	13.4%

表 6.5(续)

2005 年				2013 年			
HS 编码(章)	商品类别	进口额/百万美元	占比	HS 编码(章)	商品类别	进口额/百万美元	占比
85	电机、电气、音像设备及其零附件	207 478	12.4%	85	电机、电气、音像设备及其零附件	298 466	13.2%
87	车辆及其零附件,但铁道车辆除外	199 806	12%	87	车辆及其零附件,但铁道车辆除外	249 131	11%
90	光学、照相、医疗等设备及零附件	46 882	2.8%	90	光学、照相、医疗等设备及零附件	71 125	3.1%
29	有机化学品	40 840	2.4%	71	珠宝、贵金属及制品;仿首饰;硬币	66 500	2.9%
62	非针织或非钩编的服装及衣着附件	37 515	2.3%	30	药品	62 991	2.8%
94	家具;寝具等;灯具;活动房	37 250	2.2%	29	有机化学品	53 396	2.4%
71	珠宝、贵金属及制品;仿首饰;硬币	37 222	2.2%	94	家具;寝具等;灯具;活动房	47 648	2.1%
30	药品	35 375	2.1%	39	塑料及其制品	44 259	2.0%

数据来源:http://countryreport.mofcom.gov.cn/

3. 1990—2013 年美国高科技产品出口的变动

如表 6.6 中数据所示,美国高科技产品出口额自 1990 年呈上升态势,2001—2004 年稍有下降,在 2008 年达到最高值 2 208.84 亿美元后,2009—2012 年在较低水平上,所占的比重在 1999 年达到最高值后,呈下降态势。虽然 2008 年的出口额最高,而所占比重只有 25.92%,之后逐年下降。由此可见,美国的技术密集型产品出口保持了一定的优势,但高科技含量产品的出口却在下降。

表 6.6　美国高科技产品出口额及占制成品出口额的比重变化

	1990	1991	1992	1993	1994	1995	1996	1997
出口额/亿美元	895.17	978.07	1 047.01	1.51.85	1 155.35	1 267.59	1 380.94	1 634.07
比重	32.53%	32.40%	32.56%	31.47%	31.00%	30.30%	30.76%	31.73%
	1998	1999	2000	2001	2002	2003	2004	2005
出口额/亿美元	1 719.69	1 814.32	1 974.66	1 761.64	1 620.82	1 602.91	1 762.82	1 907.37
比重	33.22%	34.26%	33.79%	32.59%	31.76%	30.82%	30.28%	29.90%
	2006	2007	2008	2009	2010	2011	2012	
出口额/亿美元	2 190.26	2 181.16	2 208.84	1 324.07	1 454.98	1 452.73	1 487.72	
比重	30.06%	27.22%	25.925	21.49%	19.93%	18.09%	17.83%	

数据来源：http://data.worldbank.org.cn/country/united-states

二、美国货物贸易结构发展的指数测度

本书根据可获得的数据，计算了进入新世纪以来，也就是 2000—2012 年的美国货物贸易结构变化的指数。在指标的使用上，一方面选取 RCA 来考察近期美国出口商品的比较优势变化（没有选择 RSCA，因为经计算美国下列商品的 RSCA 值都近似等于 1），另一方面选取 MI 指数综合考虑进口和出口情况下，贸易品的比较优势变化。

由表 6.7 中数据显示，2000—2012 年间，汽车产品的 RCA 值最高，RCA 基本介于 1.25 ~ 2.5，因此具有较强的国际竞争力。其次，原料的国际竞争力也较强。除了燃料和其他矿产品、钢铁、纺织和服装外，其余类的产品的 RCA 值都是在 0.8 ~ 1.25，因此具有中度的国际竞争力。

表 6.7　2000—2012 年部分年份美国出口商品的 RCA 指数

	2000	2003	2006	2009	2012
食品	1.03	1.09	1.07	1.14	1.19
原料	1.16	1.39	1.46	1.44	1.43
燃料	0.17	0.19	0.23	0.36	0.48
有色金属，铁矿和其他矿产品	0.61	0.70	0.80	0.85	0.74
钢铁	0.36	0.38	0.40	0.48	0.51
药品	0.99	0.97	1.09	1.18	1.05

表 6.7(续)

	2000	2003	2006	2009	2012
其他化工产品	1.21	1.39	1.43	1.36	0.98
办公和通信设备	1.30	1.22	1.10	1.00	0.99
电算化和办公设备	1.27	1.15	1.11	1.01	1.09
通信设备	0.94	0.80	0.73	0.82	0.90
集成电路和电子元件	1.67	1.77	1.59	1.24	1.01
汽车产品	2.15	2.37	2.56	1.61	2.30
其他运输设备	0.74	0.72	1.06	1.35	1.18
纺织	0.58	0.65	0.68	0.55	0.56
服装	0.36	0.24	0.19	0.16	0.16
其他半制成品和制成品	1.07	1.06	1.13	1.09	1.05

数据来源:根据 http://www.wto.org/english/res_e/statis_e/statis_e.htm 数据整理计算而得。

由表 6.8 中的数据显示,从 MI 指数来看,结合了贸易品的进口,食品、其他化工产品和其他运输设备显示出了较强的比较优势,而某些原来具有比较优势的产品变得不具有比较优势了,比如汽车产品的 RCA 指数很高,但 MI 指数为负,通信设备的 MI 指数也一直为负,办公和通信设备、电算化和办公设备的 MI 指数也逐渐转为负值。造成这种现象有两点原因:一方面,说明了同类产品美国的进口比重大于了出口比重,形成了大量的贸易逆差;另一方面也说明美国的产业内贸易量是巨大的。

表 6.8　2000—2012 年部分年份美国贸易品的 MI 指数

	2000	2003	2006	2009	2012
食品	0.03	0.04	0.03	0.04	0.04
原料	0.01	0.01	0.01	0.01	0.01
燃料	-0.10	-0.11	-0.15	-0.13	-0.10
有色金属,铁矿和其他矿产品	0.00	0.00	0.01	0.01	0.01
钢铁	-0.01	0.00	-0.01	0.00	-0.01
药品	0.01	0.00	0.00	0.00	0.00
其他化工产品	0.04	0.05	0.05	0.05	0.05
办公和通信设备	0.03	0.02	0.00	-0.04	-0.04
电算化和办公设备	0.00	-0.01	-0.01	-0.02	-0.02
通信设备	-0.02	-0.02	-0.03	-0.04	-0.03

表 6.8(续)

	2000	2003	2006	2009	2012
集成电路和电子元件	0.04	0.05	0.04	0.02	0.01
汽车产品	-0.05	-0.04	-0.02	-0.01	-0.02
其他运输设备	0.04	0.05	0.07	0.07	0.07
纺织	0.00	0.00	0.00	0.00	0.00
服装	-0.04	-0.05	-0.04	-0.04	-0.04
其他半制成品和制成品	-0.02	-0.03	-0.01	-0.01	-0.01

数据来源：根据 http://www.wto.org/english/res_e/statis_e/statis_e.htm 数据整理计算而得。

三、美国货物贸易发展的经验

(一)对外贸易政策应时而动,手段灵活而多变

美国的对外贸易政策多以克服生产要素不足、充分发挥经济中的比较优势、获得持久的国际竞争力为出发点,并比较成功地促进了美国经济发展,保护了美国的经济安全,获得了更多的贸易利益,增加了人员的就业。

例如在新中国成立初期和农业经济阶段,美国分别实行禁运令和采取了贸易保护政策;19 世纪 20 年代以后和 20 世纪 80 年代以后分别实行了阻止国外竞争的高关税政策及和平与战争的手段进行对外扩张;20 世纪 30 年代推行全球多边自由贸易政策来促进贸易快速发展;战后推动 GATT/WTO、世界银行、国际货币基金(IMF)等国际性机构的建立以多边解决贸易问题,推进世界贸易自由化;而 20 世纪 70 年代,由于日本、欧盟的不断壮大及美国贸易逆差的增大,开始转向双边协调机制,实行新贸易保护政策;到了 20 世纪 80 年代,美国的服务贸易开始显现出强大的比较优势,美国进入到服务经济时代,全面实施以对等交换市场为核心的公平贸易政策;迈入 21 世纪以来,美国对外贸易继续以服务贸易为比较优势,采取国内市场换取国外市场的办法,推动公平贸易政策,并不断完善反倾销法和争端解决机制。

(二)货物贸易政策的调整与科技革命相适应

每次科技革命的发生,美国都会及时调整货物贸易政策。第一次科技革命发明并推广了机器,虽然对美国货物贸易政策影响有限,但奠定了美国制造产业发展的基础;第二次科技革命推广了电的使用,美国部分制造业快速发展达到世界领先的地位,因此,美国实施了加快制成品出口占领世界市场的自由贸易政策;第三次科技革命是由美国主导的,原子能、空间科技、电子计算机等高新技术品成为美国货物贸易中的重要内容,美国货物贸易政策的重点就转向了高新技术产品。

（三）贸易保护政策和产业政策配合密切

贸易保护政策的最终目的就是把贸易政策与产业政策混合搭配，保护和扶植重点产业，促使本国产业能够在全球市场上获得最大的利益。美国贸易保护与扶持的产业与美国工业化不同阶段的产业重点是相吻合的。例如，由最初的商船业到幼稚棉纺工业，再从包括钢铁、汽车和电气工业的新兴工业到20世纪20年代的农业，再到高新技术产业，美国的贸易保护从未间断过，只是保护的手段更加隐蔽和多样化，保护的产业更具有技术含量。美国的贸易保护政策也改变了扶持发展产业、改变国际分工的初衷，越来越反映出不同利益集团的政治诉求，比如在政党交替时常被用来作为政治工具。

（四）制定有效的贸易保护工具

美国始终采用"301条款"和"337条款"两大武器保护国内厂商的利益不受实质性侵害。"301条款"来自于美国《1974年贸易改革法》第301节，此条款授权总统或美国的贸易代表（USTR）对他国政府不公正或不合理的贸易做法可以申诉或自行决定进行调查并进行制裁。这个条款是美国用以解决不受WTO管辖的美国与非WTO成员之间贸易争端问题的最重要的国内法律依据。"301条款"包括"一般301条款""特别301条款"和"超级301条款"。其中，"超级301条款"是须立法特别授权的"暂时性"条款，曾在1989—1990年和1994—1997年间生效。① 从美国的"301条款"的影响来看，除欧盟可稍作挑战外，其他任何国家，尤其是广大发展中国家只有被动接受不公平的市场开放，改进贸易环境和贸易政策。

"337调查"（也称"337条款"）来自于美国《1930年关税法》（Tariff Act of 1930）第337节。实践中，美国国际贸易委员会（International Trade Commission，ITC）主要针对进口产品侵犯美国知识产权的行为进行调查并采取制裁措施。美国越来越多的企业利用"337调查"对进口产品的知识产权提起侵权调查。② 中国是美国"337调查"的最大受害国。自中国加入WTO后，美国对华发起的"337调查"数量直线上升。2002—2010年，美国对华发起的"337调查"分别为5起、8起、10起、8起、13起、18起、13起、15起、26起而同期美国发起的"337调查"分别为17起、18起、26起、29起、33起、35起、41起、31起、56起。③

（五）加强对外经济中政府的作用

美国重视运用政府的力量激发企业参与国际贸易的热情。如政府领导人在出访世界各地时，积极带领大批跨国公司巨头，谈判签署合作项目，开辟他国市场。再如美国外贸法的执行是由贸易代表办公室、司法部、财政部、商务部、国防部、农

---

① 资料来源：http://gpj.mofcom.gov.cn/article/cx/cu/201105/20110507533419.shtml.

② 资料来源：http://gpj.mofcom.gov.cn/article/cx/cp/ea/200711/20071105253786.shtml.

③ 资料来源：http://www.usitc.gov/intellectual_property/documents/cy_337_institutions.pdf.

业部、海关和边境保护署、能源部、国际贸易委员会等多个部门负责的。这体现了美国的权力分立的国情。

(六)形成了完善的外贸法规体系

美国建立了包括基本法、部门法和国际协定的法规体系,并且各项贸易法具有很强的伸缩性,使发生贸易纠纷时能够灵活运用,确保能够实现美国外贸政策的目标。美国对外贸易的基本法是与美国《宪法》有关联的内容。部门法是与不同时期贸易政策相配套的不同外贸法规。例如,1930 年的《霍利 – 斯穆特(Smoot Hawley)关税法》带来了贸易保护主义的高潮,通过之后的《互惠贸易协定法》又彻底扭转了这种潮流,美国进入自由贸易的新时代。1974 年的《贸易改革法》表明美国从自由贸易时代进入具有保护贸易倾向的公平贸易时期。1988 年《综合贸易与竞争法》的实施又标志着全面形成了多轨制的公平贸易政策体系。除此之外,美国还参加并缔结了一系列与贸易有关的主要国际条约和协定,如《协调制度公约》《关税与贸易总协定》《汽车产品协定》《美国以色列自由贸易区协定》《北美自由贸易协定》《世界贸易组织协定》《海关国际条约》等。

(七)扩大对外经贸合作

美国一直试图维护自己的经济霸权地位,巩固在全球的既得利益。它从双边、多边和区域多轨同时进行的角度在全球开辟市场,并明确了以北美为立足点、覆盖拉美和面向亚太的区域一体化发展战略,取得了显著的效果。截至 2011 年底,美国已经同 18 个国家签订了双边或区域性自由贸易协定。美国目前正在重点推进的是《跨太平洋战略经济伙伴协定》(TPP)的谈判进程。

第三节　日本货物贸易结构的发展

一、日本货物贸易结构的发展阶段

日本本土面积狭小、国内资源匮乏,制约了其经济的发展。二战后通过对经济建设所需能源类产品的进口、美国对日本出口的帮扶、产业和贸易政策的及时调整,使得日本对外货物贸易快速上涨,并带动日本经济的重建和发展。在 1980 年之前,日本的进口受到外汇不足的制约,贸易顺差与逆差并存。自 1981 年起,日本实现了产业结构升级,减少了对进口能源的依赖,出口产品的国际竞争力增强,货物贸易保持了 30 年的贸易顺差。但是从 2007 年开始,日元贬值对进出口增长的刺激有限,进口成本又上扬,制造业的产品竞争力不断下降,货物贸易顺差开始减少,2011—2013 年都出现了逆差。

由表 6.9 中数据显示,货物贸易占日本贸易额的比重自 1965 年来都在 80% 以上,其中货物出口在世界出口总额中最高比重是 9.07%(1985 年),货物进口在世界进口总额中最高比重是6.80%(1980年)。日本货物和服务贸易总出口额占GDP的比重一直在10%以上,其中2007年达到17.75%,而货物贸易的出口占GDP的比重远高于服务贸易,也在2007年达到最大值。日本货物进口额和出口额在日本贸易额中的比重相差不如中国悬殊。尽管日本的对外贸易发展不如从前,仍是值得我们借鉴的贸易强国,下文分三个阶段探讨日本对外货物贸易结构的发展。

表6.9　1965—2012年主要年份日本主要贸易指标变化

	总出口额占GDP的比重	货物出口占GDP的比重	日本货物出口占世界出口比重	日本货物进口占世界进口比重	货物进口贸易占日本贸易额比重	货物出口贸易占日本贸易额比重	货物贸易额占日本贸易额的比重
1965	10.52%	9.29%	4.45%	4.11%	47.28%	45.71%	92.99%
1970	10.59%	9.24%	6.09%	5.74%	46.25%	45.21%	91.46%
1975	12.54%	10.88%	6.36%	6.34%	43.34%	44.93%	88.27%
1980	13.42%	12.00%	6.41%	6.80%	43.17%	46.77%	89.94%
1985	14.09%	12.80%	9.07%	6.47%	51.49%	37.92%	89.41%
1990	10.29%	9.27%	8.24%	6.54%	47.11%	38.56%	85.67%
1995	9.05%	8.31%	8.57%	6.36%	49.60%	37.60%	87.19%
2000	10.88%	10.13%	7.5%	5.7%	49.88%	39.50%	89.39%
2001	10.45%	9.70%	6.6%	5.4%	47.88%	41.43%	89.31%
2002	11.25%	10.47%	6.5%	5.0%	49.46%	40.02%	89.49%
2003	11.87%	10.96%	6.3%	4.9%	49.64%	40.29%	89.92%
2004	13.21%	12.15%	6.2%	4.8%	49.67%	39.91%	89.57%
2005	14.31%	12.49%	5.7%	4.8%	45.89%	37.29%	83.18%
2006	16.17%	14.21%	5.4%	4.7%	45.72%	38.70%	84.42%
2007	17.75%	15.62%	5.1%	4.4%	46.22%	38.03%	84.25%
2008	17.71%	15.45%	4.9%	4.6%	43.85%	40.62%	84.47%
2009	12.70%	10.89%	4.6%	4.4%	43.50%	38.89%	82.39%
2010	15.17%	13.38%	5.1%	4.5%	45.91%	39.14%	85.05%
2011	15.13%	13.38%	4.5%	4.6%	42.92%	43.17%	86.09%
2012	14.73%	13.08%	4.3%	4.8%	41.61%	44.47%	86.08%

数据来源:1960—1970年数据来自世界银行数据库,1971—2013年数据来自联合国贸易发展数据库,根据此数据计算整理而得。

(一)二战后恢复期的贸易结构

二战后,日本面临着通货膨胀和失业、物资和能源短缺等严重的问题。经济恢复期,对外贸易的主要任务就是增加外汇收入,提供生活和生产的必需品,恢复经济的发展。日本的出口商品以劳动密集型的轻纺织品为主,1955 年轻纺制品的出口占总出口的 50.4%,为重化工业发展提供资本积累;进口商品以轻工业原料和燃料为主,1955 年轻工业原料和燃料占进口的 42.8%;进出口都开始朝着重化工业发展,出口的重化工产品和进口的机器设备都增加了。

(二)高速增长期的贸易结构

石油危机爆发的 1956—1973 年期间,日本确立了"贸易立国"的战略,年均实际经济增长率接近 10%,其中 20 世纪 60 年代的年平均增长率高达 10.5%,约相当于发达国家平均增长率(5.1%)的二倍。1973 年日本的贸易总额是 752.4 亿美元,比 1956 年增加了 12 倍。

日本的出口贸易结构实现了劳动密集型向资本密集型的转变,原有的重工业品如钢铁、船舶等和战后新兴的工业制品如汽车、家用电器等增长更迅速,由 1955 年的 38% 上涨到 1970 年的 72.4%,而轻纺工业品的比重则由 1955 年的 53.5% 迅速下降到 1973 年的 20.6%;在进口贸易结构上,重化工业发展急需的资源进口迅速增加,如燃料由 1955 年的 11.7% 增加到 1970 年达到 20.7%,而原料和食品的比重由 1955 年的 51.1% 和 24.8% 减少到 1970 年的 35.4% 和 13.6%。

(三)第一次石油危机后的贸易结构

20 世纪 70 年代后半期到 20 世纪 80 年代前半期,经历了两次石油危机后,日本的经济发展和出口贸易都减速。鉴于对节能产品的极大需求,采取了研发生产技术密集型产品的模式,进而钢铁和化工等高耗能产品的出口下降,机械产品的出口实现了持续增长。

1985 年,由于与美欧在电机、汽车等产品上的贸易摩擦加剧,被迫签订了"广场协议"。为了减少贸易摩擦,许多大企业进行对外直接投资。日本的贸易立国战略也被"技术立国"和"扩大内需"战略替代。产业结构实现了由"重厚长大"的重化工业转向"轻薄短小"的产业的升级,大规模集成电路成为支柱产业。随着经济的不断发展,1988—2011 年日本的贸易结构逐渐稳定。

1. 1973—2013 年日本出口商品结构变动

由表 6.10 中数据显示,农产品出口大幅下降由 1973 年的 4.1% 下降到 2012 年的 1.44%,燃料和其他矿产品出口由 1973 年的 1.2% 增加到 2012 年的 4.68%。制成品的出口保持了以往的优势,其中,钢铁、纺织品、服装等制造业比重下降迅速,而汽车、集成电路等技术密集型商品的出口比重分布由 1973 年的 12% 和 1983 年的 2.5% 上升到 2012 年的 21.95% 和 5.54%。

表 6.10　1973—2012 年部分年份日本主要出口产品比重变化

				1973	1983	1988	1993	2003	2007	2012
总货物				100%	100%	100%	100%	100%	100%	100%
农产品				4.1%	1.8%	1.3%	1%	1%	1.1%	1.44%
	食品			2.4%	1	0.7%	0.6%	0.5%	0.5%	0.6%
	原料			1.7%	0.7%	0.6%	0.5%	0.5%	0.6%	—
燃料和其他矿产品				1.2%	1.5%	1.1%	1.4%	1.7%	3.7%	4.68%
	铁矿和其他矿物			0.1%	0.2%	—	0.1%	0.4%	0.7%	—
	燃料			0.3%	0.3%	—	0.5%	0.3%	1.3%	1.78%
	有色金属			0.8%	1%	—	0.7%	0.9%	1.7%	—
制成品				93.1%	95.6%	97.6%	97.6%	93%	89.7%	93.89%
	钢铁			14.4%	8.7%	—	4%	3.8%	4.8%	5.79%
	化工产品			5.8%	4.6%	—	7.25%	8.3%	9.1%	10.45%
		药品		0.3%	0.2%	—	0.5%	0.7%	0.4%	0.53%
	其他半制成品			7%	6.3%	—	4.4%	4.3%	4.2%	—
	机械和运输设备			51.7%	63.8%	—	71.46%	66.8%	63.2%	62.99%
		办公和通讯设备		12.7%	18.4%	24.2%	22.6%	19.1%	14.5%	10.91%

表 6.10(续)

				1973	1983	1988	1993	2003	2007	2012
			电算化和办公设备	—	4.8%	—	8.9%	5.1%	3.3%	2.44%
			通信设备	—	11.1%	—	6.2%	6.5%	4.9%	2.94%
			集成电路	—	2.5%	—	7.6%	7.5%	6.3%	5.54%
		运输设备		26.1%	28.6%	—	27%	27.4%	27.5%	28.11%
			汽车产品	12%	20.9%	—	20.66%	21.8%	22.3%	21.95%
	纺织品			6.6%	3.6%	2.1%	1.6%	1.4%	1%	1.03%
	服装			1%	0.4%	0.2%	0.1%	0.1%	0.1%	0.07%
	其他制成品			6.5%	8.1%	—	7.7%	8.4%	7.3%	—

数据来源：根据《2009 年中国世界贸易组织统计年鉴》P638 - 639 及 http://stat. wto. org/StatisticalProgram/WSDBStatProgramSeries. aspx? Language = E 整理计算而得。

由表 6.11 中数据显示，对比 2005 年和 2013 年主要出口商品构成，第 27 章矿物燃料、矿物油及其产品，沥青等商品出口增加快；第 85 章电机、电气、音像设备及其零附件商品出口额由 2005 年的 20.6% 下降到 2013 年的 15.1%；第 90 章光学产品的出口比重也下降了 0.5%；第 40 章橡胶制品出口额略在 2013 年没有排入前十；其余主要出口商品的出口额和比重都增加了。在 2005 年和 2013 年，机电、运输设备和光学零件是日本的主要出口商品章目，分别占到总出口的 68.3% 和 60.3%。2013 年，机电产品、运输设备和贱金属及制品是日本的主要出口商品大类，出口额为 2 433.1 亿美元、1 691.9 亿美元和 671.9 亿美元，占日本出口总额的 34.0%，23.7% 和 9.4%。

表 6.11　2005 年和 2013 年日本前十大出口商品构成(章)对比

2005 年				2013 年			
HS 编码(章)	商品类别	出口额/百万美元	占比	HS 编码(章)	商品类别	出口额/百万美元	占比
87	车辆及其零附件，但铁道车辆除外	125 193.1	21%	87	车辆及其零附件，但铁道车辆除外	148 480	20.8%
85	电机、电气、音像设备及其零附件	122 323.0	20.6%	84	核反应堆、锅炉、机械器具及零件	135 138	18.9%
84	核反应堆、锅炉、机械器具及零件	119 421.8	20.6%	85	电机、电气、音像设备及其零附件	108 171	15.1%
90	光学、照相、医疗等设备及零附件	34 268.3	6.1%	90	光学、照相、医疗等设备及零附件	40 089	5.6%
72	钢铁	24 461.9	4.1%	72	钢铁	35 346	4.9%
29	有机化学品	17 895.5	3.0%	29	有机化学品	26 326	3.7%
39	塑料及其制品	17 428.7	2.9%	39	塑料及其制品	25 681	3.6%
89	船舶及浮动结构体	11 854.3	2.0%	27	矿物燃料、矿物油及其产品，沥青等	16 547	2.3%
73	钢铁制品	9 402.2	1.6%	89	船舶及浮动结构体	15 553	2.2%
40	橡胶及其制品	8 586.2	1.4%	73	钢铁制品	13 461	1.9%

数据来源：http://countryreport.mofcom.gov.cn/

2. 1973—2013 年日本进口商品结构变动

如表 6.12 所示，农产品进口的比重由 1973 年 36% 下降到 2012 年的 10.7%；燃料和其他矿产品进口的比重略有增加，由 1973 年的 37.8% 升到 2012 年的 41.4%；制成品进口增加很快，由 1973 年的 25.6% 上升到 2012 年的 47.9%，其中，科技含量较高的药品、办公和通讯设备增长快，分别由 1973 年的 0.9% 和 2.1% 上涨到 2012 年的 2.8% 和 10.3%。

表 6.12　1973—2012 年部分年份日本主要进口产品比重变化

				1973	1983	1988	1993	2003	2007	2012
总货物				100%	100%	100%	100%	100%	100%	100%
农产品				36%	20.7%	26.6%	24.6%	15.3%	11.1%	10.7%
	食品			18.9%	13.5%	17.4%	17.3%	12.3%	8.9%	9.04%
	原料			17.1%	7.1%	—	7.3%	2.9%	2.2%	—
燃料和其他矿产品				37.8%	55.9%	32.1%	26.8%	26.1%	36.6%	41.4%
	铁矿和其他矿物			11.6%	5.9%	—	3.6%	2.7%	5.3%	—
	燃料			21.8%	46.7%	—	20.4%	21.2%	27.8%	34.7%
	有色金属			4.3%	3.2%	—	2.7%	2.2%	3.5%	
制成品				25.6%	21.5%	41.3%	46.1%	57%	50.6%	47.9%
	钢铁			0.6%	1.1%	—	1.7%	0.9%	1.3%	1.2%
	化工产品			4.9%	5.5%	—	7.3%	7.7%	7.3%	8.4%
		药品		0.9%	1%	—	1.6%	1.6%	1.5%	2.8%
	其他半制成品			3.9%	2.1%	—	4.9%	4.3%	3.9%	—
	机械和运输设备			8.3%	7%	—	16.9%	27.6%	24.3%	21.8%
		办公和通讯设备		2.1%	1.9%	—	6.8%	14.2%	11.2%	10.3%

表 6.12(续)

			1973	1983	1988	1993	2003	2007	2012
		电算化和办公设备	—	0.8%	—	2.9%	6.3%	3.8%	3.1%
		通信设备	—	0.4%	—	1.8%	3.4%	3.5%	4.7%
		集成电路	—	0.7%	—	2.2%	4.5%	3.9%	2.6%
	运输设备		1.8%	2.1%	—	4.5%	4.7%	4.1%	3.8%
		汽车产品	0.6%	0.5%	—	2.7%	2.9%	2.5%	2.3%
纺织品			3%	1.2%	2.2%	1.6%	1.3%	1%	1.1%
服装			1.5%	1.2%	3.7%	5.2%	5.1%	3.9%	3.9%
其他制成品			3.6%	3.3%	—	8.5%	10.2%	8.9%	—

数据来源:根据《2009 年中国世界贸易组织统计年鉴》P638 – 639 及 http://stat.wto.org/StatisticalProgram/WSDBStatProgramSeries.aspx? Language = E 整理计算而得。

如表 6.13 所示,对比 2005 年和 2013 年的数据,光学产品和车辆及其零附件(铁道车辆除外)、有机化学品、非针织或非钩编的服装及衣着附件的进口额增加了但比重减少,药品及针织或钩编的服装等进口额及比重均排入了进口的前十名。两年进口的前 6 章商品不变,总计分别占当年进口额的 57.1% 和 62.3%。2013 年,矿产品、机电产品和化工产品是日本的前三大类进口商品,进口额为 3 151.6 亿美元、1 589.0 亿美元和 569.6 亿美元,占日本进口总额的 37.8%,19.1% 和 6.8%。贱金属及制品和动物产品的进口出现较大降幅,分别为 10.2% 和 13.1%。因此,日本在本阶段的贸易特征是:实现了大量的产业内及产品内贸易,并且以中高技术密集型产品为主。

表 6.13 2005 年和 2013 年日本前十大进口商品构成(章)对比

2005 年				2013 年			
HS 编码(章)	商品类别	进口额/百万美元	占比	HS 编码(章)	商品类别	进口额/百万美元	占比
27	矿物燃料、矿物油及其产品;沥青等	132 755.8	25.8%	27	矿物燃料、矿物油及其产品;沥青等	281 205	33.8%
85	电机、电气、音像设备及其零附件	61 306.4	11.9%	85	电机、电气、音像设备及其零附件	96 643	11.6%
84	核反应堆、锅炉、机械器具及零件	52 118.1	10.1%	84	核反应堆、锅炉、机械器具及零件	62 255	7.5%
90	光学、照相、医疗等设备及零附件	19 936.7	3.9%	26	矿砂、矿渣及矿灰	32 102	3.9%
26	矿砂、矿渣及矿灰	14 059.9	2.7%	90	光学、照相、医疗等设备及零附件	24 540	3.0%
87	车辆及其零附件,但铁道车辆除外	13 886.2	2.7%	87	车辆及其零附件,但铁道车辆除外	21 112	2.5%
03	鱼及其他水生无脊椎动物	11 552.6	2.2%	30	药品	20 869	2.5%
29	有机化学品	11 484.8	2.2%	29	有机化学品	16 109	1.9%
62	非针织或非钩编的服装及衣着附件	11 402.1	2.2%	62	非针织或非钩编的服装及衣着附件	16 104	1.9%
44	木及木制品;木炭	10 919.2	2.1%	61	针织或钩编的服装及衣着附件	15 665	1.9%

数据来源:http://countryreport.mofcom.gov.cn/

3.1990—2013 年日本高科技产品出口的变动

根据表 6.14 中数据,日本高科技产品出口额反复升降,分别在 1995 年、2000 年、2006 年达到峰谷,到 2012 年为 1 234.12 亿美元,所占比重在 2000 年达到最高(28.69%),近年来逐渐下降,到 2012 年为 17.41%。无论在总额还是所占比重上,日本都略低于美国,也就是日本贸易结构并未真正升级到高技术产业产品的出口具有很强的竞争优势,与美国相比还有差距。这是因为二战结束后,日本国内市场狭窄,迫切需要大的市场规模容纳它在电子技术、光学和半导体、金属制造等方面的新技术产品。而美国在资本主义的国际市场规模上有主导权:当它欲满足日本对市场的需求时,日本的对外贸易就会获得巨大的成绩,技术进步也会加快;当它不愿再向日本提供国际市场规模时,日本的对外贸易和技术进步速度就会下降。

表 6.14　日本高科技产品出口额及占制成品出口额的比重变化

年份	1990	1991	1992	1993	1994	1995	1996	1997
出口额/亿美元	666.64	732.06	784.31	850.18	964.92	1 118.40	1 018.31	1 049.88
比重	24.24%	24.25%	24.07%	24.59%	25.55%	26.55%	26.15%	26.41%
年份	1998	1999	2000	2001	2002	2003	2004	2005
出口额亿美元	954.92	1 046.50	1 289.02	994.56	958.82	1 070.81	1 262.45	1 254.45
比重	26.15%	26.65%	28.69%	26.60%	24.78%	24.43%	24.10%	22.98%
年份	2006	2007	2008	2009	2010	2011	2012	
出口额/亿美元	1 292.41	1 178.58	1 199.15	951.59	1 220.47	1 264.78	1 234.12	
比重	22.06%	18.41%	17.31%	18.76%	17.96%	17.46%	17.41%	

数据来源:http://data.worldbank.org.cn/country/

二、日本货物贸易结构发展的指数测度

由于数据的可获得性,笔者只计算了2000—2012年的日本货物贸易结构变化的相关指数。在指标的使用上,一方面选取RSCA考察近期日本出口商品的比较优势变化,如表6.15所示,另一方面选取MI指数综合考虑进口和出口情况下日本贸易品的比较优势,如表6.16所示。

表 6.15　2000—2012 年部分年份日本出口商品的 RSCA 指数

	2000	2003	2006	2009	2012
食品	−0.88	−0.87	−0.86	−0.84	−0.86
原料	−0.61	−0.55	−0.50	−0.36	−0.32
燃料	−0.94	−0.94	−0.88	−0.77	−0.83
有色金属,铁矿和其他矿产品	−0.43	−0.35	−0.32	−0.16	−0.23
钢铁	0.16	0.22	0.20	0.35	0.35
药品	−0.50	−0.60	−0.68	−0.66	−0.69
其他化工产品	−0.03	0.01	0.08	0.11	−0.07

表 6. 15(续)

	2000	2003	2006	2009	2012
办公和通信设备	0. 19	0. 20	0. 12	0. 13	0. 06
电算化和办公设备	0. 11	0. 02	-0. 07	-0. 07	-0. 13
通信设备	0. 17	0. 23	0. 07	0. 01	-0. 11
集成电路和电子元件	0. 29	0. 33	0. 33	0. 38	0. 33
汽车产品	0. 34	0. 38	0. 44	0. 45	0. 49
其他运输设备	0. 16	0. 16	0. 22	0. 24	0. 22
纺织	-0. 25	-0. 26	-0. 25	-0. 23	-0. 23
服装	-0. 93	-0. 93	-0. 94	-0. 94	-0. 94
其他半制成品和制成品	-0. 08	-0. 11	-0. 08	-0. 09	-0. 05

数据来源：根据 http://www. wto. org/english/res_e/statis_e/statis_e. htm 整理计算而得。

表 6. 16　2000—2012 年部分年份日本贸易品的 MI 指数

	2000	2003	2006	2009	2012
食品	-0. 13	-0. 12	-0. 09	-0. 10	-0. 08
原料	-0. 03	-0. 02	-0. 02	-0. 01	-0. 01
燃料	-0. 20	-0. 21	-0. 27	-0. 26	-0. 33
有色金属，铁矿和其他矿产品	-0. 04	-0. 04	-0. 05	-0. 04	-0. 04
钢铁	0. 02	0. 03	0. 04	0. 05	0. 05
药品	-0. 01	-0. 01	-0. 01	-0. 02	-0. 02
其他化工产品	0. 01	0. 02	0. 03	0. 04	0. 04
办公和通信设备	0. 07	0. 05	0. 04	0. 03	0. 01
电算化和办公设备	0. 00	-0. 01	-0. 01	0. 00	-0. 01
通信设备	0. 03	0. 03	0. 02	0. 00	-0. 02
集成电路和电子元件	0. 04	0. 03	0. 02	0. 03	0. 03
汽车产品	0. 16	0. 20	0. 20	0. 17	0. 20
其他运输设备	0. 04	0. 04	0. 04	0. 06	0. 05
纺织	0. 00	0. 00	0. 00	0. 00	0. 00
服装	-0. 05	-0. 05	-0. 04	-0. 05	-0. 04
其他半制成品和制成品	-0. 01	-0. 01	-0. 01	0. 00	0. 02

数据来源：根据 http://www. wto. org/english/res_e/statis_e/statis_e. htm 整理计算而得。

钢铁工业和运输设备制造业不仅是日本国内最具国际竞争力的产业，而且在国际市场上也具有显著的竞争优势。根据两个表中的数据，钢铁、办公和通信设备、集成电路和电子元件、运输设备的 RSCA 值和 MI 值一直都是大于 0 的，也就都具有比较优势。其中，高技术密集型的集成电路及汽车产品的比较优势最高，2012 年时，其 RSCA 值分别为 0.33 和 0.49，MI 值分别为 0.03 和 0.2。而食品、燃料和服装有很强的比较劣势，2012 年时，其 RSCA 值分别为 -0.86，-0.83，-0.96，MI 值分别为 -0.08，-0.33 和 -0.04。电算化办公设备和通信设备的比较优势也在减弱，其 RSCA 值分别由 2000 年的 0.11 和 0.17 下降到 2012 年的 -0.13 和 -0.11，MI 值分别由 2000 年的 0.00 和 0.03 下降到 -0.01 和 -0.02。

三、日本货物贸易结构发展的经验

二战后，日本的对外贸易政策紧跟产业结构的变动进行调整，两者之间相互促进。产业结构的调整带来了对外贸易的快速发展，对外贸易政策的变动反映了产业结构的变化。这样互动的过程使得日本的产业结构和货物贸易结构都得到了升级。虽然 20 世纪 90 年代以来，日本经济一直在调整，原有的有竞争优势的产品正在丧失竞争力，但直到 2011 年，日本的对外贸易才出现逆差，而日本仍然是以出口技术密集型产品为主的贸易强国。因此，充分借鉴日本的对外贸易方面成功的政策经验有利于制定正确、合理的贸易发展战略，以获取更大的经济利益。

（一）不断优化产业结构，培养创新能力

1. 加快制造业主导产业升级

制造业一直是日本国民经济中的重要组成部分，它对经济增长的贡献是巨大的，即使在 1990 年后日本制造业开始衰退，它仍然有着重要的作用。制造业主导产业是否能有效升级是解决一国经济发展中出现的要素价格上涨、污染破坏环境等问题的有效途径。日本制造业的主导产业经历了劳动密集型向资本密集型然后向技术密集型产业的转换，每次转换都促进了国内各生产要素按照消费发展趋势和国际分工转变布局，使得对外贸易快速发展。

2. 充分发挥政府的组织和引导作用

日本政府在经济发展过程中的作用随处可见。比如，在产业结构上，政府会根据市场的需要，明确重点行业和战略规划；在技术创新上，通过大量财政投入激发社会的投入热情；在政策实施上，要求产业政策和其他的技术及产业政策互相融合，增强措施的可操作性。

3. 培育企业的自主创新能力

二战后，日本大规模的引进、消化、吸收高新技术，促进了日本技术密集型产业的发展和贸易条件的改善。这得益于日本企业丰富的生产一线研发人员和先进的

设备条件，使他们有极强的研究开发和技术承载能力。进入20世纪90年代后，日本虽已是世界先进的发达国家，但缺少突破性的创新性的高技术，发明创造远不及美国，只能跟在美国的后面，引进、模仿和改造美国的技术。当经济增长的泡沫破灭后，它也就失去了前进的动力。因此，企业的自主创新能力不是引进、模仿、改造这样的流程，而是要进行真正的创新和发明。

（二）制定合理的贸易政策

1. 制定与国家战略目标一致的实用型贸易政策

不同时期制定实施的贸易政策都有效地推动国家战略目标的实现。第一次石油危机爆发后，日本就确立了贸易立国的发展战略，既保护国内市场，又大量出口资本密集型产品，突破了土地和资源的限制，有力地占领了国际市场。第一次石油危机过后，确立了技术立国和扩大内需的战略，贸易产品的出口以大规模的集成电路为主，实现逐步开放的自由贸易政策，但对于农业和农产品，迫于政治压力和高昂的调整代价，日本一直奉行着保护主义政策。

2. 完善贸易相关的法律法规体系建设

日本有一整套复杂严密的贸易法律法规体系。1942年12月1日颁布的《外汇及对外贸易管理法》（简称《外管法》）是其对外贸易的基本法。20世纪70年代后期，新的《外管法》规定了日本政府除非必要否则不得干预外汇外贸活动。另外，还有《进出口交易法》，它涉及对外贸易管理问题，《贸易保险法》《日本贸易振兴法》旨在加快贸易发展及分类管理货物的《输入贸易管理令》和《输出贸易管理令》等。

3. 重视非关税壁垒的贸易保护作用

非关税壁垒尤其是技术性贸易壁垒，打着保护国内安全和环境的口号限制产品进入国内市场。它有极强的隐蔽性，难以规范和难以通过WTO进行削减的特点，因此被发达国家广泛的使用。日本的技术性贸易壁垒就种类繁杂、规则不明确，比如涉及农产品的技术性贸易壁垒，就能够成功阻止外国产品的进入。

4. 适时调整FTA政策，力争加入TPP

虽然日本的对外贸易是出口导向型的，积极开发国际市场，但在选择和签订FTA时不停地根据国内产业发展需要和国家利益调整FTA政策，经历了否定性观望、创新性参与、积极推动等三个阶段。2002年1月，日本首次与新加坡签订了EPA（经济伙伴协定，比FTA要求更高的合作），之后签订的FTA也不多。自2010年后，日本政府努力推动建立可以遍及大部分贸易合作伙伴的“经济合作网”，开始广泛建立FTA。2013年，《日本再兴战略》决定到2018年，FTA比率（缔结的FTA贸易额与占日本对外贸易总额的比率）提高到70%，现在仅为19%。截止到2013年5月，日本仅签订了与12个国家间和1个区域性的FTA。2013年3月，正式启动了中日韩自贸区谈判第一轮谈判；4月，启动了与欧盟的EPA谈判；5月，日本与东盟、中国、韩国、印度、澳大利亚、新西兰16国宣布启动区域经济伙伴关系协定(RCEP)首轮谈判,2013年3月,日本加入TPP(《跨太平洋伙伴关系协定》)谈判。TPP原是2005年在APEC框架协议内由新西兰、新加坡、文莱和智利签署的一项FTA。2009年,为了重返亚太,美国参加并积极领导TPP谈判,目的是打造高水平的全面的、面向"21世纪"的TPP。日本力争加入TPP,一方面借此推进积极制度改革,另一方面可以和美国组成有效的利益盟友,以达到主导亚太、遏制中国的目的。

5. 结合多种途径解决贸易摩擦

战后日本保护国内产业、奖出限进,致使贸易摩擦不断。为此,日本政府制定了多种应对解决的方案:首先,积极扩大内需,推进国内产业升级,降低对出口的依赖,通过了《贸易管理令》和《进出口交易法》等法律维护了日本的出口秩序,禁止企业无限制出口扩张,从源头抓起;其次,增加对外投资与合作,为了避免贸易壁垒的限制,日本进行对外直接投资。对发展中国家实施"资金还流计划"、特惠关税制度等进行帮扶,一定程度上营造了良好的国际环境,同时还扩大了出口地区,降低了交易风险;最后,完善贸易摩擦应对机制,建立以企业为主、团体为后援、政府对外交涉的反倾销应诉机制,实施磋商沟通机制,如日欧、美日等多个经贸领域的磋商机制,积极利用WTO争端解决机制。

第四节　德国货物贸易结构的发展

一、德国货物贸易结构的发展阶段

联邦德国在20世纪50年代初经济就恢复到战前水平,之后高速发展起来,从1952年起保持贸易顺差,外汇储备1970年超过了美国位居世界第一,占发达国家的15.2%。20世纪70年代至20世纪80年代,绝大多数年份贸易也都是顺差,而且1986—1990年,出口额排在全球第一。1990年10月3日,民主和联邦德国重新统一。"德国制造"竞争力强、质量高,除了1991—1992年贸易逆差外,1993开始,德国贸易顺差逐渐扩大,2003—2008年出口额又位于全球第一。受国际金融危机的影响,2009年德国的出口急剧减少,出口排在中国之后,为11 263.83亿美元。到2013年,其出口额为14 529.9亿美元,贸易顺差位居世界第一,为2 651亿美元。德国同全球230多个国家和地区保持贸易关系,近1/3的全国就业人员从事进出口工作,一半以上的主要工业部门产品进行出口。德国总出口额占GDP的比重由1970年的16.4%增加到2013年的50.7%,其中货物出口一直占据主要地位,其占GDP的比重与总出口额占GDP的比重相差不大,见表6.17。另外,德国的对外贸易中,服务贸易尽管发展也很快,但货物贸易额占对外贸易总额的比重始终在

80%上下,货物贸易出口额占世界总出口额的比重也是高于服务贸易出口额所占的比重。

表 6.17　1970—2013 年主要年份德国主要贸易指标变化

	总出口额占 GDP 的比重	货物出口占 GDP 的比重	货物出口占德国贸易额的比重	货物进口占德国贸易额的比重	货物贸易出口额占世界货物总出口额的比重	服务贸易出口额占世界服务总出口额的比重
1970	16.4%	18.6%	54.12%	48.52%	12.24%	—
1975	18.6%	21.1%	54.32%	46.71%	11.43%	—
1980	20.2%	23.3%	51.47%	49.70%	10.53%	—
1985	24.9%	28.1%	54.15%	46.85%	10.19%	—
1990	24.8%	24.6%	4.94%	41.77%	11.21%	—
1995	23.7%	20.8%	44.26%	39.22%	10.13%	—
2000	33.4%	29.2%	43.90%	39.56%	8.52%	5.6%
2005	41.3%	33.7%	43.50%	36.28%	8.87%	6.2%
2006	45.5%	37.2%	43.59%	35.64%	8.91%	6.1%
2007	47.2%	39.2%	44.79%	35.39%	9.27%	6.3%
2008	48.2%	40%	44.35%	36.14%	8.95%	6.4%
2009	42.5%	34%	42.51%	35.55%	8.93%	6.8%
2010	47.6%	38.8%	43.29%	36.22%	8.38%	6.3%
2011	50.6%	41.8%	43.49%	37.15%	8.27%	6.1%
2012	51.8%	42.6%	43.58%	36.40%	7.92%	5.9%
2013	50.7%	41.6%	44.77%	36.64%	7.72%	6.2%

数据来源:1960—1970 年数据来自世界银行数据库,1971—2013 年数据来自联合国贸易发展数据库,根据这些数据整理计算而得。

(一)联邦德国 20 世纪 50 年代到 20 世纪 80 年代末的贸易结构

对外贸易在实行自由化贸易政策的联邦德国的各个发展阶段都占有重要的地位。20 世纪 50 年代初和中期,工业制成品出口占联邦德国总出口的 70% 和 80%,到 1987 年达到了 92.1%。这主要得益于当时随着欧洲统一大市场的建设,欧共体成员资本货物投资相应的增加和德国产品价格上的优势,使得出口大幅度上涨。出口产品主要有机械设备、车辆、化工产品等。机械设备的出口比重由 1955 年的 23% 上涨到 1987 年的 48.4%;化工产品的出口也在平稳增加,1987 年为 13%(数据只有到 1987 年的）。工业制成品的大量出口带动了原材料和能源的大量进口，如矿物燃料的进口占总进口的比重由 1950 年的 2.3%，上涨到 1981 年的 24.3%。

（二）民主德国 20 世纪 50 年代到 20 世纪 80 年代末的贸易结构

和联邦德国一样，民主德国对外贸易对经济发展起着重要的作用，如 1980 年和 1985 年贸易总额分别占国民收入的 30% 和 40%。机器设备和运输设备是民主德国的主要出口品，1990 年占全部出口的 53%，其中办公和通信设备占到了 5.9%。由于自然资源的短缺，进口商品中，农产品、燃料和矿产品比重很大，但到 1990 年，它们的进口比重下滑到 12.4% 和 31.9%，而进口的工业制成品尤其是机械和运输设备到 1990 年达到了 30.1%。

（三）德国 1990—2012 年贸易结构的变化

德国的出口商品结构比较稳定，无论是初级产品和工业制成品内部结构，还是劳动密集型及资本、技术密集型商品的比例都无明显变化。德国实力最强、最重要的三大产业是机电产品、化工品、运输设备，这类产品有不易受价格和汇率波动的影响，市场前景好的特点，在出口商品中也排在前列。德国既出口又进口这些产品，通过产业内贸易进行技术升级和国内的组装。另外，加之德国的自然资源不足，矿产品如钢、铝土矿、锰、磷酸、钨和锡等都大量进口。

1. 1990—2013 年德国出口商品结构变化

由表 6.18 中数据显示，在过去的 20 多年间，农产品出口稳定增长，其中食品出口呈现类似的趋势，到 2012 年，农产品出口比重略高于燃料和其他矿产品的比重；燃料和其他矿产品的出口比重由 1990 年的 3.85% 上涨到 6.27%，其中燃料的出口比重由 1995 年的 1.01% 上涨到 3.13%；制成品的出口比重由 1990 年的 90.24% 下降到 2012 年的 87.38%，其中钢铁、纺织品、办公和通讯设备、服装都有所下降，运输设备产品和化工产品的出口较稳定。2012 年，德国汽车及零部件出口 1 900 亿欧元，同比增长 3.1%，在出口总额中比重达 17.3%，继续保持出口榜首。德国是世界上最大的化工产品出口国，2012 年出口额为 1 046.7 亿欧元，排在第二位。同时，德国也是世界第一大机械设备产品出口国，在 2012 年的出口额是 1 640 亿欧元，占全年出口的 15%，75% 的机械设备产品销往国外，出口额约占世界机械出口总额的 19%，在机械设备业 32 个产品领域中，德国产品在 18 个领域为世界出口第一，其余领域内也均处于世界前列。①

---

① 数据来源：http://fec.mofcom.gov.cn/gbzn/gobiezhinan.shtml? COLLCC=3746773682&.

表 6.18　1990—2012 年部分年份德国主要出口产品比重变化

				1990	1995	2000	2005	2010	2011	2012
总货物				100%	100%	100%	100%	100%	100%	
农产品				5.91%	6.51%	5.49%	5.69%	6.53%	6.56%	6.70%
	食品			4.79%	5.36%	4.66%	4.78%	5.55%	5.55%	5.73%
	原料			1.13%	1.15%	0.84%	0.91%	0.98%	1.01%	0.97%
燃料和其他矿产品				3.85%	2.19%	3.86%	4.93%	5.28%	6.05%	6.27%
	燃料			—	1.01%	1.19%	2.28%	2.20%	2.62%	3.13%
	其他矿产品			—	1.18%	2.68%	2.65%	3.08%	3.43%	3.14%
制成品				90.24%	91.30%	90.65%	89.40%	88.07%	87.25%	87.38%
	钢铁			3.83%	3.58%	2.61%	2.97%	2.62%	2.75%	2.53%
	化工产品			12.75%	13.96%	13.04%	13.90%	16.24%	15.67%	15.90%
		药品		—	—	2.58%	4.05%	5.37%	4.91%	5.15%
		其他化工产品		—	—	10.46%	9.85%	10.87%	10.75%	10.75%
	机械和运输设备			50.25%	51.61%	54.55%	52.78%	49.17%	49.10%	49.57%
		办公和通讯设备		5.39%	6.47%	8.93%	7.96%	5.76%	5.05%	4.80%
			电算化和办公设备	—	—	3.23%	3.03%	2.23%	1.94%	1.81%

表 6.18(续)

				1990	1995	2000	2005	2010	2011	2012
			通信设备	—	—	3.22%	3.19%	1.80%	1.64%	1.70%
			集成电路	—	—	2.49%	1.73%	1.73%	1.46%	1.29%
		运输设备		—	—	23.93%	23.71%	22.36%	22.765	23.68%
			汽车产品	16.80%	17.26%	18.90%	18.195	16.52%	17.10%	17.14%
			其他运输设备	—	—	5.03%	5.52%	5.84%	5.66%	6.54%
	纺织品			3.37%	2.90%	2.04%	1.44%	1.15%	1.13%	1.05%
	服装			1.89%	1.52%	1.37%	1.31%	1.41%	1.35%	1.28%
	其他制成品和半制成品			18.15%	17.74%	17.03%	17.00%	17.48%	17.25%	17.03%

数据来源：根据 http://www.wto.org/english/res_e/statis_e/statis_e.htm 整理计算而得。

由表6.19的数据显示，对比2005年和2013年的数据，机电产品、运输设备、药品、光学设备和塑料制品都是德国的主要出口商品，但机电产品和运输设备的出口比重略有下降。航空设备、矿物燃料等出口增加较快，而有机化学品出口比重略有下降。2005年和2013年，前6章商品的出口比重分别累计为62.4%和58%。2013年，机电产品、运输设备和化工产品是德国的主要大类出口商品，出口额分别为3 958.1亿美元、3 066.1亿美元和1 854.5亿美元，占德国出口总额的27.2%，21.1%和12.8%，分别增长2.4%，3.3%和5.4%。

表 6.19　2005 年和 2013 年德国前十大出口商品构成(章)

2005 年				2013 年			
HS 编码(章)	商品类别	出口额/百万美元	占比	HS 编码(章)	商品类别	出口额/百万美元	占比
84	核反应堆、锅炉、机械器具及零件	187 546.1	19.3%	84	核反应堆、锅炉、机械器具及零件	253 966	17.5%
87	车辆及其零附件,但铁道车辆除外	181 880.2	18.8%	87	车辆及其零附件,但铁道车辆除外	250 982	17.3%
85	电机、电气、音像设备及其零附件	111 144.0	11.5%	85	电机、电气、音像设备及其零附件	141 840	9.8%
39	塑料及其制品	45 641.6	4.7%	30	药品	74 330	5.1%
90	光学、照相、医疗等设备及零附件	40 465.8	4.2%	39	塑料及其制品	68 001	4.7%
30	药品	37 703.1	3.9	90	光学、照相、医疗等设备及零附件	66 479	4.6%
72	钢铁	24 137.1	2.5%	88	航空器、航天器及其零件	46 323	3.2%
29	有机化学品	23 857.5	2.5%	27	矿物燃料,矿物油及其产品;沥青等	45 730	3.2%
27	矿物燃料,矿物油及其产品;沥青等	22 150.7	2.3%	73	钢铁制品	33 913	2.3%
73	钢铁制品	21 919.6	2.3%	29	有机化学品	33 412	2.3%

数据来源:http://countryreport.mofcom.gov.cn/

2. 1990—2013 年德国进口商品结构变化

由表 6.20 的数据显示,农产品进口的比重在 2000 年以后相对稳定,由 2000 年的 9.56% 上升到 2012 年的 9.73%,其中在 2000 年以后食品进口比重略有增长,原料进口的比重变化不大;燃料和其他矿产品的比重在 2000 年前是下降的,2000 年后稳步增长,尤其对燃料的进口是由 2000 年的 9.31% 上升到 15.35%,主要是因为德国所需自然资源的 97% 依赖进口,其中石油和天然气绝大部分都从国外进口,而金属资源 100% 依赖进口;制成品的进口比重在 20 世纪 90 年代是上升的,进入21世纪开始下降，由2000年的77.19%下降到2012年的70.18%，其中其他制成品和半制成品、除药品外的化工产品进口有小幅度增加，其余制成品的进口都呈稍有下降趋势。

表6.20 1990—2012年部分年份德国主要进口商品比重变化

				1990	1995	2000	2005	2010	2011	2012
总货物				100%	100%	100%	100%	100%	100%	100%
农产品				13.56%	13.80%	9.56%	9.08%	9.59%	9.55%	9.73%
	食品			10.28%	10.86%	7.59%	7.43%	7.79%	7.73%	7.96%
	原料			3.28%	2.94%	1.97%	1.65%	1.80%	1.82%	1.77%
燃料和其他矿产品				13.84%	6.61%	13.25%	15.94%	17.00%	19.28%	20.09%
	燃料			9.19%	6.89%	9.31%	11.93%	12.05%	13.92%	15.35%
	其他矿产品			4.66%	-0.28%	3.94%	4.01%	4.95%	5.36%	4.74%
制成品				72.59%	79.59%	77.19%	74.98%	73.41%	71.16%	70.18%
	钢铁			3.71%	3.76%	2.48%	3.09%	2.94%	3.27%	2.81%
	化工产品			9.11%	10.15%	10.13%	12.38%	13.63%	13.28%	13.25%
		药品		—	—	2.01%	4.01%	4.62%	4.20%	4.00%
		其他化工产品		—	—	8.12%	8.36%	9.01%	9.08%	9.25%
	机械和运输设备			33.06%	37.24%	41.31%	39.07%	36.84%	34.62%	33.96%
		办公和通讯设备		8.45%	10.57%	12.96%	11.48%	10.30%	8.54%	7.98%

表 6.20(续)

				1990	1995	2000	2005	2010	2011	2012
			电算化和办公设备	—	—	6.29%	5.02%	3.89%	3.23%	3.05%
			通信设备	—	—	3.57%	4.13%	3.32%	2.91%	3.14%
			集成电路	—	—	3.10%	2.33%	3.09%	2.41%	1.78%
		运输设备		—	—	14.73%	15.38%	14.31%	13.56%	13.585
			汽车产品	8.87%	10.75%	9.93%	9.90%	8.22%	8.54%	8.45%
			其他运输设备	—	—	4.80%	5.48%	6.08%	5.02%	5.13%
	纺织品			3.41%	2.99%	2.12%	1.55%	1.26%	1.26%	1.14%
	服装			5.86%	5.88%	4.29%	3.29%	3.12%	3.16%	2.94%
	其他制成品和半制成品			17.45%	19.57%	16.86%	15.59%	15.62%	15.58%	16.07%

数据来源：根据 http://www.wto.org/english/res_e/statis_e/statis_e.htm 整理计算而得。

由表 6.21 的数据显示,对比 2005 年和 2013 年的数据,机电产品、运输设备、矿产品、药品和塑料制品都是德国的主要进口商品,而且其他主要的进口商品种类没有发生变化。德国的进口结构相对稳定,2005 年和 2013 年前 6 章商品的进口比重分别累计为 54.8% 和 53.1%。

表 6.21　2005 年和 2013 年德国前十大进口商品构成(章)

2005 年				2013 年			
HS 编码(章)	商品类别	进口额/百万美元	占比	HS 编码(章)	商品类别	进口额/百万美元	占比
84	核反应堆、锅炉、机械器具及零件	106 367.3	13.8%	27	矿物燃料、矿物油及其产品;沥青等	176 239	14.8%
85	电机、电气、音像设备及其零附件	93 424.5	12.1%	84	核反应堆、锅炉、机械器具及零件	142 235	12.0%
27	矿物燃料、矿物油及其产品;沥青等	91 006.7	11.8%	85	电机、电气、音像设备及其零附件	126 493	10.7%
87	车辆及其零附件,但铁道车辆除外	76 463.8	9.9%	87	车辆及其零附件,但铁道车辆除外	98 732	8.3%
30	药品	31 175.3	4.0%	30	药品	44 350	3.7%
39	塑料及其制品	24 737.1	3.2%	39	塑料及其制品	42 802	3.6%
72	钢铁	22 847.1	3.0%	90	光学、照相、医疗等设备及零附件	36 340	3.1%
29	有机化学品	22 446.4	2.9%	29	有机化学品	33 326	2.8%
90	光学、照相、医疗等设备及零附件	21 853.6	2.8%	72	钢铁	29 646	2.5%
88	航空器、航天器及其零件	21 761.6	2.8%	88	航空器、航天器及其零件	28 905	2.4%

数据来源:http://countryreport.mofcom.gov.cn/

3.1990—2013 年德国高科技产品出口的变动

由表 6.22 中数据显示,德国高科技产品出口额稳定增加,由 1990 年的 424.68 亿美元上升到 2012 年的 1 833.54 亿美元,其中在 2006—2010 年略有下降,从 2004 年超过日本,2009 年超过美国,但其所占制成品出口的比重不高,只有在 2000—2001 年超过了 8%,2007—2012 年在 13% ~16% 之间徘徊。这一比例是低于同期美国和日本高科技出口的比例的,说明德国仍以中低技术商品出口为主,但高科技产品出口有很大的贸易潜力,这也是德国出口贸易结构较稳定的原因之一。

表 6.22　德国高科技产品出口额及占制成品出口额的比重

年份	1990	1991	1992	1993	1994	1995	1996	1997
出口额/亿美元	424.68	464.25	480.69	426.05	495.15	605.82	609.53	640.75
比重	12.00%	13.10%	12.66%	13.43%	13.64%	13.71%	13.77%	14.65%
年份	1998	1999	2000	2001	2002	2003	2004	2005
出口额/亿美元	716.27	771.88	855.42	905.56	935.78	1 062.03	1 356.78	1 463.89
比重	15.18%	16.49%	18.63%	18.32%	17.45%	16.90%	17.82%	17.42%
年份	2006	2007	2008	2009	2010	2011	2012	
出口额亿美元	1 631.69	1 534.19	1 598.12	1 399.61	1 585.07	1 833.71	1 833.54	
比重	17.14%	13.99%	13.30%	15.26%	15.25%	14.96%	15.80%	

数据来源：根据 http://data.worldbank.org.cn/country/germany 整理计算而得。

二、德国货物贸易结构发展的指数测度

由于数据的可获得性，本书只计算了 2000—2012 年的德国货物贸易结构变化的相关指数。选取 RCA 考察近期德国出口商品的比较优势变化（没有选择 RSCA，因为经计算德国下列商品除原料外的 RSCA 值都近似等于 1），见表 6.23；选取 MI 指数综合考虑进口和出口情况下贸易品的比较优势，见表 6.24。

表 6.23　2000—2012 年部分年份德国出口商品的 RCA 指数

	2000	2003	2006	2009	2012
食品	0.66	0.62	0.70	0.72	0.72
原料	0.42	0.40	0.57	0.61	0.60
燃料	0.11	0.16	0.17	0.14	0.16
有色金属，铁矿和其他矿产品	0.84	0.79	0.74	0.68	0.68
钢铁	1.11	0.95	0.96	0.95	0.90
药品	1.45	1.26	1.53	1.64	1.76
其他化工产品	1.41	1.24	1.30	1.26	0.95
办公和通信设备	0.56	0.60	0.58	0.51	0.50
电算化和办公设备	0.53	0.58	0.64	0.62	0.56

表 6.23(续)

	2000	2003	2006	2009	2012
通信设备	0.68	0.71	0.61	0.41	0.46
集成电路和电子元件	0.49	0.51	0.46	0.48	0.46
汽车产品	4.50	4.88	4.55	3.31	4.35
其他运输设备	0.53	0.48	0.66	0.84	0.87
纺织	0.80	0.70	0.71	0.66	0.64
服装	0.42	0.43	0.48	0.58	0.53
其他半制成品和制成品	1.06	1.05	1.13	1.17	1.14

数据来源:根据 http://www.wto.org/english/res_e/statis_e/statis_e.htm 整理计算而得。

表 6.24 2000—2012 年部分年份德国出口商品的 MI 指数

	2000	2003	2006	2009	2012
食品	-2.93	-3.37	-2.49	-2.58	-2.23
原料	-1.14	-0.99	-0.67	-0.63	-0.80
燃料	-8.12	-7.61	-9.97	-9.81	-12.22
有色金属,铁矿和其他矿产品	-1.27	-1.02	-1.94	-0.98	-1.61
钢铁	0.13	0.07	-0.10	0.12	-0.28
药品	0.57	-0.11	0.28	0.81	1.14
其他化工产品	2.35	1.87	1.36	1.86	1.48
办公和通信设备	-4.03	-3.76	-3.72	-3.86	-3.18
电算化和办公设备	-3.06	-2.54	-1.83	-1.36	-1.25
通信设备	-0.35	-0.72	-1.16	-1.65	-1.44
集成电路和电子元件	-0.62	-0.50	-0.72	-0.86	-0.49
汽车产品	8.97	8.69	7.79	5.66	8.70
其他运输设备	0.23	0.65	0.13	0.22	1.41
纺织	-0.09	-0.17	-0.07	-0.12	-0.09
服装	-2.91	-2.54	-1.76	-1.92	-1.65
其他半制成品和制成品	0.17	0.43	1.94	1.83	0.94

数据来源:根据 http://www.wto.org/english/res_e/statis_e/statis_e.htm 整理计算而得。

如表 6.23 所示,德国出口的商品中汽车的 RCA 指数值大于 2.5,具有极强的国际竞争力。药品的 RCA 指数值大于 1.25,具有较强的国际竞争力,钢铁、其他化工产品、其他运输设备和其他半制成品及制成品的 RCA 指数值大于 0.85，具有中度的国际竞争力。其他产品的竞争力较弱。

再从表 6.24 的 MI 指数值来看，结合进口之后，化工产品、运输设备和其他半制成品和制成品的值大于 0，具有比较优势，原料、集成电路、纺织品的 MI 值为负，但接近 0，正由不具比较优势向具有比较优势转变。钢铁的 MI 值变成负值，不具有竞争优势。因此，综合两个指数值，德国出口的强项在于化工产品、运输设备和其他半制成品及制成品。

三、德国货物贸易结构发展的经验

（一）优化产业结构，培养创新能力

1. 支柱产业升级

支柱产业具有强大的市场竞争力和发展前景良好等特点。它不是由政府选择出来的，而是市场竞争的结果。德国高度发达的市场经济更促进了支柱产业的自发形成和升级。二战后，能源工业、钢铁工业、建筑业、机械工业、化学工业和汽车工业等满足了德国恢复性建设的需要，成为支柱产业；20 世纪 70 年代以后，支柱产业包括了电子工业和生物技术；20 世纪 80 年代末 90 年代初，微电子技术、新能源等新兴产业成为德国的支柱产业；20 世纪 90 年代中期以后，计算机信息技术和电子商务成为支柱产业；21 世纪后，新能源、可再生能源等产业成为支柱产业。

2. 充分发挥政府的组织和引导作用

德国政府一方面重视企业发展的内外环境的改善，另一方面吸引全球人才、刺激新产品的研发。如 2006 年，德国政府开始实施“去除官僚主义、改善管理与执法”的行动计划，并陆续推出了 300 多项简化管理、提高效率的措施。这些做法使企业年均可减少管理成本支出 110 亿欧元，下降幅度达到 22%。同时，修改了有限责任公司法，降低了科技型企业注册成立的门槛，尤其是降低了企业最低注册资本金的限制条件。2008 年，又通过了科技创新国际化的战略，力求通过国际合作吸引全球优秀人才，增强德国作为科技创新强国的地位。近几年，德国各级政府的公共采购约占德国 GDP 总值的 12%，有力地刺激了新技术和产品的研发。2009 年出台的“标准化政策纲要”指导性，旨在使政府的科技创新刺激措施与标准化工作对接，各项科技成果能快速进入市场。

3. 坚持制造业立国，重视发展创新型中小型制造业企业

德国制造业发展的主力不是国际化大企业，而是在某一产品领域有很强的国际竞争力的高度专业化的家族企业。它们数量高达 1 200 ~ 1 500 个，因其产品在某个不为大众熟悉的领域占有优势地位，而企业名称也很少见于媒体，故被称为“隐形冠军”。这些中小企业通常有自己的销售网络，超过一半在国外建设生产基地，而且是跨国企业生产经营链的很重要的一环。

4. 培育企业的自主创新能力

一方面，德国为企业的自主创新提供制度激励，比如专利保护、技术标准等，全球约2/3的机械制造标准来自“德国标准化协会”；另一方面，企业和政府投入大量的研发资金，德国的研发投入占GDP的3%左右，其中只有10%来自于政府，其余都来源于企业，80%的大型企业建有自己的研发机构，中小企业也成立了联合研发机构。这种对科技创新的高度重视带来了不同时期产业结构的优化。

（二）制定完善的贸易政策

1. 健全贸易促进体系

德国的三大外贸促进机构和各行各业的企业家协会共同组成了贸易促进体系，为德国企业迈向国际市场提供帮助。三大外贸促进机构包括德国海外商会、驻外使馆商务代表处、联邦外贸信息服务局，他们只有在重要的贸易伙伴国才同时设立，其余地区由驻外使馆商务代表处负责协助促进企业国际贸易业务。另外，各种企业协会为企业成员提供详尽的咨询服务。德国经济亚太委员会与德中经济联合会就为在中国开展业务的企业提供信息服务。

2. 适时采取贸易保护政策

德国的对外贸易也是自由和保护并存的贸易。从20世纪70年代初期石油危机之后，德国制定了一系列贸易保护措施，包括控制和调整战略物资的出口、采取非关税壁垒限制特定产品的进口、国家垄断电信和邮政业务、制定贸易品的技术及安全等标准等。作为欧盟一员，德国也要执行共同的贸易政策，这其中必然涉及贸易保护政策，比如欧盟给中国纺织品、大蒜、瓷器等的进口配额。

3. 通过法律法规有效管理对外贸易

《对外经济法》和《对外经济法实施细则》规定了德国公司和个人在同国外进行商品、资本等活动时具有经营和管理的自主权，政府一般不会干预，这是对外贸易的基本法。除此之外，德国还要遵循欧盟对外贸易的相关法规、标准。关于具体产品的安全及技术问题需要将欧盟的规定本土化后再执行。

4. 参与区域经济合作，拓展国外市场空间

德国积极参与各种经贸合作，以确保外贸稳定增长。首先，大力参与推动区域一体化进程，包括主张欧盟向更高层次发展，推动欧盟与美国的“跨大西洋贸易和投资伙伴关系协定”（TTIP）的谈判，促成欧盟与加拿大的“全面经贸协定”（CETA）；其次，与贸易对象国签订合作协议，如1979年和1985年中德签订的《经济合作协定》《避免双重征税协定》，2012年与摩洛哥签订了发展合作协定，与越南签订了财政合作协定。

5. 大力推动展览会平台

德国的会展业享誉全球，通过“会展”窗口推动对外贸易的发展。首先，德国每年举办一两百个展会，外商参展比例超过一半，提高了展会的知名度，也建立了

与国外企业的联系；另外，企业积极参加各种国外的国际展会，主动开拓市场。AUMA（德国最权威的展览业协会）的一份研究报告显示约79%的德国企业通过展览会进入国际市场，而且其达成的贸易量占总额的90%左右；同时，政府、AUMA和组展公司也为企业参与展会提供了各种支持。政府可以为不具实力的中小企业提供财政支持，AUMA通过庞大的数据库和专业的服务提供了技术支持，很多组展公司通过展前、展中和展后的一系列策划筹备让企业参展时能展现最具价值的一面。

第五节　美、日、德三国货物贸易结构发展的比较

通过对美、日、德三个国家货物贸易变化的介绍和分析，进一步比较它们，找出发展中的共性和特性，为我国货物贸易的发展提供有力的经验借鉴。

一、发展阶段和指数测度的比较

（一）相似性

首先，美、日、德三国的出口结构都经历了由劳动密集型商品出口为主—资本密集型商品出口为主—技术密集型商品出口为主的转变，而且技术密集型商品的技术含量都以中高类型为主。到了20世纪60年代，美、日、德（联邦德国和民主德国）三国的工业制成品在本国出口比重占到了一半，而且都呈现了良好的发展前景。1973—2012年，美、日、德三国的工业制成品中，都以运输设备的出口为主。2012年，美、日、德三国的高科技产品出口都占制成品出口额的15%～18%。2013年，美、日、德三国出口品中，第84章～第85章的机电产品、第87章的运输设备都占到了近10%，排在出口品前列。其次，美、日、德三国的进口贸易在三国总贸易中都占有重要地位，都经历了进口农产品为主—进口农产品和燃料、矿产品为主—进口工业制成品为主这样的发展阶段。在20世纪六七十年代，美、日、德三国进口的农产品与燃料矿产品的比重之和都超过了工业制成品。到了20世纪80年代，进口工业制成品的比重超过了其他产品的比重。2013年，美、日、德三国进口品中，排在前三位的依次为第27章矿产品和第84章～第85章机电产品。其中，日本由于国土面积小，自然资源有限，更加大量进口矿产品来满足工业生产的需要。然后，从美、日、德三国贸易品的指数测度情况看，运输设备是三个国家都具有竞争优势的产品。

（二）差异性

第一，表现在美、日、德三国出口结构升级的时间差异上。美国是在19世纪90年代就实现了制造业为主并大量出口制成品，而日本和德国分别是在20世纪60年代经济高速增长时期和二战后50年代左右实现的以工业品出口为主。美国的快速发展得益于它的资源优势、不受战争干扰、民主的自由环境和人力资本。日本

和德国国内自然资源短缺,但人力资本雄厚,工业制成品出口发展快。

第二,表现在美、日、德三国出口产品比重差异上。美国农产品和制成品出口的比重分别由1993年的13.3%和76.6%下降到2012年的17.77%和75.42%,燃料和其他矿产品出口的比重由1993年的4.1%上涨到2012年的12.8%。日本农产品和燃料和其他矿产品出口的比重分别由1993年的1%和1.4%上升到2012年的1.44%和4.68%,制成品出口的比重由1993年的97.5%下降到2012年的93.89%。德国农产品和燃料和其他矿产品出口的比重分别由1995年的6.5%和2.19%上升到2012年的6.7%和6.27%,制成品出口的比重由1995年的91.5%下降到2012年的81.38%。日本和德国由于国内土地狭小、资源有限,所以出口的制成品比重都高于美国,而且农产品、燃料和其他矿产品的出口比重也都小于美国。

第三,表现在美、日、德三国进口产品比重差异上。美国在20世纪80年代的货物进口额就超过了出口额,其中农产品进口的比重一直在减少,而工业制成品比重逐渐增加,由1963年的40.5%上升到72.05%,燃料和矿产品的比重维持在20%左右。日本的进口贸易额在2011—2012年大于出口贸易额,对外贸易开始逆差。它在20世纪50年代至20世纪70年代的进口都以原料和食品为主。直到20世纪80年代,虽然制成品进口的比重超过了其他任何产品,但从具体商品看,矿物燃料仍然是最重要的进口品。2013年,占日本进口贸易的33.8%。德国的对外贸易始终保持了顺差,各类产品的进口基本稳定,其中工业制成品的进口在70%左右,和美国的比重相似。也就是美、日、德三国中日本进口的工业制成品比重最小,主要是日本自然资源短缺需进口大量矿物燃料所致。

第四,从指数测度结果看,每个国家具有竞争优势的产品不完全相同。MI指数测度显示,美国的食品、其他化工产品和其他运输设备、日本的高技术密集型的集成电路及汽车产品、德国的化工产品、运输设备和其他半制成品和制成品有较强的竞争优势。

二、发展经验的比较

美、日、德三国政府在对外贸易发展过程中机动灵活的制定了符合本国国情的产业和贸易政策,使得三个国家的快速成为贸易强国,极大地推动经济发展。

(一)相似性

首先,三国都制定了培养企业创新能力,优化产业结构的产业政策,包括推动主导产业的升级、政府为企业发展创造良好环境、鼓励企业开办独立的研发机构进行开发性研究等。产业政策是贸易政策形成的基础,贸易政策的制定要有助于产业政策的执行,有利于产业目标的实现。因此,三国的贸易政策也有相似之处。第一,政府都适时出台了关于对外贸易的一系列法规;第二,政府都奉行实用主义贸易政策，贸易保护与贸易自由化并存，贸易政策的交替与产业竞争力的变化相一致，贸易保护都采取了更隐蔽的非关税贸易壁垒措施；第三，政府都极力推动本国参与区域经济合作，拓展贸易空间，如美国采取的双边、区域和多边并轨的贸易合作、日本积极申请加入 TPP 和 FTA、德国积极呼吁建立欧美自由贸易区等。

（二）差异性

首先，美国在二战后政治经济军事实力世界第一，领导建立了布雷顿森林体系、国际贸易体系，成为世界经济贸易霸主。第三次科技革命发源于美国，其贸易统治地位得到进一步巩固。因此，多年里，美国在全球贸易政策制定中具有主导性的话语权。随着中国等新兴国家的崛起和欧美金融危机的爆发，美国被迫适度让出话语权，但美国力争通过振兴实体经济、积极开展区域经济合作重新夺回其失去的话语权。而日德作为二战后的战败国，无论在经济和对外贸易实力上都不及美国。因此，在 20 世纪后半叶，美国的贸易政策在全球起着引领的作用。其次，在应对贸易摩擦问题上，美国采取的是更主动的攻击措施，美国的经济实力超强并在国际贸易中占据着主导地位。因此，以其经济实力为依托其贸易壁垒应对机制也具有极强的攻击性，当它认为某国产品的出口严重了损害其国内利益集团的利益时，就主动发起贸易调查。而日本体现出多边交涉为主、双边交涉为辅、不轻易挑头、联欧制美、以守为主的特点。德国鲜有贸易摩擦，其贸易具有分散效应、对等效应和区域效应的特点。德国出口产品品种多，向尽可能多的国家出口，大多数公司只把不超过 10% 的产品出口到美国。为了不引起进口国的反感，德国在出口大量商品之后，还会在当地同时进口大量产品。德国的最重要贸易伙伴是欧盟，作为区域内的一员，有助于扩大同其他成员间的贸易且不会产生贸易摩擦。最后，在贸易促进方面，德国建立了完整的贸易促进体系，并大力推动展览会平台，而美国和日本在这方面略逊一筹。美国在 2010 年提出了全国主动出口战略，称将从加强贸易拓展、方便贸易融资以及强化贸易规则三大方面扶助美国企业开拓海外市场。2010—2013 年，出口有所增长。

第七章　主要结论与政策建议

第一节　主要结论

一、关于中国货物贸易商品结构演进研究的结论

从进出口商品结构演进的历程得出：第一，按SITC分类法，出口的初级产品主要有SITC0，SITC2，SITC3，出口的工业制成品主要是SITC7和SITC8，进口的初级产品和工业制成品的比重接近于1980年水平，进口的初级产品主要是SITC2和SITC3，进口的工业制成品主要是SITC7；第二，按商品的要素密集度分类，人力资本密集型商品出口最多，非熟练劳动密集型商品其次，而资本密集型商品出口较少，进口的商品中人力资本密集型商品比重排在首位，其次是自然资源密集型商品，最少的是非熟练劳动密集型商品；第三，按技术含量分类，HT，MT出口上升的快，其中MT1，HT1对HT，MT贡献度大，MT3，HT2的出口缓慢上升，MT2的出口则缓慢下降，PP，LT下降较快，进口商品中，HT上升，LT和MT则都在下降，PP和RB都缓慢增长，其中RB2，HT1，HT2的进口比重在上升；第四，进出口商品结构存在中高技术含量的人力资本密集型产品出口主体仍是外资企业、消费品进口比重小、高新技术产品进口以外商为主，进口行业分布不均匀、资源类产品进口存在安全隐患等问题。

从进出口商品结构演进的影响因素看，产业结构、要素禀赋、对外直接投资的流入和汇率水平不利于出口商品的结构升级，而产业结构、对外直接投资的流入显著的不利于进口贸易，另外，金融发展环境也不容乐观。

从进出口商品结构演进的指数测度得出如下结论。

第一，对商品竞争力和比较优势的测度显示：按SITC分类法，在1980—2013年间，SITC6～SITC8的TC，MI，RCA，RSCA指数都呈上升趋势，表现出很强的竞争优势；按商品的要素密集度分类，在1992—2013年间，人力资本密集型商品的TC，MI，RCA，RSCA值都在上升，表现出很强的竞争力和比较优势；非熟练劳动密集型商品的TC，MI，RCA大于0，RSCA却在下降；资本密集型商品的RSCA缓慢上升但仍小于0，而自然资源密集型商品的各个指数值均显示越来越有比较劣势；按技术

含量分类，在2000—2012年间，LT，MT，HT的TC，MI和RCA指数值都在上升，PP，RB的TC，MI，RCA和RSCA指数值都在下降，HT的RSCA指数上升快于LT，MT的RSCA值却小于0，说明HT具有很强的竞争力和比较优势，MT的竞争力强但比较优势在减弱，而LT竞争力也很强，但比较优势在减弱。从小类来看，LT1，HT1，LT2，MT3的RSCA都大于0，表现出很强的优势。

第二，对商品结构变化水平和优化水平的测度显示：按SITC分类法，在1991—2013年间，进出口的劳伦斯指数变动小，整体贸易结构比较稳定，进口的劳伦斯指数变动最大，但结构收益指数平均值不高，出口商品结构整体优化不明显；按商品的要素密集度分类，在1993—2013年间，进出口的劳伦斯指数平均值最小，整体贸易结构稳定，而进口的劳伦斯指数平均值最大，结构收益性指数为负，贸易结构形势不容乐观；按技术含量分类，在2001—2012年间，劳伦斯指数测度结果贸易结构比较稳定，变动幅度不大，结构收益性指数总体有所上升，但是2009年和2012年又都为负值。

第三，从出口结构相似程度的测度结果看：按SITC分类法，中德的出口相似度平均值最高，中日的出口相似度平均值最低；按商品的要素密集度分类，中日的出口相似度最高，而中德的出口相似度最低，这与按SITC分类法计算的结果完全相反，从要素密集度方面考虑，中日的要素禀赋差距小于中德和中日的差距，再加上中国和日本地域上的相邻、文化上的接近，在东亚都是重要的出口国，且竞争性大，因而出口相似度最高；按技术含量分类，中美的出口相似度平均值最高，说明了中国的高技术含量产品出口的比例日益提高，在国际市场上与美国高科技产品存在较强的竞争性。

二、关于中国货物贸易方式结构演进研究的结论

从进出口方式结构演进的历程得出：从出口看，2006年一般贸易的比重超过了加工贸易，之后一般贸易和其他贸易方式快速发展，2012年一般贸易的出口主体是集体企业，出口品以非熟练劳动密集型商品最多，加工贸易的主体是外资尤其是外商独资企业，进料加工贸易占绝对优势地位，出口的主要商品是人力资本密集型商品；从进口看，2012年，一般贸易方式自然资源密集型商品进口的最多，而加工贸易中人力资本密集型商品进口的最多，到2013年，一般贸易仍是主要的贸易方式，其他贸易发展的也比较快。存在的问题主要有：一般贸易的出口品主要为非熟练劳动密集型产品，加工贸易的出口品主要为人力资本密集型产品，不利于贸易结构优化；人力资本密集型商品进口以加工贸易为主，不利于贸易平衡发展等。

从进出口方式结构演进的影响因素看，贸易开放度、产业结构和汇率水平是影响进出口方式结构的最重要的三个因素，技术创新和要素禀赋的关联度稍微弱些，金融发展排在最后。

从进出口方式结构演进的指数测度看,在2000—2013年间,进出口方式结构都在优化,但进口表现的更明显,加工贸易的增值率增强但不稳定,加工贸易依然面临升级压力,在2002—2013年间,高技术出口的方式结构也在优化。

三、关于中国货物贸易主体结构演进研究的结论

从进出口主体结构演进的历程得出:我国外资企业是出口贸易的主体,尤其是外商独资企业一枝独秀,国有企业出口比重在下降而其他企业发展迅速。进口贸易中仍是以外资企业为主,但外资企业和国有企业的进口比重都在下降,而其他企业的进口比重有所上升。存在的问题主要是外资企业在进出口贸易中仍然占据主体、私有企业吸收外资技术溢出效应的能力不足、国有企业在进出口贸易中比重都下降等。

从进出口主体结构演进的影响因素看:产业结构、要素禀赋和贸易开放显著的不利于我国的出口主体结构发展,而对外直接投资的流出和贸易开放不利于我国进口主体结构的优化。

从进出口主体结构演进的指数测度看:近两年非外资企业进出口变动指数都大于0.5,贸易主体结构有优化的趋势但有待时间验证,2002—2013年间,高技术产品出口的主体结构指数显示其结构逐渐优化。

四、关于中国货物贸易模式结构演进研究的结论

从贸易模式结构演进的历程得出:按SITC分类的贸易品,在2013年,SITC2,SITC3,SITC4,SITC8,SITC9都以产业间贸易为主;按要素密集度分,自然资源密集型和非熟练劳动密集型贸易品趋向产业间贸易为主;从技术含量看,PP和LT是以产业间贸易为主,而RB,MT,HT则以产业内贸易为主,RB1,MT2,HT1,HT2突出地表现出以产业内贸易为主。我国中间品出口额上涨快,半成品的出口额大于零配件的出口额,而半成品的进口额小于零配件的进口额。从进出口地区分布看,中间品贸易有集中于少数国家的趋势。存在的问题主要有我国货物贸易以产业内贸易为主,但水平有待提高、中间品贸易绝大多数年份存在逆差和进出口来源地有集中的趋势等问题。

从贸易模式结构演进的影响因素看:产业结构和汇率水平对贸易模式结构的演进带来了明显的不利影响;要素禀赋和技术创新、贸易开放对贸易模式结构的影响显著并为正。

从贸易模式结构演进的指数测度看:第一,在1990—2013年间,按SITC分类的贸易品,加权的G-L指数显示以产业内贸易为主,边际产业内贸易指数平均值显示除了SITC2外其余商品大部分增量都以产业内贸易为主,Lafay指数显示SITC0,SITC1,SITC4,SITC5,SITC8的产业内贸易程度在增强;第二,在1992—2013

年间，按要素密集度分，加权的G－L指数也说明我国贸易以产业内贸易为主，边际产业内贸易指数显示自然资源密集型商品和资本密集型商品其贸易增量是以产业内贸易为主，但近两年发展趋向产业间，人力资本密集型商品以产业内贸易为主，非熟练劳动密集型商品趋向产业间发展，Lafay指数和边际产业内贸易指数结论基本一致，但Lafay指数变化更平稳；第三，按技术含量分类，在2000—2012年间，加权的G－L指数显示货物贸易以产业内贸易为主，在2001—2012年间边际产业内贸易指数显示PP，LT的增量是以产业间贸易为主，MT和HT的增量是以产业内贸易模式为主，RB的增量有以产业内向产业间贸易模式为主发展的倾向，Lafay指数得到类似的结论并显示RB1，MT1，MT2，HT2表现出很强的以产业内贸易模式为主特点，这和之前G－L指数的结论基本一致；第四，从产品内贸易来看，在1995—2012年间，我国参与产品内贸易的程度稍有弱化，这一点与中间品进口变动指数变小有关。

五、关于中国货物贸易区域结构演进研究的结论

从贸易区域结构演进的历程得出：第一，我国出口的内部区域中，东部出口占比基本在80%以上，与总出口额增长趋势高度一致，2013年东北出口的比重不及中西部，下滑严重，出口最大的省是广东省，而青海、甘肃和宁夏排在最后；第二，我国出口的外部区域中，对亚洲出口在减少，2008年以前对欧美略有增加，而对非洲、拉美洲和大洋洲的出口则上升较快，对亚太经合组织的出口额大于欧盟，东盟最少，但对东盟的出口表现出一定的潜力，在亚洲，中国香港、日本和韩国是主要的出口目标国，在欧洲，德国、荷兰和英国是主要的出口目标国，在美洲和大洋洲，美国是最大的出口目的国，但对巴西和墨西哥的出口增长的也较快；第三，我国进口的内部区域中，东部进口的比重也基本在80%以上，而且在上涨，2013年东北和中部的进口额和比重均低于西部，广东省的进口额最多，而西藏、青海和西宁的进口最少；第四，我国进口的外部区域中，亚洲比重最大，然后是欧洲，自非洲、美洲和大洋洲进口比重之和在增加，自亚太经合组织进口的比重大，但一直在减少，而自东盟的进口比重在提高，亚洲的日本和韩国、欧洲的德国和俄罗斯、美洲及大洋洲的澳大利亚、巴西和美国是重要的进口来源国，存在国内四大区域进出口发展差距大、外部区域贸易结构易受国际环境影响，发展不平衡、我国的进口和出口流向有很大的不一致，易招致贸易摩擦等问题。

从贸易区域结构演进的影响因素看：第一，在内部区域结构中，东北地区的经济发展水平、产业结构显著的不利于东北地区出口结构的发展，而产业结构和金融发展又不利于东北进口结构，中部地区，产业结构、技术创新、对外直接投资的流入和金融发展不利于出口结构，经济发展、贸易开放和金融发展又不利于进口结构，东部地区的出口结构受对外直接投资的流入不利影响显著，而进口结构受技术创

新和对外直接投资流出的影响显著，西部地区的出口受要素禀赋、技术创新、对外直接投资的流出、贸易开放的不利影响显著，而经济发展、对外直接投资的流入和贸易开放对进口有显著的不利影响；第二，在外部区域结构中，对欧洲主要国家的出口受经济发展水平差距、要素禀赋差距、对外直接投资流入差距不利影响比较显著，而自欧洲主要国家的进口受产业结构和要素禀赋差距的不利影响，但不显著，对美洲和大洋洲主要国家的出口受经济发展水平差距、产业结构差距、金融发展差距和对外直接投资流入差距的不利影响显著，自美洲和大洋洲主要国家的进口受产业结构差距、技术创新差距的不利影响显著，对亚洲主要国家和地区的出口受产业结构差距、对外直接投资的流出的差距的不利影响显著，而自其进口则受对外直接投资流入差距的不利影响显著。

从贸易区域结构演进的指数测度看：第一，内部区域出口结构的指数结果显示对比 1993 年，2013 年我国的出口更集中于某个区域，内部区域进口结构的指数结果则显示 2006 年后我国的进口更均匀地分布在这四个经济区；第二，外部区域出口结构指数结果显示 2011 年以前出口的洲际结构整体是优化的，2011 年以后发生了变化，出口到亚洲主要国家和地区的指数显示出同样的变化，2009 年后，出口到欧美及大洋洲的整体集中度下降，但其中几个国家所占比例有所提高。外部区域进口结构指数显示，自 2006 年起进口的洲际结构整体是优化的，自亚洲主要国家和地区进口的整体结构也在优化，但 2007 年以后，内部国家间所占份额的差距有所扩大，自欧美和大洋洲主要国家进口的整体结构也不断优化，内部国家间所占份额的差距不断缩小。

六、关于美日德货物贸易结构研究的结论

美、日、德货物贸易结构发展的相似性表现在：出口商品结构都经历了由劳动密集型商品出口为主—资本密集型商品出口为主—技术密集型商品出口为主的转变；进口贸易在三国总贸易中都占有重要地位，都经历了进口农产品为主—进口农产品和燃料、矿产品为主—进口工业制成品为主这样的发展阶段；运输设备是三个国家都具有竞争优势的产品；都制定了培养企业创新能力，优化产业结构的产业政策，贸易政策上，贸易保护与贸易自由化并存；贸易政策的交替与产业竞争力的变化相一致，贸易保护都采取了更隐蔽的非关税贸易壁垒措施；政府都极力推动本国参与区域经济合作，拓展贸易空间。

美、日、德货物贸易结构发展的差异性表现在：美、日、德三国出口结构升级的时间不一致；受各国要素禀赋不同的影响，美、日、德三国进、出口产品比重存在差异；每个国家具有竞争优势的产品不完全相同；美国在全球贸易政策制定中具有主导性的话语权，而日德不具备这样的实力；应对贸易摩擦的方法不同；在贸易促进上，德国遥遥领先。

第二节　政策建议及启示

在贸易强国的建设过程中，正确看待我国货物贸易结构演进过程中的问题和不利因素，从国情出发，结合各学科知识和前人相关的提法，有利于提出适当的贸易政策和配套的其他政策建议以推进我国贸易结构的优化。

一、优化中国货物贸易商品结构的政策建议

从劳伦斯指数和结构收益性指数测度结果看，我国的不同商品分类下的进出口商品结构的优化程度和变动幅度不稳定、不鲜明。因此，调结构、稳增长仍是对外贸易的长期艰巨任务之一。

优化和"绿化"产业结构，以满足内需为目标，不盲目追求经济的高速增长。在加工贸易企业研发低碳、零碳和新能源技术产品方面给予政策扶持，增强产业化能力，以建立各类环境友好型加工贸易企业。大力发展以信息产业、新材料产业、生物工程等为经营内容的具有自主知识产权的高技术内资企业，特别是内资民营企业，国家在技术引进上要给予包括降低高新技术设备进口关税、提供低息贷款、免予报关等政策鼓励，在环境塑造上要使内资的高技术产业与外资享有等同的权力和待遇。还应当以提出更严的环境法规、提高能源价格等方式倒逼低附加值企业转型升级。

把握好对先进技术、核心零件和关键设备进口支持的时效和力度，逐步实现进口替代。按照 Krugman 的"母市场"效应理论，应该遵循"进口高新技术、核心零部件、关键设备—模仿、吸收技术—企业自主创新—生产差异化产品—极大地满足国内市场—提高我国出口制成品技术含量和附加值"的路径优化我国的贸易结构。因此，大量进口高技术产品和设备是必要的，国家也应该在政策上给予扶持和帮助。但是，在进口时要把关，杜绝重复进口，或进口不适合我国产业升级的技术。一方面，国家需要设立专门的监测部门；另一方面，对于重复进口的技术和设备设立高关税的政策，借此推动我国企业自主创新能力和竞争力的提高，在某些高技术设备上实现进口替代。

对于急需的初级产品进口进行战略性规划，保持价格稳定。我国对于矿物原料和其他非食用原料我国存在长期的需求，而这类产品出口国的供给弹性很大。一旦进口原料价格上涨，从总值上虽然会显示出进口增加，但同时带动了半加工品、制成品的价格上涨，从而可能带来输入型通货膨胀。因此，我们要对需求和供给进行预测，合理安排生产。一方面，转变经济发展方式，走低碳环保之路，这可以减轻对能源和资源的需求；另一方面，可以同这类产品出口国进行战略性合作或投资，从进口资源型初级产品转为进口资源密集型中间产品，形成稳定的供求关系，

保持价格变动区间在一个合理的范围内。

扩大消费品进口比重，减少社会福利损失。边际效用递减规律认为，越是富裕的阶层，其储蓄能力越高，边际消费倾向越低，而低收入人群恰恰相反。这样，就产生了不同的消费类型和层次。目前，我国进口品比例依然偏低，国内售价高，很多国民去海外购物，造成了居民的社会福利损失。2012 年，我国已经成为仅次于美国的世界第二大货物贸易进口国和世界第四大消费品市场，但"十一五"期间，我国的消费品进口只占总进口的 4% 左右。2010 年，总进口额 1.4 万亿美元，其中只有 4% 是消费品，进口消费品占全国零售总额的比重只有 3% 左右，这与一些发达国家已超过 20% 的份额相差甚远。当国内市场进口产品的比例上升，价格下调，会使人们更多地消费进口品，进而迫使更多的国内企业注重研发和商品的质量及资金的信誉，从而有利于培养更优化的国内市场。因此，以消费品的进口提升消费层次，培育新的消费热点，可以带动产业升级。

提高人民币的国际化水平、逐步放开资本项目。提高人民币的国际化水平，一方面要推进汇率制度改革，使人民币汇率的弹性提高，充分发挥出市场的自我调节功能，进一步加快我国外汇市场与国际接轨的步伐；另一方面要加强人民币的国际储备、国际结算和国际计价的作用，扩大它在跨境合作、国际金融、国际贸易中的使用范围。资本项目的逐步放开意味着人民币可自由兑换的实现，眼前看就是要对贸易融资和资本交易的限制条件逐渐取消，长远看必须放松银行贷款和对直接投资的汇兑限制条件。

对流入外资的行业分布加强引导，同时加强对外直接投资的力度，特别是对外工程承包。引导外资流向高新技术产业、节能环保产业、新能源和现代服务业，建立各级职能机构，监督和避免外商直接投资过程中对环境不利的做法。另外，中国已经处于工业化中后期的发展阶段，工业特别是制造业的发展能够带动服务业的快速上涨，它影响着国民经济的长远利益。对外工程承包是加强制造业发展的重要途径之一，通过这种方式，不仅能够在国际市场上增强其竞争力，输出了自有的品牌和技术，同时会加强与国外其他企业的合作，实现在工程承包竞标中的双赢。

二、优化中国货物贸易方式结构的政策建议

通过技术创新引导一般贸易和加工贸易的升级，提高出口品技术含量为根本目的，对从事一般贸易的国内企业进行政策激励、加大前后企业关联度、设立研发部门、和国内科研院所合作，提高一般贸易出口品的技术含量。一般贸易的进口除了自然品外，还要加大能够满足国内不同消费层次的各种技术含量的产品。加工贸易方式曾经在中国的对外贸易进程中功不可没，而现在备受指责。因此，要以技术创新引导加工贸易的转型升级。东部地区发展加工贸易有良好的技术人才和设备优势，鼓励国内加工贸易的企业掌握产品的设计、营销和品牌等关键方面，提高

加工组装的层次和技术门槛。扩大加工贸易的技术外溢效应，将技术较落后的产业转移至中西部，发展与国内其他地区企业的前后联系。

优化要素禀赋，提高一般贸易方式的科技含量和推动加工贸易的转型升级。我国现有劳动存量丰富，但技术要素不足是短板。通过引进外资、自我创新等方式积累技术实力，提升劳动力的技术创新水平，进而提高一般贸易方式主体的科技能力；技术实力增强，有利于与国外高水平的跨国公司合作，引进外资的质量和领域会不断升级。

优化金融环境。金融的发展加快了资本的积累，特别是中小企业可以借助于金融业整体经营方式的变革获得更多的资金支持从而解决融资的问题。贸易型企业就可以通过高效的资本配置发展一般贸易，提升加工贸易的水平，从而推动了对外贸易的内生型增长。

推动产业结构向高级化发展。产业结构高级化就是对本来存在的产业结构的扬弃，也就是选择性保留和发展，使得结构规模由小变大，结构水平由低变高，结构联系由紧变松。在一般贸易方式发展和加工贸易转型过程中，对于落后的技术和产能，可以有选择的转移到西部或者以对外直接投资的方式流向发展水平更低的国家，这样有利于培育新的增长点，提升产业科技水平，延长产业链条，并推动产业结构高级化。

采取积极措施应对人民币汇率升值对一般贸易出口的不利冲击。人民币汇率变动对一般贸易而言，其影响大于加工贸易，并且在加工贸易中，汇率对进料加工的作用大于来料加工。因此，鼓励贸易企业提高出口品的技术水平，增强加工贸易所使用的零部件国产化率，拓展新市场和巩固原有主要贸易伙伴之间的经贸关系，不断走出去加大对外直接投资等都有助于减少这种不利的影响。

三、优化中国货物贸易主体结构的政策建议

合理配置不同类型的贸易企业主体，使得产业结构更加合理化。产业结构的合理化就是为了保证各产业能够持续和协调的发展，使其内部形成与产业的内在联系和发展规律一致的比例，其本质就是协调。这表现在贸易主体结构上，就是要求各类型企业协调发展。以前，我国对外贸易的基本战略是贸易立国。加工企业发展迅猛，尤其是外商企业在我国占据最重要的地位，加速了我国的工业化进程；如今，在通往贸易强国的过程中，必须大力发展自主创新型企业，外资企业只是重要的组成部分，通过这样的贸易主体格局，才能巩固工业化进程的成果，继续保持产业结构的合理化。因此，产业结构的发展必然要求我国对外贸易主体应该是多种并存，以内资企业为主的充满竞争活力的格局。具体措施包括：增强国有企业特别是大型企业的创新能力，将其打造成具有较强国际竞争力的跨国公司；对于有条件、有实力的民营企业鼓励其进入资本技术密集产业和允许其进入以往只有外商

投资可以进入的领域，与外商投资企业进行国际化竞争，提升其国际竞争力；搭建民营企业和国营企业合作的桥梁，通过政策完善鼓励国营企业与民营企业进行技术研发合作、人员培训合作等，各自树立企业的优势和特色，拓展产业链，从而提高中国在全球生产体系中的地位。

从对外直接投资的流出角度看：第一，培育大型民营企业，让其享有同类国有企业的各方面待遇，并将其海外研发投入加入到国家创新体系中统一规划，增强其国际竞争力和自主创新力；第二，境内企业可以投资与境外的关联企业，并对境外的关联企业指定相关机构提供专业的有效的海外投资政策建议；第三，规划设立“走出去”基金，对开拓新型市场的项目给予资金支持，允许和鼓励更多的股份制和地方银行为中国境外的工程承包和其他项目提供贷款和担保等业务；第四，政府鼓励能源类的加工企业将部分钢铁、有色金属、石化等产能转移出去，变大规模进口能源类初级产品为进口能源资源密集产品，如众多的日本企业接受了政府的技术和资金支持，在埃及、安哥拉和阿尔及利亚等国大规模勘探和开采石油，并通过购买股份参与开发、直接投资开发油田、签订产量分成协议和转让协议等方式合作经营，享有了更多的油气资源和“股份油”。

加强国内企业的内部管理，通过技术创新改变传统的要素禀赋。一方面，在经营过程中必须规范财务制度、完善会计资料、采取正当的竞争方式、在国际贸易中注重双方共同的利益，以实现互利互惠、建立良好的商业基础；另一方面，在生产过程中，提高产品的技术含量、减少劳动含量、保持适中的资本含量，使得产品的技术标准达到国际相应的技术标准水平，形成较强的竞争力。

提升贸易开放的水平。贸易开放虽然有利于技术的创新，给内资企业带来更多的机会，但是高科技人力资本短缺、外资企业比重过大、跨国公司技术溢出效应不明显和国内配套政策不健全等因素限制了内资企业在进出口中的比例和规模。因此，政府必须建立有效的贸易开放政策体系，完善财税、金融、汇率、投资保障等方面的政策规定，企业要积极承接产业转移和对外产业转移，引进高层次人才、给予现有人才更多的职业技能培训机会，不断提升贸易开放的水平。

四、优化中国货物贸易模式结构的政策建议

通过不断的技术创新，推动贸易模式向更高层次发展。在产业间分工向产业内分工转移过程中，发达的国家或技术先进的企业将成熟期产品或标准化技术转移到发展中国家和技术相对薄弱的企业。在向产品内分工转移的过程中，发达国家或技术先进的企业牢牢掌握着高附加值的环节，而将低附加值的环节转移到发展中国家和技术相对落后的企业。正是因为这些被转移的产品和技术相对成熟或落后，加大了发展中与发达国家、技术先进的跨国企业与技术水平薄弱的一般企业的差距。因此，我们应该充分利用中国的异质性和分割性大国这一特征，鼓励内资

企业开发先进技术、创新管理方式、结合产品内分工模式下的组装治理制度，形成较强的国际竞争力，推动贸易模式的升级。

稳定人民币汇率水平有利于贸易模式结构的演进。从目前中国的各类贸易主体不同的贸易模式看，内资企业主要从事产业间和产业内贸易，而外资企业大多进行产品内贸易。而且，对内资企业来说，人民币汇率频繁的波动形成了较大的冲击，而对外资企业冲击比较小。这样，就会大大不利于内资企业由从事产业内贸易向从事产品内贸易转型。

五、优化中国货物贸易区域结构的政策建议

提高金融服务质量。金融发展不利于东北进口结构、中部的进出口结构及对美洲和大洋洲的出口结构，这和汪浩瀚，徐娟的结论不一致。所选的指标不同，得出的结论必定差距很大。短期内，金融发展对贸易的影响负面作用更大。所以必须坚持金融为实体经济服务这一本质，为经济发展塑造良好的金融环境。具体包括：第一，实现对外贸易和区域金融的协调发展，营造和谐的金融发展环境，保证各区域具有几乎平等的金融条件；第二，提升区域金融实力，不断完善各区域的金融市场体系，提升金融服务于贸易的质量和效率。如构建满足实体经济转型和增长所需资金的立体式金融服务网络、推进资本市场和保险市场建设、对各类机构所能提供的金融服务进行差异化定位、开发新型贷款产品、完善各种融资方式等。

制定合理的外资政策。首先，引进的外资要能够满足不同的产业需求，有利于区域的生产布局，和区域的经济发展水平保持一致，对于地区或产业发展不利的过剩的 FDI 要由政府加以引导其流向其他产业或地区，避免资金的重复浪费使用，如东部地区过剩的 FDI 就可以由政府引导流向中西部地区，从而有利于 FDI 在不同地区和不同产业的优化配置；其次，加大引进仅次于美国的国家和地区的外资，如英国、法国、西班牙等欧洲主要发达国家，并适度控制来自于中国香港、维尔京群岛、日本、美国、中国台湾、韩国等国家的外资的规模；最后，允许一定区域范围内的 FDI 自由流动，借此搭建区域间的知识合作平台，构建跨区域的知识溢出补贴机制。

制定有利的产业布局政策。产业布局政策是结合国民和区域经济发展的需要，政府制定并实施的有关特定空间的社会生产力分布及区际之间、区域内部经济协调发展的各种政策总和。必须将我国目前的产业布局政策和贸易发展乃至区域经济发展有效结合，以使得能够在各种区域战略如中部崛起、西部大开发、振兴东北老工业基地的具体实施过程中积极的发挥作用。第一，在东部发达的省份发展技术密集型、高附加值产业和总部经济，将附加值较低的劳动密集型生产环节和部分不能满足需求的高新技术产业向其他地区转移，以便提高资源使用效率，在国际贸易中获得更大的利益；第二，东北地区、中西部地区必须加大基础设施建设和投

资环境的改造，培养有效承接东部地区产业转移的能力，避免粗放型的贸易发展模式，将产业转移、产业升级、技术改造、产品更新结合起来，实现贸易结构的升级。其中，东北和中部地区在利用自然资源和区位优势的基础上，可以对本土出口企业进行重点扶持，提高其通关过的效率，带动国内其他企业的发展；西部地区应结合自身位于边境的区位优势，和周边国家保持良好的贸易合作关系，并以中心城市为关键点形成贸易集聚区。

出口市场要保持多元化。亚洲近邻国家由于地理位置接近、出口潜力较大，应被看作是贸易伙伴的重点，地理位置较远但经济发展快的拉美国家也大量进口中国的商品，非洲和大洋洲与中国的互补性较强，应当被看作潜在的贸易伙伴。而传统的欧美市场是我国出口的主要地区，所以要更加留意对这些地区出口的稳定性。为了大力发展出口市场，减少贸易摩擦和风险，应该大力实施“FTA”战略。一是通过中国—东盟自由贸易区的建设，带动广西、云南、重庆、四川、贵州等省份同东盟主要国家间的在农业工业、机械制造、轻工业、旅游等方面的贸易往来，并拉动宁夏、青海、西藏等省份的对外贸易；二是推进内地与香港、澳门间和海峡两岸间的贸易自由化和便利化；三是完善东北亚经济圈的建设，不断增强东北地区和环渤海地区与东北主要国家如日本、韩国及俄罗斯远东地区的贸易联系；四是提高边境口岸和国际通道的建设速度，推进黑龙江、新疆、内蒙古等省份和自治区与邻国的贸易往来。

不但要坚持出口市场多元化战略，而且要更重视进口市场多元化战略，增加进口来源地，减少进口的效率损失。在全球范围内配置资源，巩固原有的主要地区进口优势，保持相对稳定的外部区域结构。同时，逐步扩大从发展中国家的进口。进一步利用区域经济一体化的贸易条件和转移效应，转变进口来源国，特别是转移到进口贸易顺差国，从而有利于减少进口的效率损失，促进我国的贸易平衡。

六、美、日、德三国货物贸易结构发展的启示

从美、日、德三国货物贸易结构发展历程和指数测度看，进出口商品结构转换都经历了类似的阶段，但又有所不同。德国在近代出口中制成品保持了较高的比例，而美国制成品出口的比例小于制成品进口的比例。因此，德国连年赚取大量的贸易顺差，美国却堆积了大量的贸易逆差。同时，三个国家具有比较优势的贸易品除了其他运输设备外有很大差别，这样就可以开展基于产品差异的产业内和产业间贸易分工，获得更大的国际利益。我国对外贸易的起步和发展晚于他们，但贸易结构的变化趋势是一致的，而且发展的步伐非常快。近年来，我国继美、德后成为世界最大出口国，也形成了大量的贸易顺差，但与德国相比却备受指责：一是我国的进口和出口贸易发展不协调，出口规模大，而进口额小；二是我国制造业整体实力不强，大量的贸易顺差实质是加工贸易所致，而研发和营销等高利润环节却控制

在外国手里,既缺少德国众多有产品特色的中小企业,又不具备美国技术创新能力和日本对技术模仿和改造的能力。因此,我国的对外贸易结构的优化升级最根本的是要提高企业自主研发能力,走科技创新之路,打造特色产品,增加产品的技术附加值,降低加工贸易的比重。

从美、日、德三国货物贸易结构发展的经验来看,有以下几点启示。

第一,中国必须坚持正当的、适度的保护贸易,实行规范化的政府间接调控,完善和修订我国的《对外贸易法》,创造一个公平的竞争环境。可以借鉴美国的经验,尽量在合理的范围内利用各种手段,依法保护国内需要保护的产业。针对发达国家尤其是美国越来越多地采用反倾销或反补贴等手段阻挡我国的进口商品,我国应认真研究 WTO 规则和各国的相关法律,按照世界贸易组织规则迅速构建产业救济和安全保障体系,加速制定和完善技术贸易标准与市场准入标准,运用世贸组织允许的关税、反倾销与反补贴、保障机制等公平贸易手段,合理保护国内产业,制止外国企业在我国国内的不合理行为,保障我国对外贸易政策的有利实施。

第二,继续推进区域内贸易合作。在东亚区域内,推进中国 FTA 战略过程中,在与日本对 FTA 对象的竞争方面取得优势地位。从中日开展 FTA 的角度看,日本的态度是把中国放在第三个予以考虑的层次内;而近年来中日政治关系的冷淡局面,即日本对历史态度的问题等使得从中国角度来说与日本开展 FTA 的可能性也不大。虽然中日在短时期内不具有开展 FTA 的可能性,但是由于中国和日本同时处于东亚地区,在分别开展 FTA 的对象选择上存在着竞争的关系。未来 10 年内,中国必须考虑加入 TPP,决不能缺席。因为无论从促进国内经济改革,还是从参与国际分工的角度考虑,越是多边的体系,越有利于中国未来的发展。为避免中国贸易硬着陆,应根据 TPP 谈判条款,对照检查国内情况,调整产业结构,升级产品质量,积极过渡,尽快满足加入 TPP 的条件。另外,为回应美国通过 TPP 从经济、政治上挤压中国,中国可以选择开创性地开辟新的自贸区谈判,冲破美国的东南亚包围圈。当前一个可行的思路是从中亚、西亚入手,开辟亚欧区域的自由贸易区,由中国和印度牵头,利用中印的规模优势,构筑包括南亚、中亚、西亚、东欧在内的亚欧自由贸易区联盟。这样,还可以化解中印边界之争,也会缓解印度与巴基斯坦相互猜忌的矛盾。一旦该区域 FTA 建成,马六甲海峡的战略重要性将下降,中国可以走陆路进行对欧贸易,也可以通过陆路运输石油进入国内,不仅安全性提升,而且节约了贸易时间和成本。

第三,从日本与美国贸易关系的演进以及日美贸易摩擦下日本贸易政策的调整过程中可以看出,与美国的贸易关系、政治关系直接影响到了日本贸易政策的调整过程。可以说今天美国仍是世界上唯一的超级大国,与美国的贸易关系极为重要,世界上没有一个大国经济体在忽视了与美国关系的同时还能发展本国经济。在国际贸易中,贸易摩擦是不可避免的,这是由于贸易利益分割的期望与现实,国家权力的划分与调整引起的。随着中国加入 WTO,中国已经在国际化大分工中处于了重要的位置,中国是世界最大的发展中国家,是 GDP 增长最快的国家之一,而美国是世界上唯一的超级大国,中国与美国的贸易摩擦已经出现了很多与历史上日美贸易摩擦相似的特点。而在日美贸易摩擦情况下,日本迫于美国的压力做出的政策调整,为中国提供了很好的借鉴。首先,应对贸易摩擦的态度,日本在应对于美国的贸易摩擦引起的美国的指责上,大多在表面采取软弱的态度,而在实际上通过拖延及加快产业结构调整等方法解决贸易摩擦问题,这为我们提供了很好的借鉴;其次,加强专业性进出口公司的"专业"优势,在实施战略性贸易政策的时候,发挥其在信息服务和组织、支持、保护中小型进出口企业方面的"龙头"作用,尤其是对已参与进出口的小型企业的保护作用。这也是日本的贸易实施对我国的一个启示。

第四,对于我国政府来说,提供抬升产业竞争力的高级平台也是政府经济工作的头等大事。通过竞争方式,提供充足资金支持,鼓励企业向技术高端产业发展,比政府对劣势施以恩惠,勉强维持困难的生存更能明确经济发展的导向,更有利于国民经济的发展和提升。

附录　按技术含量不同的出口品分类

附表　按技术含量不同的出口品分类表

类别	细类	包含的 SITC 三位代码
初级产品(PP)		001,011,022,025,034,036,041,,042,043,044,045,054,071,072,074,075,081,091,121,211,212,222,223,232,244,245,246,261,263,268,271,273,274,277,278,291,292,322,333,341,681,682,683,684,685,686,687
资源密集型产品(RB)	加工农产品(RB1)	012,014,023,024,035,037,046,047,048,056,058,061,062,073,098,111,112,122,233,247,248,251,264,265,269,423,424,431,621,625,628,633,634,635,641
	其他产品(RB2)	281,282,286,287,288,289,323,334,335,411,511,514,515,516,522,523,531,532,551,592,661,662,663,664,667,688,689
低技术密集型产品(LT)	纺织服装鞋类(LT1)	611,612,613,651,652,654,655,656,657,658,659,831,842,843,844,845,846,847,848,851
	其他产品(LT2)	642,665,666,673,674,675,676,679,691,692,693,694,695,696,697,699,821,893,894,895,897,898,899
中技术密集型产品(MT)	汽车(MT1)	781,782,783,784,785
	加工产品(MT2)	266,267,512,513,533,553,554,562,572,582,583,584,585,591,598,653,671,672,678,786,791,882
	机械(MT3)	711,713,714,721,722,723,724,725,726,727,728,736,737,741,742,743,744,745,749,762,763,772,773,775,793,812,872,873,884,885,951
高技术密集型产品(HT)	电子电气产品(HT1)	716,718,751,752,759,761,764,771,774,776,778
	其他产品(HT2)	524,541,712,792,871,874,881

注:数字为 SITC(第二版)编号,各编号所代表商品名称可参见 Lall 或联合国统计署网站。

参考文献

[1] 黄锦明. 我国出口商品结构优化:进展、机理与对策——基于 1980—2008 年数据的分析[J]. 工业技术经济,2010(11):7-14.

[2]王东堂. 中纺圆桌论坛:新常态下中国对外贸易发展趋势与政策导向[EB/OL]. http://www.tnc.com.cn/info/c-012001-d-3504604.html.

[3] 张茉楠. 中国距贸易强国还有多远[N]. 经济参考报,2012-2-27(001).

[4] 宋斌斌. 总揽全局建设贸易强国进程提速[N]. 中国工业报,2012-5-14(A02).

[5] 张曙霄. 中国对外贸易结构论[M]. 北京:中国经济出版社,2003.

[6] Sanjaya L. The Technological Structure and Performance of Developing Country Manufactured Exports, 1985—1998 [J]. Oxford Development Studies, 2000 (3): 337-368.

[7] 姚枝仲. 中国贸易结构的变动:2001—2008[J]. 国际经济评论,2008(11):28-30.

[8] Keith P. Sectoral Patterns of Technical Change: Towards Taxonomy and a Theory [J]. Research Policy, 1984(13):343-373.

[9] 郑展鹏. 中国对外贸易结构及出口竞争优势的实证研究[J]. 国际贸易问题,2010(07):42-47.

[10] 鲁晓东,李荣林. 中国对外贸易结构、比较优势及其稳定性检验[J]. 世界经济,2007(10):39-48.

[11] 林琳. 技术创新、贸易竞争优势与出口绩效的实证研究——以山东省为例[J]. 国际贸易问题,2008(11):68-74.

[12] 梁碧波. 技术进步、制度变迁与国际贸易模式演进:一个分析框架[J]. 国际经贸探索,2013(12):4-16.

[13] 候增艳. 产品内分工与贸易的决定因素[D]. 天津:南开大学,2009.

[14] 夏平. 中国中间产品贸易分析——基于产品内国际分工视角[D]. 北京:对外经贸大学,2007.

[15] 汤碧. 基于产品内分工视角的我国贸易结构转型升级路径研究[J]. 国际贸易问题,2012(9):16-27.

[16] 亚当·斯密. 国民财富的性质和原因的研究:上卷[M]. 郭大力,王亚南,译.

北京:商务印书馆,1972.
[17] 大卫·李嘉图. 政治经济学及赋税原理[M]. 北京:商务印书馆,1962.
[18] 彭徽. 国际贸易理论的演进逻辑:贸易动因、贸易结构和贸易结果[J]. 国际贸易问题,2012(2):169-176.
[19] Krugman P. Scale Economics, Product Differentiation, and the Pattern [J]. American Economic Review,1980(5):950-959.
[20] 张曙霄,李秀敏. 国际贸易理论·政策·措施[M]. 北京:中国经济出版社,2004.
[21] Michael E P. The Competitive Advantage of Nations [J]. Harvard Business Review, 1990(March—April):73-74.
[22] 侯蕾. 新兴古典贸易理论述评[D]. 长春:吉林大学,2005.
[23] 杨小凯,张永生. 新贸易理论、比较利益理论及其经验研究的新成果:文献综述[J]. 经济学季刊,2001,10(1):19-44.
[24] Melitz M J. The Impact of Trade on Intra-Industry Reallocations and Aggregate Industry Productivity [J]. Econometrics,2003,71(6):1695-1725.
[25] Antras P,Helpman E. Global Sourcing[J]. The Journal of Political Economy,2004(6):552-580.
[26] Hymer S H. The International Operations of National Firms:A Study of Direct Foreign Investment[M]. Cambridge:Cambridge MIT Press,1976.
[27] Mundell R A. International Trade and Factor Mobility[J]. American Economic Review, 1957(7):321-335.
[28] 卢进勇,杜奇华,杨立强. 国际投资学[M]. 北京:北京大学出版社,2013.
[29] 陈燕. 国际金融[M]. 北京:北京大学出版社,2011.
[30] 王曙光. 金融发展理论[M]. 北京:中国发展出版社,2010.
[31] 简新华,杨艳琳. 产业经济学[M]. 2 版. 武汉:武汉大学出版社,2009.
[32] 林毅夫. 新结构经济学——重构发展经济学的框架[J]. 经济学(季刊),2010(10):1-32.
[33] 卢现祥,朱巧玲. 新制度经济学[M]. 2 版. 北京:北京大学出版社,2012.
[34] 林毅夫,蔡昉,李周. 比较优势与发展战略——对“东亚奇迹”的再解释[J]. 中国社会科学,1999(9):4-21.
[35] 鞠建东,林毅夫,王勇. 要素禀赋、专业化分工、贸易的理论与实证——与杨小凯、张永生商榷[J]. 经济学(季刊),2004(10):27-54.
[36] 杨逢珉,周琳妲. 中日进出口商品结构研究[J]. 华东理工大学学报:社会科学版,2011(4):32-42.
[37] 苗长青. 中国进出口商品结构变化——基于 SITC、SNA 及其他分类标准上的

分析[J]. 山东工商学院学报,2008(10):12-17.

[38] 杜修立,王维国. 中国出口贸易的技术结构及其变迁——1980—2003[J]. 经济研究,2007(7):137-151.

[39] 苏振东,周玮庆. 我国对东盟的出口贸易结构及其变迁——基于产品技术附加值分布的贸易结构分析法和变系数面板数据模型的动态分析[J]. 国际贸易问题,2009(3):41-51.

[40] 文东伟. 中国制造业出口贸易的技术结构分布及其国际比较[J]. 世界经济研究,2012(10):29-35.

[41] 张群,张曙霄. 基于产品技术含量分类的中德出口商品结构比较研究[J]. 商业研究,2014(8):79-84.

[42] 祝树金,奉晓丽. 我国进口贸易技术结构的变迁分析与国际比较:1985—2008[J]. 财贸经济,2011(8):87-94.

[43] 魏浩,郭也,李翀. 中国进口商品结构及与贸易伙伴的关系研究[J]. 经济理论与经济管理,2014(5):97-112.

[44] 裴长洪. 进口贸易结构与经济增长:规律与启示[J]. 经济研究,2013(7):4-19.

[45] 陈长缨. 顺应形势变化,及时调整我国技术进口政策——我国技术进口研究[J]. 国际贸易,2014(4):18-26.

[46] 楚明钦,陈启斐. 中间品进口、技术进步与出口升级[J]. 国际贸易问题,2013(6):27-34.

[47] 陈丽芬. 中国消费品进口现状及促进政策研究[J]. 国际贸易,2012(8):33-37.

[48] Wood, Adrian, Mayer et. al. Africa ' s Export Structure in a Comparative Perspective[J]. Cambridge Journal of Economics,2001,25(4):369-394.

[49] Adams N A. Import Structure and Economic Growth in Jamaica:1954—1967[J]. Social and Economic Studies,1971,20(3):235-266.

[50] Park. International R&D Spillovers and OECD Economic Growth[J]. Economic Inquiry,1995(33):571-591.

[51] 张鸿. 我国对外贸易结构及其比较优势的实证分析[J]. 国际贸易问题,2006(4):46-52.

[52] 魏锋,沈坤荣. 我国出口商品结构与贸易发展方式的转变——基于1978—2007年的经验研究[J]. 国际贸易问题,2009(10):9-17.

[53] 范爱军,李菲菲. 产品内贸易和一般贸易的差异研究——基于对我国产业结构升级影响的视角[J]. 国际经贸探索,2011(4):4-8.

[54] 杜晓英. 中国加工贸易增值率影响因素的实证研究——基于2001—2010年

省际面板数据的分析[J]. 经济经纬,2014(5):37-41.

[55] 张明,胡兵. 加工贸易增值率的实证研究[J]. 国际贸易问题,2010(4):25-31.

[56] 孙玉琴,孙倩,王辉. 我国加工贸易的历史考察[J]. 国际贸易问题,2013(4):167-175.

[57] 陶攀,刘青,洪俊杰. 贸易方式与企业出口决定[J]. 国际贸易问题,2014(4):33-45.

[58] Bin Su, Ang B W, Low M. Input-output Analysis of CO_2 Emissions Embodied in Trade and the Driving Forces: Processing and Normal Exports[J]. Ecological Economics,2013(88):119-125.

[59] Gereffi G. International Trade and Industrial Upgrading in the Apparel Commodity Chain[J]. Journal of International Economics,1999,48(1):37-70.

[60] 马慧敏. 中国对外贸易微观主体结构完善研究——基于企业组织结构理论视角[J]. 财经问题研究,2011(9):86-90.

[61] 戴小勇,成力为. 中国出口企业特征及形成原因的实证研究——异质性企业贸易理论的分析视角[J]. 国际贸易问题,2014(2):36-45.

[62] 刘志成,刘斌. 外资进入与出口溢出——基于企业异质性角度的分析[J]. 山西财经大学学报,2014(3):1-10.

[63] Aitken B, Hanson G, Harrison A. Spillovers, Foreign Investment and Export Behavior[J]. Journal of International Economics,1997(43):103-132.

[64] Kneller R, Pisu M. Industrial Linkages and Export Spillover from FDI[J]. World Economy, 2007,30(1):105-134.

[65] 马征,李芬. 从产业间贸易到产业内贸易——我国贸易结构演变的实证研究[J]. 国际贸易问题,2006(3):15-20.

[66] 刘磊. 中日与中美产业内贸易及影响因素比较研究[J]. 亚太经济,2013(2):92-97.

[67] 曹芳. 后配额时代中国纺织服装业产业内贸易研究[J]. 国际经贸探索,2012(2):35-44.

[68] 李季. 中韩机电产品产业内贸易实证研究[J]. 国际贸易问题,2010(6):54-59.

[69] 刘雪娇. 中国与金砖国家农产品产业内贸易及影响因素[J]. 国际贸易问题,2013(12):87-95.

[70] 唐海燕,张会清. 产品内国际分工与发展中国家的价值链提升[J]. 经济研究,2009(9):81-93.

[71] 刘利民,崔日明. 我国各行业国际产品内贸易发展水平——基于垂直专业化指数法的测算[J]. 国际经贸探索,2011(4):9-14.

[72] Antras P, Garicano L, Esteban R H. Offshoring in a Knowledge Economy [J]. The Quarterly Journal of Economics, 2006, 121(1):31-77.

[73] Grossman G M, Esteban R H. Trading Task: a Simple Theory of Off-shoring [J]. American Economic Review, 2008, 98(5):1978-1997.

[74] Kasahara H, Rodrigue J. Does the Use of Imported Intermediates Increase Productivity? Plant-level Evidence[J]. Journal of Development Economics, 2008, 87(1):106-118.

[75] 朱慧明,欧阳文静,游万海. 基于贝叶斯动态面板数据模型的中国出口贸易地区结构研究[J]. 财经理论与实践(双月刊),2014(3):109-115.

[76] 陈丰龙,徐康宁. 中国出口贸易垂直专业化的地区差异及其影响因素[J]. 世界经济研究,2012(6):52-58.

[77] 张会清,唐海燕. 中国的出口潜力:总量测算、地区分布与前景展望——基于扩展引力模型的实证研究[J]. 国际贸易问题,2012(1):12-25.

[78] 何莉,罗双临. 进口贸易技术溢出的地区差异——基于中国省际面板数据的实证分析[J]. 湖南商学院学报(双月刊),2011(12):29-34.

[79] 马颖,李静. 我国对外开放对进口品技术含量水平影响的区域差异——基于中国从 OECD 主要国家进口贸易数据的考察[J]. 江汉论坛,2014(1):21-27.

[80] 马涛,刘仕国. 产品内分工下中国进口结构与增长的二元边际——基于引力模型的动态面板数据分析[J]. 南开经济研究,2010(4):92-108.

[81] Horiba Y. Factor Proportions and the Structure of Inter-regional Trade: the Case of Japan[J]. Southern Economic Journal, 1979, 39(3):81-388.

[82] Michael S, Hewings G J, Gazel R. The Structure of Multi-regional Trade Flows: Hierarchy, Feedbacks and Spatial Linkages[J]. The Annals of Regional Science, 1999, 29(4):409-430.

[83] Brown W M, Anderson W P. The Influence of Industrial and Spatial Structure on Canada-US Regional Trade[J]. Growth and Change, 1990, 30(1):23-40.

[84] Poon, Jessie P H. Inter-country Trade Patterns in Europe and the Asia-Pacific: Regional Structure and Extra-regional Trends[J]. Geografiska Annaler, 1997, 79(1):41-45.

[85] Gollmer K. Models for long-run Optimization of the Regional Structure of Foreign Trade[J]. Soviet and Eastern Europe Foreign Trade, 1969, 5(1/2):166-172.

[86] 袁其刚,戴金平,刘斌. 贸易结构变化促进经济增长途径的比较分析——基于中国数据的经验研究[J]. 世界经济研究,2011(11):53-58.

[87] 陈军. 新疆对外贸易结构优化研究[D]. 石河子:石河子大学,2011.

[88] 李荣林,姜茜. 我国对外贸易结构对产业结构的先导效应检验——基于制造

业数据分析[J]. 国际贸易问题,2010(8):3-12.

[89] Jota I. Learning by Doing, Changes in Industrial Structure and Trade Patterns, and Economic Growth in a Small Open Economy [J]. Journal of International Economics, 1992(33):221-244.

[90] 薛蕊,苏庆义. 要素禀赋是否影响了贸易结构?——基于经验研究文献的述评[J]. 中南财经政法大学学报,204(2):57-65.

[91] Chor D. Unpacking Sources of Comparative Advantage: A Quantitative Approach [J]. Journal of International Economics, 2010, 82(2):152-167.

[92] 逯宇铎,孙博宇. 技术进步、效率增进对我国出口贸易结构影响机制研究——基于技术含量角度的实证分析[J]. 世界经济研究,2012(2):27-33.

[93] 陈丽静,顾国达. 技术创新、知识产权保护对中国进口商品结构的影响——基于1986—2007年时间序列数据的实证分析[J]. 国际贸易问题,2011(5):14-21.

[94] Trefler D. International Factor Price Differences——Leontief Was Right! [J]. Journal of Political Economy, 1993, 101(6):961-987.

[95] Grossman G, Helpman E. Quality Ladders and Product Cycles [J]. Quarterly Journal of Economics, 1991a, 106(2):557-586.

[96] Taylor M S. TRIPS, Trade and Technology Transfer[J]. The Canadian Journal of Economics. 1993, 26(3):625-637.

[97] 苏振东、周玮庆. FDI对中国出口结构变迁的非对称影响效应[J]. 财经科学,2009(4):117-122.

[98] 陈俊聪,黄繁华. 对外直接投资与贸易结构优化[J]. 国际贸易问题,2014(3):113-122.

[99] 安虎森,颜银根. 贸易自由化、外商直接投资与出口贸易地区差异[J]. 财经研究,2011(5):36-46.

[100] Neary J P. Factor Mobility and International Trade[J]. The Canadian Journal of Economics, 1995, 11(28):3-28.

[101] Head K, Ries J. Overseas Investment and Firm Exports [J]. Review of International Economics, 2001(01):108-122.

[102] Hoekman B, Djankov S. Determinants of the Export Structure of Countries in Central and Eastern Europe[J]. The World Bank Economic Review, 1997, 11(3):471-487.

[103] Antras P. Incomplete Contracts and the Product Cycle[J]. American Economic Review, 2005, 4(95):1054-1073.

[104] 曹伟,左杨. 人民币汇率水平变化、汇率波动幅度对进口贸易的影响——基

于省际面板数据的研究[J].国际贸易问题,2014(7):42-52.
[105] 王珊珊,邱嘉锋.人民币汇率对中国不同出口贸易方式的影响分析[J].经济问题探索,2013(7):106-112.
[106] Bahmani O M,Satawatananon K. US-Thailand Trade at the Commodity Level and the Role of the Real Exchange Rate[J]. Journal of Asian Economics,2010(21):514-525.
[107] Baek J. Does the Exchange Rate Matter to Bilateral Trade between Korea and Japan? Evidence from Commodity Trade Data[J]. Economic Modelling,2013(30):856-862.
[108] 袁其刚,戴金平.金融发展对贸易结构影响的机理分析——基于资本积累和资本配置视角[J].经济理论与政策研究,2010(12):44-55.
[109] 孙少勤,邱斌.金融发展与我国出口结构优化研究——基于区域差异视角的分析[J].南开经济研究,2014(4):17-31.
[110] Beck T. Financial Dependence and International Trade[J]. Review of International Economics,2003(11):296-316.
[111] Rajan R,Zingales L. Financial dependence and growth[J]. American Economic Review,1998,88(3):559-586.
[112] Yuriy G,Monika S. Financial Constraints and Innovation: Why Poor Countries Don't Catch up[J]. Journal of the European Economic Association,2013(10):1115-1152.
[113] 阚大学.我国贸易结构与就业结构的动态关系研究[J].国际贸易问题,2010(10):17-23.
[114] 涂远芬.我国进口商品结构变动及其优化[J].江西社会科学,2011(9):65-69.
[115] 黄锦明.我国出口商品结构优化:进展、机理与对策——基于1980—2008年数据的分析[J].工业技术经济,2010(11):7-14.
[116] 李建平,张乃丽.内资和外资对我国出口商品结构影响的比较研究——基于1983—2011年时间序列的实证分析[J].云南社会科学,2014(1):61-69.
[117] 魏浩,马野青.中国出口商品的地区结构分析[J].世界经济,2006(5):22-31.
[118] 魏浩,叶子丹,赵春明.中国进口地区结构及其变化趋势的测算研究[J].世界经济与政治论坛,2014(9):1-21.
[119] 施炳展,李冲望.中国贸易结构在改善吗?——基于产品周期理论的分析[J].财贸经济,2009(2):89-95.
[120] 杨继军,范从来.刘易斯拐点、比较优势蝶化与中国外贸发展方式的选择

[J]. 经济学家,2012(2):22-29.
[121] Rodrik, D. What's So Special about China's Exports[J]. China&World Economy,2006(14):1-19.
[122] 张群,张曙霄,吴石磊. 货物贸易结构优化:一个文献综述[J]. 价格月刊,2013(9):25-29.
[123] 王海峰,陈长缨. 构建开放竞争的进口新战略[J]. 国际贸易,2013(3):13-19.
[124] 顾建清. 中国加工贸易研究[M]. 上海:复旦大学出版社,2008.
[125] 裴长洪,盛逖. 中国进出口贸易不平衡及其调整战略[J]. 财经问题研究,2007(4):3-10.
[126] 蒲华林. 产品内国际分工与贸易对我国贸易平衡的影响分析[J]. 国际贸易问题,2011(4):15-23.
[127] 魏浩,程铮. 中国出口结构、劳动力市场结构和高端人才战略[J]. 财贸经济,2010(10):93-99.
[128] Grubel H G, Lloyd P J. Intra-industry trade: The theory and measurement of international trade in differentiated products[M]. London: The Macmillan Press Ltd,1975.
[129] 刘会巧. 我国进口贸易结构问题研究[D]. 大连:东北财经大学,2012.
[130] 阙澄宇,马斌. 加快东北三省沿边对外开放的制约因素与应对之策[J]. 国际贸易,2014(6):10-15.
[131] Romer P M. Increasing Returns and Long-Run Growth[J]. Journal of Political Economy,1986,10(94):1002-1037.
[132] Robert E, Lucas Jr. On the Mechanics of Economic Development[J]. Journal of Monetary Economics,1988,7(22):3-42.
[133] Naughton B. The Chinese Economy: Transitions and Growth[M]. Cambridge: Cambridge MIT Press,2007.
[134] 齐俊妍. 金融发展与贸易结构——基于 HO 模型的扩展分析[J]. 国际贸易问题,2005(7):15-19.
[135] 余官胜,马颖. 贸易开放、要素禀赋与就业增长——基于中国省际面板协整的实证研究[J]. 人口与经济,2011(1):33-38.
[136] 傅强,胡奚何. 基于技术溢出效应的国际贸易结构对我国专利数量的影响分析[J]. 科技进步与对策,2011(3):18-22.
[137] 小岛清. 对外贸易论[M]. 周宝廉,译. 天津:南开大学出版社,1987.
[138] 钱纳里,塞尔奎. 发展的格局:1950—1970[M]. 李小青,译. 北京:中国财政经济出版社,1989.

[139] 库兹涅茨. 现代经济增长[M]. 易诚等,译. 北京:北京经济学院出版社,1989.

[140] Lloyd P J, Maclaren D. Measures of Trade Openness Using CGE Analysis[J]. Journal of Policy Modeling,2002(24):67-81.

[141] 张林,冉光和,陈丘,等. 区域金融实力、FDI 溢出与实体经济增长[J]. 经济科学,2014(6):76-89.

[142] Mundlak Y. Empirical Production Function Free of Management Bias[J]. Journal of Farm Economics,1961,43(1):44-56.

[143] Balestra P, Nerlove M. Pooling Cross Section and Time Series Data in the Estimation of Dynamic Model:The Demand for Natural Gas[J]. Econometrica, 1966,34(3):585-612.

[144] 吴石磊. 中国文化产业发展对居民消费的影响研究[D]. 长春:东北师范大学,2014.

[145] Breusch T,Pagan A. The Lagrange Multiplier Test and Its Applications to Model Specification in Econometrics[J]. Review of Economic Studies,1980,47(1): 239-253.

[146] Hausman J A. Specification Tests in Econometrics[J]. Econometrica,1978,46(6):1251-1271.

[147] 王恕立,向姣姣. 中国对外直接投资的贸易效应——基于 2003—2012 年跨国面板的经验分析[J]. 经济体制改革,2014(4):135-139.

[148] 苏庆义. 贸易结构决定因素的分解:理论与经验研究[J]. 世界经济,2013(6):36-57.

[149] 陈福中,陈诚. 贸易开放水平、区位差异与中国经济增长——基于 1994—2011 年中国省级数据的实证考察[J]. 国家贸易问题,2013(11):82-93.

[150] 陈晓华,黄先海,刘慧. 中国出口技术结构演进的机理与实证研究[J]. 管理世界,2011(3):44-57.

[151] 江小涓. 服务外包:合约形态变革及其理论蕴含——人力资本市场配置与劳务活动企业配置的统一[J]. 经济研究,2008(7):4-10.

[152] 刘思峰,郭天榜,党耀国,等. 灰色系统理论及其应用[M]. 北京:科学出版社,1999.

[153] 张群,郭艳,吴志超. 基于灰色关联分析的黑龙江省物流业影响因素研究[J]. 物流技术,2012(21):250-252.

[154] Dalum B, Laursen K, Villumsen G. Structural Change in OECD Export Specialization Patterns: De-specialization and Stickiness [J]. International Reviewof Applied Economics,1998(12):423- 443.

[155] Bender S. Suggestion for Two New Trade Performance Indices: Trade Specialization Index and Beneficial Structural Change Index [C]. Working Paper, Economic Growth Center, Yale University, 2001.
[156] Finger J M, Kreinin M E. A Measure of Export Similarity and Its Possible Uses [J]. Economic Journal, 1979(89):905-912.
[157] 唐宜红,王明荣. FDI、出口相似度与我国出口商品结构优化[J]. 国际经贸探索,2010(4):34-52.
[158] 林立. 加工贸易企业转型升级研究[D]. 北京:中国社会科学院,2012.
[159] Brulhart M. Marginal Intra-Industry Trade: Measurement and Relevance for the Pattern of Industrial Adjustment[J]. Weltwirtschaftliches Archiv, 1994, 130(3): 600-613.
[160] 许统生,万兆泉,涂远芬,等. 中美制造业产业内贸易对就业调整成本影响的估计[J]. 经济学动态,2012(1):35-40.
[161] 李俊. 产业内贸易指数及其优化[J]. 广东商学院学报,2000(3):32-36.
[162] 蒋庚华. 中国服务贸易结构问题研究[D]. 长春:东北师范大学,2012.
[163] 吴贤彬,陈进,华迎. 基于 SRCA 和 Lafay 指数的"金砖五国"服务贸易结构竞争力分析[J]. 宏观经济研究,2012(2):42-50.
[164] 田文. 产品内贸易的定义、计量及比较分析[J]. 财贸经济,2005(5):77-79.
[165] Hummels D, Rapoport D, Kei M Y. Vertical Specialization and the Changing Nature of World Trade[J]. Federal Reserve Bank of New York Economic Policy Review, 1998, 4(2):79-99.
[166] Hummels D, Jun I, Kei-M Y. The Nature and Growth of Vertical Specialization in World Trade[J]. Journal of International Economics, 2001, 54(1):75-96.
[167] 魏浩. 中国进出口地区结构及其对称性问题的实证研究[J]. 财贸经济,2007(5):11-17.
[168] Romme W H. Fire and landscape Diversity in Subalpine of Yellowstone National Park[J]. Ecological Monographs, 1982(52):199-221.
[169] 张明志,林娟,铁瑛. 出口专业化、出口多样化与中国经济增长——兼谈中国经济增长出口驱动力的转换[J]. 国际贸易问题,2013(6):16-26.
[170] 刘培青. 美国对外贸易的动态比较优势[J]. 现代经济信息,2009(22):19-20.
[171] 田素华,尹翔硕. 论不同经济发展阶段的对外贸易政策选择——美国对外贸易政策的演进机理及对我国的启示[J]. 上海经济研究,2006(4):14-20.
[172] 郝治军. 论美国货物贸易政策及效果[D]. 北京:对外经济贸易大学,2007.
[173] 渠慎宁,杨丹辉. 贸易保护的周期性变化——美国的经验分析及金融危机的

影响[J]. 世界经济研究,2009(10):39-45.
[174] 沈四宝. 美国——日本和欧盟贸易摩擦应对机制比较研究[J]. 经济研究参考,2007(16):19-29.
[175] 毛燕琼. 加入 WTO 十年国际对华贸易摩擦回顾与展望[J]. 世界经济研究,2011(11):8-15.
[176] 张庆萍. 1980 年以来美国的对外贸易政策及对我国的启示[J]. 北京大学学报:国内访问学者、进修教师论文专刊,2006:74-80.
[177] 胡国珠,孙杭生,胡彩平. 基于"世界工厂"周期视角的美国对外贸易政策变迁[J]. 黑龙江对外经贸,2010(8):23-25.
[178] 王丽娜. 美国对外贸易政策的演进及对我国贸易政策制定的启示[J]. 黑龙江对外经贸,2007(11):16-18.
[179] 彭华. 战后日本制造业产业结构与贸易结构演进研究[D]. 大连:东北财经大学,2013.
[180] 李晓北. 论日本货物贸易政策体系[D]. 北京:对外经济贸易大学,2007.
[181] 马成三. 日本对外贸易概论[D]. 北京:中国对外经济贸易出版社,1991.
[182] 金明善,徐平. 日本·走向现代化[M]. 沈阳:辽宁大学出版社,1990.
[183] 彭华. 日本贸易结构与产业结构变动的关联研究——基于 1960—2010 年制造业数据的 VAR 模型[J]. 经济问题探索,2013(4):180-190.
[184] 黄琪轩. 技术大国起落的历史透视——政府主导的市场规模与技术进步[J]. 上海交通大学学报:社会科学版,2013(2):17-28.
[185] 欧阳秀. 战后日本对外贸易商品结构的演变[J]. 北方经济,2013(6):77-79.
[186] 薛春志. 日本技术创新研究[D]. 长春:吉林大学,2011.
[187] 丁振辉. 日本对外贸易条件变动相关分析[J]. 现代日本经济,2012(3):60-68.
[188] 曾珠. 后危机时代日本贸易政策对中国的借鉴意义[J]. 兰州商学院学报,2010(12):24-27.
[189] 平力群. 日本调整 FTA 战略的动因———基于保护与支持产业发展的视角[J]. 现代日本经济,2014(3):41-51.
[190] 蔡制宏. 论德国贸易政策促进体系及其对我国的启示[D]. 北京:对外经济贸易大学,2007.
[191] 李惠瑛. 德国"欧洲经济发动机"[J]. 进出口经理人,2014(1):41-43.
[192] 丁健. 民主德国的对外贸易及其管理体制[J]. 外国经济与管理,1987(12):36-37.
[193] 董芳. 中德出口商品结构比较研究[D]. 青岛:中国海洋大学,2011.
[194] 刘永焕. 德国产业结构调整及其经验借鉴[J]. 对外经贸实务,2014(1):

32-34.
[195] 张快,王志强. 德国促进中小企业提升研究与创新能力的举措[J]. 全球科技经济瞭望,2013(10):65-69.
[196] 徐占忱,刘向东. 借鉴德国经验做大做强我国实体经济[J]. 宏观经济管理,2012(11):83-84.
[197] 李邦君. 中国与德国对外贸易政策与制度的比较[J]. 国际商务研究,2003(3):1-5.
[198] 曾燕红. 德国利用展览会平台推动出口贸易及其对湖南的启示[J]. 科协论坛,2009(4):139-140.
[199] 周天芸. 德国何以较少贸易摩擦[J]. 国际经贸探索,1993(6):68-70.
[200] 美出口战略将加剧战略摩擦[EB/OL]. http://news. sina. com. cn/o/2010-02-10/050117074036s. shtml.
[201] 张群,张曙霄,吴石磊. 优化贸易结构促进扩大内需的对策研究[J]. 经济纵横,2014(1):68-72.
[202] 李翀. 加快推进我国对外经济发展方式转变的战略选择[J]. 经济理论与经济管理,2011(3):7-15.
[203] 何传添. 开放经济下如何实现外贸内生型增长[J]. 国际贸易问题,2009(7):42-46.
[204] 史忠良,吴照云,卢福财,等. 产业经济学[M]. 2 版. 经济管理出版社,2005.
[205] 隆国强. 比较优势在变化 出口战略需调整[N]. 经济日报(理论周刊),2013-7-12(013).
[206] 赵蓓文. 实现中国对外贸易的战略升级:从贸易大国到贸易强国[J]. 世界经济研究,2013(4):3-10.
[207] 李莉莉. 大国博弈下我国自然资源进口战略研究[D]. 天津:天津财经大学,2011.
[208] 袁蓉君. 普华永道:中国将面临更多国际贸易摩擦[N]. 金融时报,2013-9-17(005).
[209] 戴翔. 中国贸易收支对汇率波动的敏感性分析——基于不同贸易模式的比较研究[J]. 世界经济研究,2011(3):51-58.
[210] 汪浩瀚,徐娟. 中国金融发展与对外贸易的地域性差异研究[J]. 国际贸易问题,2010(10):117-128.
[211] 马淑琴,杜华俊. 后危机时代我国区域出口贸易战略的调整——基于东中西三大区域面板模型的分析[J]. 经济地理,2011(4):636-641.
[212] 曾珠. 后危机时代日本贸易政策对中国的借鉴意义[J]. 兰州商学院学报,2010(12):24-27.

[213] 陈静.日本加入 TPP 的战略动机与中国的对策[J].国际金融,2013(11):45-49.

[214] 宋云农,舒艳梅.日本的战略性贸易政策及其启示[J].嘉兴学院学报,2003,(1):64-67.

后　　记

到目前为止,国内学者对中国货物贸易结构的影响因素与变动规律,对货物贸易商品结构、方式结构、模式结构、区域结构和主体结构以及它们之间的内在联系和深层次机制等问题的研究局限于部分结构和区域视角,而没有把它们作为一项系统工程来研究。本书基于结构的视角,综合利用国际贸易、国际投资、国际金融、产业经济学等相关学科的理论和方法,通过对中国货物贸易商品结构、方式结构、主体结构、模式结构和区域结构的演进进行动态和静态的分析,提出了中国货物贸易结构进一步优化升级的建议。

本书是对本人博士论文的一个拓展。共包括七章内容:导论,相关理论与文献,中国货物贸易结构的演进历程,中国货物贸易结构演进的影响因素分析,中国货物贸易结构演进的指数测度,美、日、德等贸易强国货物贸易结构的发展和比较及主要结论与政策建议。

本书在写作过程中,感谢东北师范大学经济学院张曙霄教授、李秀敏教授、刘丽臻教授、滕建州教授等给我提出的宝贵指导意见。同时,齐齐哈尔大学经管学院的郭艳老师、王爱红老师对我的写作提供了很大的激励,山东理工大学商学院的吴石磊老师、江西财经大学经济学院的裘莹老师等为本书的资料搜集、写作、校对等做出了贡献。在此,表示衷心感谢!

另外,本书参考了大量的书籍、杂志、电子文献和年鉴,在此特向相关作者表示衷心感谢!并对为本书付出辛勤劳动的编辑同志表示衷心感谢!